Eigene und fremde Frühe Neuzeiten

HISTORISCHE ZEITSCHRIFT

Beihefte
(Neue Folge)

Herausgegeben von Lothar Gall

Band 35

R. Oldenbourg Verlag München 2003

Eigene und fremde Frühe Neuzeiten

Genese und Geltung eines Epochenbegriffs

Herausgegeben von
Renate Dürr, Gisela Engel und Johannes Süßmann

R. Oldenbourg Verlag München 2003

T

Ein Projekt des Sokrates-Netzwerks *Una Filosofia per l'Europa*

Bibliografische Information Der Deutschen Bibliothek
Die Deutsche Bibliothek verzeichnet diese Publikation in der Deutschen
Nationalbibliografie; detaillierte bibliografische Daten sind im Internet
über <http://dnb.ddb.de> abrufbar.

© 2003 Oldenbourg Wissenschaftsverlag GmbH, München
Rosenheimer Straße 145, D-81671 München
Internet: http://www.oldenbourg-verlag.de

Umschlaggestaltung: Dieter Vollendorf, München
Gedruckt auf säurefreiem, alterungsbeständigem Papier (chlorfrei gebleicht).
Gesamtherstellung: R. Oldenbourg Graphische Betriebe Druckerei GmbH, München

ISBN 3-486-64435-1

Inhalt

Einleitung

Von

Renate Dürr, Gisela Engel, Johannes Süßmann

Die Geschichtstheorie der letzten Jahrzehnte hat den Epochenbegriff radikal entontologisiert. Nicht der Welt der historischen Erscheinungen wird eine Geschichtsepoche wie die Frühe Neuzeit mehr zugezählt, sondern der Welt des Wissens; nicht in der Wirklichkeit wird sie aufgesucht, sondern in den Köpfen, wo sie die Wahrnehmung vergangener Wirklichkeiten strukturiert. Diese anti-essentialistische Sicht des Epochenbegriffs ist heute in allen historisch arbeitenden Disziplinen etabliert. Keine Einigkeit herrscht hingegen über die Frage, welcher Status dem Epochenbegriff Frühe Neuzeit statt dessen zuzuschreiben ist: welchen Faktoren er sein Zustandekommen verdankt und welche Geltung er beanspruchen darf. Wer wie die Autorinnen und Autoren dieses Bandes sich Gedanken macht über die erstaunliche Verbreitung des Epochenkonzepts Frühe Neuzeit, seinen Gebrauch nicht nur in der europäischen Politik- und Geistesgeschichte, sondern auch in anderen Disziplinen (wie den Literaturwissenschaften), ja in anderen Kulturkreisen (dem osmanischen, dem arabischen, dem chinesischen), der kommt um einige Vorüberlegungen zur Genese und Geltung von Epochenbegriffen nicht herum.

I.

Gerade an dem jungen, nur etwa vier Jahrzehnte alten Epochenbegriff Frühe Neuzeit sind die Umstände einer solchen Begriffsprägung gut zu studieren. Seine Durchsetzung in den sechziger und siebziger Jahren fiel zusammen mit der Erweiterung der Universitäten in der westlichen Welt. Wo es bisher nur einen Neuzeit-Lehrstuhl gab, lehrten jetzt drei oder mehr Professoren Zeitgeschichte, neuzeitliche und frühneuzeitliche Geschichte – eine institutionelle Differenzierung, die von konzeptionellen Neuorientierungen begleitet und legitimiert wurde. Analoge Entwicklungen in den Literatur-, Kunst- und Musikwissenschaften brachten ähnliche Lehrstuhl-Zuschreibungen hervor; es entstand eine Situation, in der durch disziplinäre Arbeitsteilung, durch Lehrstuhletats und Prüfungsordnungen, durch Gründung eigener Fachzeitschriften und Institute die Frühe Neuzeit als eigenes Fachgebiet institutionell verselbständigt wurde – eine Verselbständigung, die durch die Arbeit dieser Institutionen permanent aufrechterhalten und reproduziert wird.

In dieser Perspektive handelt es sich bei dem Epochenbegriff Frühe Neuzeit um eine Rechtfertigung neu geschaffener Besitzstände. Seine Durchsetzung erscheint als Effekt von Organisations- und das heißt von Machtstrukturen. Das Vorhandensein einer Frühen Neuzeit wird behauptet, um das Vorhandensein von Frühneuzeit-Lehrstühlen zu legitimieren (und die Einrichtung anders zugeschnittener Lehrstühle zu verhindern). Und umgekehrt: Die vorhandenen Frühneuzeit-Lehrstühle richten sich in einem Spezialgebiet ein, dessen Vorhandensein sie als ihre *raison d'être* ständig aufs neue postulieren. (Das gleiche gilt natürlich auch für alle anderen Epochen-Lehrstühle.) Die Frage ist, ob man bei solchen Feststellungen stehenbleibt. Eine Epochen-Diskussion braucht man dann nämlich nicht mehr zu führen. Es bleibt dann nur ein Begriffsgebrauch innerhalb der vorhandenen Organisationsstrukturen oder die Suche nach einem Gegenbegriff, um oppositionelle Strukturen aufzubauen. Es ist dann lediglich die Machtfrage, die sich bei (Epochen-)Begriffen stellt, nicht ein Erkenntnisproblem.

II.

In einen weiteren Zusammenhang rückt die Genese des Frühneuzeit-Begriffs im Licht der neueren Forschung über Erinnerungskulturen. Darin gelten Epochenbegriffe als Mittel, mit deren Hilfe politische Gemeinschaften sich Vergangenheit zu eigen machen; mit deren Hilfe sie „ihre" Geschichte definieren; mit deren Hilfe sie historische Bezugspunkte markieren für ihr Selbstverständnis in der Gegenwart: kalte und heiße, indirekte und unmittelbar für die Gruppenidentität relevante Geschichtsbezüge. Entsprechend sind es vor allem die Epochen*grenzen*, die von diesen Gegenwartsinteressen gesetzt werden. Mögen sie noch so sehr verabsolutiert werden, Epochenkonzepte sind dieser Sicht zufolge immer partikular, immer perspektivisch auswählend, immer mit Wertungen verbunden. Das gilt für alle Epochen der ehemals als Universalhistorie bezeichneten abendländischen Geschichte, das gilt auch für die Epoche der Frühen Neuzeit.

Ihr Aufkommen läßt sich mit diesem Ansatz zurückführen auf die Umbruchserfahrungen des 20. Jahrhunderts. In vielen Staaten der Erde, keineswegs nur den europäischen, hat die Selbstwahrnehmung nach 1917/18, nach 1933, nach 1945 und 1989 ältere Epocheneinteilungen in den Hintergrund gedrängt. So einschneidend wirkten die Umbrüche der Gegenwart, so revolutionär, so grundstürzend, daß sie als Teil eines eigenen, neuen, jungen Epochenabschnitts verstanden wurden: der Jetztzeit oder Moderne; in Gestalt der Zeitgeschichte, der Neueren und Neuesten Geschichte wurde seine Betrachtung als Fach an den Universitäten etabliert. In der Folge verfestigte sich an europäischen und nordamerikanischen Hochschulen die Erforschung der aus dieser Epoche ausgegliederten, jetzt früh-neuzeitlich genannten Geschichte zu einer eigenen Disziplin – hinter den Organisationsformen der Wissenschaftsinstitutionen lassen sich mithin allgemeinere Interessen, lassen sich Selbstverständigungsprozesse von politischen Gemeinschaften erkennen.

Weniger stark als das Epochenende scheint der Anfang der Frühen Neuzeit durch das Selbstverständnis der Gegenwart festgelegt; vielleicht wird die Bedeutung der Umbrüche um 1500 auch deshalb so viel häufiger in Frage gestellt als der um 1800. Um sich als Moderne begreifen zu können, sehen die Menschen der Gegenwart sich auf die Neuzeit offenbar immer weniger angewiesen: Je schwächer die konfessionellen Prägungen werden, die humanistische Bildung und die Vorbildlichkeit der Renaissance, desto gleichgültiger kann jene Epochengrenze betrachtet werden. Einzig die Entfaltung der Staatsgewalt, die europäische Expansion und die Fortschritte der Wissenschaften in diesem Zeitraum scheinen für die Gegenwart noch unmittelbar relevant.

Auf jeden Fall handelt es sich bei dem Epochenbegriff Frühe Neuzeit in dieser Perspektive um ein Mittel von Erinnerungspolitik. Politische Gemeinschaften entscheiden, wer sie sind unter anderem, indem sie sich erzählen, woher sie kommen; was „sie" erlebt haben; was sie sich als „ihre" Geschichte zurechnen (wollen) und was nicht. Die Gliederung dieser Geschichte stellt Nah- und Fernbezüge her: So ist den Deutschen, dieser verspäteten Nation, das Alte Reich ferner und fremder als den Franzosen das Ancien Régime, den Engländern die Tudor-Zeit, den Spaniern und Niederländern ihr jeweiliges Goldenes Zeitalter. Auch scheint die Naherinnerung an den Nationalsozialismus im Dienst eines negativen politischen Gründungsmythos („Nie wieder!") die historische Fernerinnerung in Deutschland immer weiter verblassen zu lassen – die Frühe Neuzeit wird deshalb oft als eine politisch nicht relevante Spielwiese der Kultur-, Religions- und Gesellschaftsgeschichte angesehen.

Wieder stellt sich allerdings die Frage, was diese Feststellungen für die Diskussion über den Epochenbegriff Frühe Neuzeit bedeuten. Wenn der Begriff nur ein Mittel von Erinnerungspolitik ist, dann gehört er dem Bereich der politischen Praxis an, nicht dem der Wissenschaft. Dann entstammt er der Setzung von politischen Gemeinschaften, entsteht er als Resultat von politischen Auseinandersetzungen, ist er nur durch politische Entscheidungen zu beeinflussen. Wieder braucht man dann eine wissenschaftliche Epochen-Diskussion nicht zu führen. Es sind dann politische Fragen, die der Begriff aufwirft, nicht Erkenntnisfragen.

III.

Richtig ist: Wissenschaftliche Geschichtsbetrachtung ruht auf Gegenwartsinteressen auf. Sie lebt von ihnen, empfängt ihre Anstöße von ihnen, vermag sie jedoch auch zu reflektieren und zu kritisieren – Geschichtswissenschaft geht mitnichten in Erinnerungskultur auf. Im Gegenteil spricht vieles dafür, daß die modernen, um 1800 entstandenen historischen Wissenschaften auch die gesellschaftliche Aufgabe übernahmen, die Phantasien und Ängste der kollektiven Erinnerung zu entmachten, die Tradition in Frage zu stellen, den Wiederholungszwang durch wissenschaftliche Durcharbeitung zu beenden. Auf Perspektivierung und wertende Auswahl können sie dabei nicht verzichten, doch müssen und können sie Rechenschaft ablegen, müssen und können sie sich von politischen Vorgaben emanzipieren. Dazu soll der hier vorgelegte Band beitragen.

Wenn man darauf beharrt, daß wissenschaftliche Begriffe eine heuristische Funktion haben, daß sie empirische Beobachtungen ermöglichen und analytisch aufschließen helfen, kurzum: daß sie einen Erkenntniswert haben (sollen), dann ist neben den Gegenwartsinteressen als Impulsgeber auch das notwendige Widerlager der Begriffsentwicklung angegeben. Zwischen *beiden* Bewegungsmomenten ist der Epochenbegriff Frühe Neuzeit nach Meinung der Herausgeber/innen zu diskutieren. Wissenschaftliche Begriffsbildung erschöpft sich weder in der Rechtfertigung von institutionellen Machtstrukturen noch in der Durchsetzung von Gegenwartsinteressen. Erst aus der unreduzierbaren Spannung von Gegenwartsinteresse und Sachbezug sind die Fragen zu beziehen, die in den hier versammelten Beiträgen diskutiert werden.

Sobald man nämlich auch nach der Sachhaltigkeit von Epochenvorstellungen fragt, zeigt sich, daß die vom Selbstverständnis der Gegenwart angestoßene Institutionalisierung des Frühneuzeit-Begriffs mit dessen Gegenstandsbezug von Anfang an kollidierte. Auf der einen Seite knüpfte man, was die Abgrenzung gegenüber dem Mittelalter betraf, an humanistische und christlich-konfessionelle Neuzeit-Vorstellungen an, auf der anderen Seite wurde man durch das Fortschrittsdenken der Moderne selbst zum Erforscher einer als überwunden gedachten Vorbereitungsepoche herabgestuft. Die Frühe Neuzeit rutschte in ihre charakteristische Zwitterstellung: Schon Neuzeit, aber noch nicht Moderne sollte sie sein: eine Übergangsepoche, Vorbereitung der Moderne, zugleich deren Gegenteil, das überwundene Alte, Fremdwerdende, Andere, von dem die Moderne sich abstieß.

Als ebenso problematisch erwies sich die Verabsolutierung der ideengeschichtlich bestimmten Epochengrenzen: Je eifriger man sie mit Befunden aus Politik, Wirtschaft, Gesellschaft, Kultur und Alltag der betrachteten Zeit harmonisierte, desto sicherer provozierte man die revisionistische Wiederentdeckung der ausgeblendeten Teile; die Auseinandersetzung um das marxistische Theorem einer Epoche ursprünglicher Akkumulation und frühbürgerlicher Revolutionen kann hierfür als Beispiel dienen. Ausgeblendet wurden schließlich auch die sozialen und kulturellen Grenzen des Konzepts; gerade sie stehen im Mittelpunkt des hier vorgelegten Bandes.

All diese Probleme mit dem Gegenstandsbezug stellen sich bereits – das sei hier noch einmal unterstrichen – bei der Betrachtung der europäischen Geschichte. Der Gebrauch des Epochenkonzepts in anderen Disziplinen und Kulturkreisen verschärft sie noch einmal. Zu fragen ist, ob daraus ein prinzipiell anderes, neues Problem erwächst.

Allein auf die europäische Geschichtsdeutung bezogen, läßt die Schwierigkeit sich vielleicht so beschreiben: Sowohl die Gegenwartsinteressen (durch ihre Setzung der Epochengrenzen) als auch die Wissenschaftsinstitutionen (durch ihre Festschreibung epochalisierender Arbeitsteilung) provozieren einen klassifikatorischen Begriffsgebrauch. Sie verführen dazu, Epochenbegriffe als Schubladen anzusehen, in die die jeweiligen historischen Gegenstände einsortiert werden. Sie erzeugen eine Forschungs-, Publikations-, Qualifizierungspraxis, der solche Schubladen faktisch zugrunde liegen, die solche Schubladen deshalb wie selbstverständlich auch im Denken und in den Vorstellungen reproduziert. Die erkenntnistheoretisch überwundene Ontologisierung der Epochenbegriffe stellt sich durch diesen, von den Interessen und Institutionen erzeugten, klassifikatorischen Begriffsgebrauch gewissermaßen durch die Hintertür wieder ein.

Um diese Falle zu vermeiden, um Epochenvorstellungen nicht zu ontologisieren und gleichwohl sachhaltig zu machen, wären Epochenbegriffe analytisch zu gebrauchen. Nicht als Schublade darf die Frühe Neuzeit konzipiert werden, sondern als Modell: als Blaupause oder Typus mit bestimmten Merkmalen, der neben die empirischen Phänomene zu halten ist, um die übereinstimmenden, aber auch um die abweichenden Züge daran sichtbar zu machen. Solchermaßen analytisch gebraucht, werden Epochenbegriffe spannend: Sie sind dann nicht mehr Aufbewahrungsorte für alle möglichen herumliegenden Ereignisse; vielmehr zwingen sie dazu, Farbe zu bekennen, Position zu beziehen, Inhalte anzugeben: historische Tendenzen und Kennzeichen, die eine Epoche idealtypisch ausmachen sollen.

IV.

Im Ursprung ist die Frühe Neuzeit ein Konzept der westlichen, europäischen Geschichtsbetrachtung. Der Begriff knüpft an das humanistische Geschichtsdenken an: „Neuzeit", das war für die Humanisten die Gegenwart. Das war eine Jetztzeit, die sich in Abgrenzung vom Mittelalter in neuer Weise zur Antike zurückwandte, um von dort Vorbilder für eine Umgestaltung der eigenen Sprache, Literatur, Künste, Rechtsnormen, Glaubensvorstellungen, politischen Institutionen zu beziehen. Alter Bund und Neuer Bund, Judentum und Christentum, Griechenland und Rom, das Abendland und Europa waren die Bestandteile dieses Geschichtsdenkens: Sie umschrieben das „Wir", das Zentrum, das Innen einer Geschichte, der gegenüber Slawen und Osmanen, Afrika, Asien und die „Neue Welt" als ein Anderes und Fremdes, als ein Außen wahrgenommen wurden: als Gegner oder Objekte, als nachträglich Inkorporierte, auf jeden Fall als Peripherie. Allerdings blieben diese Oppositionen keineswegs statisch. Im Gegenteil ist der Neuzeit-Begriff wie so viele andere Erfindungen der Renaissance Ausdruck und Mittel zugleich eines ungeheuren Aufbruchs. Wie er „im Innern" seines Geschichtssubjekts eine Emanzipation von der Heilsgeschichte einleitete, einen Bruch mit der als mittelalterlich denunzierten Überlieferung, eine Ermächtigung des Menschen, durch den Rückgriff auf die Antike selbst zum Gestalter seiner Person und seiner Welt zu werden, so förderte und rechtfertigte er „nach außen" die Expansion dieses abendländischen Geschichtssubjekts: seine Entdeckungsfahrten und Landnahmen; seine Kartographierung des Himmels und der Erde; seine Etablierung neuer Verkehrs- und Handelsrouten; seine Reformen des Glaubens, des Denkens, der politischen Institutionen; sein Ausgreifen in neue, mit Hilfe von technischen Instrumenten und Apparaturen geschaffene Erfahrungsräume. Nicht zuletzt mit Hilfe des Neuzeit-Begriffs ging das frühneuzeitliche Europa aus sich heraus. Indem es seine eigene Geschichte zur Weltgeschichte erklärte, griff es aus auf die Welt: eine Universalisierungsdynamik, die die Grenzen von innen und außen, eigen und fremd, Zentrum und Peripherie unaufhaltsam in Bewegung brachte und ständig verschob.

Entsprechend scheint auch der Begriff „Frühe" Neuzeit auf den ersten Blick rettungslos eurozentrisch. Mit der zeitlichen Einschränkung, die das harmlos wirkende Attribut darin vornimmt, geht, möchte man vermuten, auch eine räumliche Einschränkung einher. Wenn es zutrifft, daß der Frühneuzeit-Begriff geprägt wurde, weil die Menschen des 20. Jahrhunderts ihr Zeitalter der Revolutionen und Weltkriege, der zerfallenden Reiche und neuen Staaten, der Klassen- und Völkermorde, industriellen Revolutionen und sozialen Fragen nicht früher beginnen lassen wollten als mit der politisch-gesellschaftlichen Doppelrevolution um 1800, dann wird die aus dieser Moderne ausgeschiedene „Vormoderne" gleich in mehrfacher Hinsicht relativiert. So groß wie in der Moderne soll erstens ihre politische, geistige, kulturelle Dynamik doch nicht gewesen sein (von der gesellschaftlichen ganz zu schweigen) – vielmehr habe es sich bei diesen Aufbrüchen bloß um Entwicklungen in Teilbereichen gehandelt, nicht um eine (auch noch auf Dauer gestellte) Umwälzung des Ganzen. So radikal wie in der Moderne soll zweitens auch der neuzeitliche Bruch mit der Vergangenheit nicht gewesen sein – vielmehr hätten dem Reformeifer der Humanisten und Kirchenmänner, der Juristen und Fürsten, der Literaten, Künstler und Naturphilosophen so viele Beharrungskräfte und Institutionen entgegengestanden, daß die Neuzeit eher als fortgesetztes Mittelalter zu interpretieren sei denn als Vorwegnahme der Moderne. Und so umfassend wie in der Moderne soll drittens auch die neuzeitliche Einbeziehung der übrigen Weltteile nicht gewesen sein – das Weltsystem sei zwar im

Verlauf der Neuzeit entstanden, aber eben noch keineswegs vollendet gewesen. Handelt es sich bei der Frühen Neuzeit mithin um eine Kategorie allein der europäischen, enger noch: um eine Kategorie allein der politischen Historie? Ist sie entsprechend auf die Geschichtsbetrachtung „der anderen": der Juden, der Araber und Osmanen, der Russen und der Chinesen, der Menschen der neuen Welt (um nur diese zu nennen) ebensowenig übertragbar wie auf andere Disziplinen, die Wirtschafts- und Sozialgeschichte etwa oder die Literarhistorie? Ist der Begriff also im weiteren Zusammenhang der Kulturwissenschaften schlichtweg nicht zu gebrauchen?

Das waren die Fragen, mit denen vom 3. bis 5. Dezember 2001 der Lehrstuhl für frühneuzeitliche Geschichte und das Zentrum zur Erforschung der Frühen Neuzeit an der Johann Wolfgang Goethe-Universität Frankfurt am Main eine internationale Tagung mit dem Titel „EuropaGestalten. Der andere Blick auf die Frühe Neuzeit" ausrichteten. Historiker und Literaturwissenschaftler (weiblichen wie männlichen Geschlechts), Skandinavisten und Slawisten, Turkologen und Islamisten, Judaisten und Ethnologen, Vertreter der marxistischen und der feministischen Geschichtsbetrachtung waren eingeladen, das Epochenkonzept Frühe Neuzeit von ihren Gegenständen her zu beleuchten. Ziel der Veranstalter/innen war es, möglichst genau den Geltungsbereich des Epochenkonstrukts Frühe Neuzeit zu bestimmen – auch und gerade durch seine disziplinäre, geographische und kulturelle Relativierung. Indem die Grenzen des Konzepts benannt werden, sollten, so war die Erwartung, alternative: konkurrierende oder anschlußfähige Konzeptionen zur Diskussion kommen. Zur Überraschung der Herausgeber/innen ergab sich auf der Tagung ein ganz anderes Ergebnis.

Wie sich herausstellte, hat nämlich im Verlauf des 19. Jahrhunderts zunächst das Neuzeit-Konzept, im Verlauf des 20. Jahrhunderts auch der Frühneuzeit-Begriff eine geradezu universelle Verbreitung gefunden. Mehr oder weniger reflektiert, mehr oder weniger explizit wurden beide Kategorien – das zeigen die hier versammelten Beiträge – von der jüdischen, der türkischen, der chinesischen Geschichtswissenschaft aufgegriffen und auf ihren eigenen Gegenstandsbereich übertragen. Die erwartete geographische und kulturelle Beschränktheit des Begriffs fand empirisch gerade keine Bestätigung. Nicht einmal bestimmte Wissenschaftsdisziplinen können den Begriff noch für sich reservieren. Längst hat er Einzug auch in die Literatur- und Sprachwissenschaften gehalten, wird er (um nur die hier mit Beiträgen vorgestellten Disziplinen zu nennen) auch in der marxistischen Theorie und den Islamwissenschaften gebraucht. Handelt es sich also doch um eine Kategorie der Universalgeschichte (geographisch, kulturell, disziplinär)? Ist die Frühe Neuzeit wider Erwarten doch ein brauchbares Konzept für eine Welthistorie?

V.

Das Ergebnis der Tagung bedarf der Klärung. Den oben gemachten Vorbemerkungen folgend, muß es von *zwei* Seiten aus erörtert werden: von den Gegenwartsinteressen, die mit der Adaptation des Frühneuzeit-Begriffs verbunden waren, wie auch im Hinblick auf den Sachbezug, der daraus für den jeweiligen Gegenstandsbereich entsteht.

Zu klären ist also zunächst, wann, inwieweit und von wem der für die Politik- und Ideengeschichte Europas geprägte Frühneuzeit-Begriff sowohl für die Geschichtsbetrachtung anderer Kulturen als auch für die Epochengliederung anderer Disziplinen aufgegriffen wurde; mit welchen anderen Epochenkonzepten diese Anwendung konkurrierte; ob sie sich in der jeweiligen Disziplin durchgesetzt hat. Vor allem muß gefragt werden, warum dies geschehen ist. Im Hinblick auf die jeweiligen Sachgebiete ist zu erörtern, inwiefern der – möglicherweise aus politischen Interessen in das jeweilige Fach eingeführte – Frühneuzeit-Begriff den Gegenständen angemessen ist. Ist er von der Sache gedeckt? Gibt es Aspekte an den Gegenständen, die er aufschließt, während er zugleich andere den Blicken entzieht? Nachgegangen wird diesen Fragen in den folgenden Beiträgen anhand von Geschichtsdarstellungen aus verschiedenen Disziplinen, die sich des Frühneuzeit-Begriffs oder analoger Epochengliederungen bedienen. Insofern stellt der vorliegende Band auch einen Beitrag zur Wirkungsgeschichte des Frühneuzeit-Begriffs dar.

Von der klassischen, europäischen Staatenhistorie gehen die Betrachtungen dieses Bandes aus, ihre Deutung der Frühen Neuzeit ruft Ulrich Muhlack (Frankfurt am Main) in seinem Eröffnungsbeitrag in Erinnerung. Der Gegenstand dieser Geschichtsbetrachtung ist das Binnenverhältnis der europäischen Staaten. Als Nachbarschafts- und Konkurrenzverhältnis, erwachsen aus dem gemeinsamen Ursprung der mittelalterlichen *res publica christiana*; konstituiert durch das gemeinsame, wenngleich agonale Vormachtstreben und die Expansion nach außen, die gemeinsame, wenngleich agonale Staatsbildung nach innen; hervorgebracht in andauernden Kriegen; geteilt und zusammengehalten durch zahlreiche, wechselnde, immer weiter ausgreifende Bündnisse, wird dieses Verhältnis als ein spezifisches, von dem zu außereuropäischen Mächten unterschiedenes angesehen; der *terminus technicus* lautet: „europäisches Staatensystem". Auch wenn dieser Begriff, wie Muhlack hervorhebt, erst im 18. Jahrhundert aufkam, wenn die europäische Staatenhistorie an deutschen Universitäten erst in der Aufklärung als eigene Disziplin institutionalisiert wurde, entstand sie der Sache nach früher – zugleich mit ihrem Gegenstand nämlich: dem neuzeitlichen Staat, in der Renaissance. Als Form der „historisch-politischen Reflexion" ihres Gegenstands wird sie von Muhlack interpretiert.

Natürlich verwendeten weder die Staatenhistoriker der Aufklärung noch die der Renaissance den Begriff Frühe Neuzeit. Das europäische Staatensystem war für sie eine Erscheinung der Neuzeit, und diese Neuzeit war ihre Gegenwart. Dennoch ergibt sich – und das ist die Pointe von Muhlacks Aufsatz – in der Fortschreibung dieser auf Staaten und ihre Außenpolitik konzentrierten Geschichtsbetrachtung ein präzises und sachhaltiges Epochenkonzept Frühe Neuzeit. Denn schon im 19. Jahrhundert bemerkten die Staatenhistoriker, wie Muhlack zeigt, daß ihr Gegenstand sich qualitativ verändert hatte: Aus dem europäischen Staatensystem wurde durch die Verselbständigung der nord- und der südamerikanischen Staaten ein globales Staatensystem; aus Machtstaaten wurden im Gefolge der Amerikanischen und der Französischen Revolution Nationalstaaten; damit erhielten auch die Beziehungen der Staaten untereinander eine neue Qualität. Als Epoche internationaler Beziehungen will Muhlack die Zeit nach 1800 deshalb bezeichnet wissen – die Epoche des europäischen Staatensystems hingegen fällt für ihn mit dem Begriff der Frühen Neuzeit in eins.

Für die weiteren Untersuchungen dieses Bandes bieten diese Ausführungen einen doppelten Ausgangspunkt. Zum einen scheint die Koppelung des Frühneuzeit-Begriffs an die Staatenhistorie das Epochenkonzept auf die politische Geschichte zu beschränken. Wie verhält es sich dann aber zu Disziplinen, die von anderen Gegenstandsbereichen handeln? Stellvertretend für viele stehen hier Untersuchungen über die marxistische und die jüdische Historiographie sowie die hispanistische Literaturgeschichtsschreibung. Zum anderen scheint jene Koppelung an die Staatenhistorie den Frühneuzeit-Begriff auf die europäische Geschichte zu beschränken. Wie verhält er sich dann zu Disziplinen, deren Gegenstände den europäischen Rahmen überschreiten oder gänzlich außerhalb davon liegen? Mit Untersuchungen zum Frühneuzeit-Begriff in der türkischen, der arabischen und der chinesischen Historiographie sind solche Disziplinen in dem vorliegenden Band vertreten. Nach einer kurzen Vergegenwärtigung der wichtigsten Ergebnisse soll zuletzt noch einmal zu jenem Ausgangspunkt zurückgekehrt werden.

Eine frühe Abkehr von der klassischen Staatenhistorie vollzogen Karl Marx sowie diejenigen Historiker, die aus seinem Werk maßgebliche Fragen und Forschungsinteressen aufgriffen. Unabhängig davon, ob sie sich auch mit seinem Wissenschaftsverständnis und seinen politischen Zielen identifizierten, spricht Matthias Middell (Leipzig) im Hinblick auf solche, von Marx übernommenen Themen und Theoreme von marxistischer Historiographie. Marx selbst war, wie Middell hervorhebt, kein Historiker; um geschichtswissenschaftliche Epochenfragen ging es ihm nicht. Die Geschichte rückte für ihn allein aufgrund von systematischen und politischen Interessen in den Blick: aufgrund seiner Fragen nach den Strukturprinzipien des Kapitalismus wie nach dem Veränderungspotential, das die durch den Kapitalismus geschaffenen Klassenverhältnisse enthielten. Mit den Strukturprinzipien des Kapitalismus nämlich wurde für Marx auch dessen Entwicklungsgang relevant. Marx beschrieb ihn als Abfolge verschiedener Stufen: der einer ursprünglichen (Kapital-)Akkumulation; einer Vorherrschaft des Handelsbürgertums; eines Aufstiegs von Gewerbe- und Industriebourgeoisie – damit aber gliederte er die Entstehung des Kapitalismus in Phasen, die genau den Zeitraum umfassen, der später als Frühe Neuzeit bezeichnet wurde.

Auch die Frage nach der Entwicklungsdynamik der modernen Klassenverhältnisse besaß für Marx eine historische Komponente. Was ihn daran interessierte, war das Aufkommen jener plebejisch-proletarischen Gegentradition, der er in seiner Gegenwart zum Sieg verhelfen wollte. Sah er diese Tradition in seinen Frühschriften vor allem von den Jakobinern der Französischen Revolution begründet, so griff er darüber hinaus auf frühere Aufstandsbewegungen zurück (die Digger des englischen Bürgerkriegs, die Bauern um Thomas Müntzer); im Ergebnis gelangte er, wie Middell zeigt, zu einer universalgeschichtlichen Reihung dieser Aufstände: zur Universalgeschichte immer neuer, vereinzelter, scheiternder Anläufe utopischer Gesellschaftsveränderung, die mit der Französischen Revolution den Durchbruch zum universalen Bild eines neuen Weltzustands erreichte. Einerseits rückte Marx jene zahlreichen Aufstände also als Sozialrevolten in einen spezifisch neuzeitlichen Zusammenhang, andererseits ließ er keinen Zweifel daran, daß in dieser Kette mit der Französischen Revolution eine qualitativ neue Phase begann – „frühbürgerliche Revolutionen" im Unterschied zur bürgerlichen Französischen Revolution haben seine Nachfolger jene Aufstände deshalb genannt; von einer eigenen „Epoche frühbürgerlicher Revolutionen" kann im Anschluß an Marx deshalb die Rede sein.

Ohne es beabsichtigt zu haben, ausgehend von ihren eigenen Fragestellungen, unbeeinflußt von universitätsorganisatorischem Disziplinierungsdruck gelangten Marx und die Historiker in seinem Gefolge also zu Epochalisierungen, die durchaus an den Frühneuzeit-Begriff anschließbar sind. Mag das politisch, worauf Middell hinweist, einer allgemeinen Tendenz entsprechen – wurde die Französische Revolution im 19. Jahrhundert doch spätestens seit dem Wiederholungsfall von 1830 überall als Zeitenwende, als Beginn einer neuen Gegenwart verstanden –, im Hinblick auf die epochalisierten Gegenstände handelt es sich um einen auffälligen Befund. Denn nicht Staaten, sondern Wirtschaftsordnungen, Klassenkämpfe und Utopien bilden den Gegenstand der marxistischen Historiographie; trotzdem gelangt sie zu Epocheneinteilungen, die denen der Staatenhistorie nicht nur nicht widersprechen, sondern sie bestätigen und ergänzen. Daß die Wechselwirkungen zwischen Politik, Wirtschaft und Gesellschaft immer auch ein Thema der marxistischen Historiographie waren (und bis heute geblieben sind), wird von Middell ausdrücklich erwähnt.

Auch die jüdische Geschichte kann nicht als Staatenhistorie geschrieben werden; das macht ihre Epocheneinteilung zu einer weiteren Gegenprobe an einem anderen Gegenstandsbereich. In ihrer Analyse wichtiger Gesamtdarstellungen zur jüdischen Geschichte zeigt Margarete Schlüter (Frankfurt am Main), wie groß vor der Gründung des Staates Israel die Schwierigkeiten waren, den Gegenstand bzw. das Subjekt einer jüdischen Geschichte überhaupt zu definieren. Seit der zweiten Zerstörung des Tempels gab es kein selbständiges jüdisches Gemeinwesen mehr. Es gab jüdische Gemeinden in der Diaspora, verbreitet im gesamten Römischen Reich, zerstreut über alle Kulturen und Gemeinwesen, die aus der Völkerwanderung hervorgingen. Wie konnten die säkularisierten Historiker der Moderne deren Geschichte zu einer Einheit verbinden? Als Geschichte des auserwählten, aber von Gott geprüften Volks – als Heilsgeschichte – war sie in der Moderne nicht länger zu verstehen. Sollte man sie daher zur Geschichte eines erfolgreich tradierten Religionsgesetzes ausnüchtern, zur Religions- und Rechtsgeschichte? Oder sie als Geschichte eines ins Philosophische gewendeten „Judentums" auffassen, als Geistes- und Ideengeschichte also? Sie als Geschichte eines eigenen, zerstreuten, aber unvermischten Volkes verstehen, als Volksgeschichte? Oder sie (die zionistische Lösung) als Pendelschlag zwischen Integration und Verfolgung schreiben, der notwendig zur Gründung des Staates Israel führen mußte (und die Diaspora damit zur zweitausendjährigen Episode herabstufte)? Die Frage war und ist bis heute umstritten, betrifft sie doch grundsätzliche Vorentscheidungen in bezug auf das Selbstverständnis der Juden und ihre politische Selbstbestimmung. Einig war man sich lediglich über die Aufgabenstellung: Daß die jüdische Geschichte als eine Einheit aufgefaßt, daß eine jüdische Historiographie begründet werden mußte, war unumgänglich geworden, seit mit dem Ende der Ständegesellschaft allmählich die äußeren politischen, rechtlichen, religiösen Bestimmungen der Juden als besonderer Gruppe entfielen. In der modernen Bürgergesellschaft wurde ihr Judentum zu einer Sache des Bekenntnisses, der Gesinnung und das hieß nicht zuletzt des Geschichtsbewußtseins.

So verschieden man die jüdische Historie konzipierte, so umstritten war, wie Schlüter zeigt, deren Epocheneinteilung. Allerdings lassen sich bei allen Unterschieden einige grundsätzliche Übereinstimmungen bemerken. Wenn es zutrifft, daß die jüdische Historie als Teil der „Wissenschaft vom Judentum" in einer Situation entstand, in der Jüdisch-Sein aus einem Stand zu einem Bekenntnis wurde, dann ist der Übergang von der Ständegesellschaft zur Bürgergesellschaft für diese qualitative Veränderung konstitutiv: Dann werden zumindest für die europäischen Juden vor allem die Aufklärung und als politisches Ereignis die Französische Revolution zur Zeitenwende. Als solche treten sie (wenn auch unterschiedlich bewertet) tatsächlich bei allen von Schlüter betrachteten Autoren in Erscheinung.

Eine zweite Übereinstimmung zeigt sich darin, daß keiner der Autoren die Wende des ausgehenden 18. Jahrhunderts als Abschluß eines jüdischen Mittelalters betrachtet. Sie alle empfinden die Notwendigkeit, die Situation der europäischen Juden innerhalb der verfestigten Ständegesellschaft und im Kontext verdichteter Territorialherrschaft von der Situation in der Moderne ebenso zu unterscheiden wie von der im Mittelalter. Diese Differenzierung ist umso auffallender, als sowohl ihre Kriterien wie auch ihre zeitliche Dauer umstritten sind; es gibt dabei, wie Schlüter betont, keinen Konsens unter den Forschern. Und doch zeigen die vorgenommenen Unterscheidungen ein allgemeines Prinzip, zeigt sich gerade in ihrer Gemeinsamkeit wider Willen der Ansatz für ein judaistisches Epochenkonzept Frühe Neuzeit. Wahrscheinlich ergibt es sich aus der Notwendigkeit, jüdische Geschichte, wie immer man sie konzipiert, im Kontext mit anderen Geschichten zu schreiben – nicht zuletzt mit derjenigen politischer Vergemeinschaftungen und Staatlichkeit. Mochten die Juden auch nicht über einen eigenen Staat verfügen, als ausgegrenzte Gemeinschaft, geschützt oder verfolgt, waren sie allzeit Objekte politischen, rechtlichen, kirchlichen Handelns; von daher sind die epochentypischen Merkmale dieses Handelns auch für ihre Geschichte relevant.

Die dritte disziplinäre Gegenprobe zur Epochengliederung der Staatenhistorie liefert in diesem Band die Literarhistorie. Nicht um die Unterscheidung und Gliederung realhistorischer Vorgänge geht es Friederike Hassauer und Marlen Bidwell-Steiner (beide Wien), sondern um die Unterscheidung und Einteilung von Texten der spanischen Literatur; entsprechend werden die Epochenfragen hier teils mit Hilfe von Stilbegriffen (Renaissance, Barock, Manierismus), teils mit Hilfe von Gattungsbegriffen diskutiert. Daraus ergeben sich aber, wie Hassauer im methodischen Teil ihres Beitrags unterstreicht, eine Reihe von Fragen. Das beginnt mit der aus der Kunsthistorie übernommenen Terminologie. Was bezeichnen die als Stilbegriffe eingeführten Termini, wenn man mit ihnen Merkmalskataloge von Textkorpora beschreibt? Sind sie zugleich als Epochenbezeichnungen zu verstehen, und wie verhalten sie sich zu den Epochenbegriffen der politischen Historie, etwa zum Begriff der Frühen Neuzeit? Sind Epochenbegriffe überhaupt von einem Gegenstandsbereich auf den anderen übertragbar? Wie ist ferner mit dem Nebeneinander von verschiedenartigen Texten umzugehen, mit der Gleichzeitigkeit beispielsweise von literarischer Renaissance und Barock in der spanischen Literatur? Und wie sind schließlich angesichts der europaweiten Verbreitung bestimmter Textmerkmale Besonderheiten der spanischen Literatur dingfest zu machen und zu verstehen?

Es ist offensichtlich, daß diese Fragen nicht nur die spanische Renaissance oder den Literaturbarock betreffen, an denen Hassauer sie diskutiert. Es handelt sich um Grundsatzfragen, die alle Literarhistoriker/innen beantworten müssen, nicht zuletzt, weil sie über das Verhältnis der Literarhistorie etwa zur politischen Historie entscheiden und damit über die Stellung der Literarhistorie innerhalb der Kulturwissenschaften insgesamt. Hassauer plädiert dafür, diese Fragen mit Hilfe der Luhmannschen Systemtheorie zu klären. Vor allem möchte sie die Beschreibung des evolutionär, soll heißen: ungeplant und diskontinuierlich erfolgenden Formenwandels der Texte klar unterscheiden von der an das Selbstverständnis der Zeitgenossen gebundenen Modellierung von Epochen. Renaissance und Barock seien als Epochenbegriffe untauglich, nicht nur weil die damit bezeichneten Texte gleichzeitig entstanden („kopräsent" waren, wie Hassauer sagt), sondern in erster Linie weil sie dem Freilegen spezifischer, immer in Gemengelagen anzutreffender Strukturmerkmale dienen sollten, statt diese zu übergreifenden Epochenkennzeichen zu verabsolutieren. Aus diesem Ansatz ergibt sich ferner, daß Hassauer den Entwicklungsbegriff verabschiedet. Da die Textmerkmale sich evolutionär und das heißt diskontinuierlich veränderten (z. B. aufgrund von politischer und kirchlicher Einflußnahme in der Gegenreformation), könne von Stilentwicklung ebensowenig die Rede sein wie von Epochenkontinuität. Statt dessen müßten Stufen von Veränderung unterschieden werden – nicht im Sinne einer zeitlichen Abfolge, sondern in dem einer je verschiedenen Systematik von Möglichkeiten. Als Rekombination von alten Möglichkeiten und dem Eröffnen neuer Möglichkeitshorizonte seien Strukturveränderungen zu beschreiben. Wie das aussehen könnte, wird von Hassauer am Verhältnis von Renaissance, Manierismus und Barock in der spanischen Literatur konkretisiert.

So skeptisch Hassauer mit diesem Ansatz den eingeführten Epochenbegriffen gegenübertritt, verabschieden möchte sie sie keineswegs. Schon als „Beobachtungen erster Ordnung", als Selbstverständigungen von politischen Vergemeinschaftungen, haben sie ihr zufolge praktische Wirkung. Daneben aber oder dagegen hält Hassauer (ganz im Sinne dieser Einleitung) auch Epochenbegriffe aufgrund von „Beobachtungen zweiter Ordnung" für möglich. Ob es sich um den nationalgeschichtlich definierten Begriff des „Siglo de Oro" handelt, um den diskursgeschichtlich definierten verschiedener „Episteme" oder um den evolutionstheoretisch definierten „Europa in der beginnenden Neuzeit", stets setzen ihre literarhistorischen Überlegungen solche, jetzt systemtheoretisch verstandenen Epochenbegriffe voraus, werden die eigenen Problemlösungen darauf bezogen, die eigenen literarhistorischen Epochenbeschreibungen daran orientiert. Auch der Gegenstandsbereich der Literatur fällt für sie also keineswegs aus den allgemeineren Epochenbegriffen heraus. Als Feld von unterschiedlichen Textkorpora aufgefaßt, bedarf er allerdings einer eigenen, differenzierenden, eben mit Hilfe der Stilbegriffe erfolgenden Betrachtung. Die umfassenderen Epochenbegriffe werden mit Hilfe der zum Teil als kopräsent vorgestellten Stilbegriffe für den Gegenstandsbereich der Literatur präzisiert; die verschiedenen Gegenstandsbereiche stehen, wie das Beispiel der Gegenreformation beim Übergang vom Manierismus zum Barock zeigt, in konkreter, durchaus auch kausaler Wechselbeziehung.

Neben den Stilen bilden Gattungen die zweite Grundkategorie aller Literaturgeschichtsschreibung; für zwei Gattungen der spanischen Literatur: die *novela cortesana* und die *comedia*, wird Hassauers methodischer Ansatz deshalb von Marlen Bidwell-Steiner ausbuchstabiert. Wie Hassauer betont Bidwell-Steiner zunächst die „Kopräsenz" – hier eines bestimmten Themas in verschiedenen Gattungen. Die neuen Kontingenzerfahrungen der Renaissance seien keineswegs nur in der *novela cortesana* und im *Essai* verarbeitet worden, sondern zugleich auch im Drama, nämlich in der *comedia*; nur in der Zusammenschau beider Gattungen (auch ihrer spezifischen Mischungen) sei deren Prinzip daher zu verstehen. Beide Gattungen zeigten ab der Mitte des 16. Jahrhunderts die gleiche Veränderung: Während sie in der Renaissance, augenzwinkernd zwischen anzüglicher Unterhaltung und moralischer Didaxe wechselnd, an immer neuen Einzelfällen schwankende Wertvorstellungen durchspielten, führten sie im Zeitalter der Gegenreformation die Geltung einer allumfassenden Ordnung und Moral vor, deren Leitbegriffe Ehre und Reinheit des Bluts waren. Nach den Hintergründen dieser in Spanien besonders rigiden und in ihren Leitbegriffen einzigartigen Gattungsveränderung wird von Bidwell-Steiner gefragt. Sie findet sie im politischen Bereich: in der Vollendung der *reconquista*; in der Zwangsbekehrung oder Vertreibung von Moslems und Juden; in der rigorosen Vereinheitlichung einer zuvor politisch, religiös und kulturell differenzierten Gesellschaft. Nach dem äußeren Abschluß der *reconquista* sei der Kampf gegen die Ungläubigen (schon um weiter als Legitimationsquelle genutzt werden zu können) in das Innere der Gesellschaft und der Menschen verlagert worden. Ehre und Reinheit des Blutes wurden zum Programm dieses fortgesetzten und gesteigerten Kampfes; in der Gestalt des mit dem Schwert missionierenden, das spanische Weltreich und den *Siglo de Oro* begründenden Ritters fand dieses Selbstverständnis seinen wirkmächtigen Ausdruck. Für lange Zeit habe diese, auch mit Hilfe der Literatur erfolgte, „nationale Identitätsbildung" Spanien innerhalb Europas isoliert. Erst die Revolutionstruppen Napoleons, könnte man ergänzen, haben es mit Gewalt in die gesamteuropäische Entwicklung zurückgeholt.

Auf das engste sind in dieser Argumentation politische, ideologische und literarische Faktoren miteinander verknüpft. Gerade indem Hassauer und Bidwell-Steiner auf der Disparatheit der Texte insistieren, indem sie die Kopräsenz verschiedener Stile und Gattungen aufzeigen und die Ungeplantheit oder Kontingenz von Veränderungen betonen, konzipieren sie ihre Disziplin als eine eminent historische. Viele Strukturveränderungen und Sonderwege sind für sie nur historisch zu erklären. Und um Bilder von maximaler innerer Vielfalt zu entwerfen, eines konfliktträchtigen Gegeneinanders oder auch abgeschotteter, beziehungsloser Gleichzeitigkeit, um Kopräsenzen, Rekombinationen und Diskontinuitäten überhaupt sichtbar machen zu können, bedarf es übergeordneter, einheitstiftender Bezugspunkte. Als solche dienen die geschichtswissenschaftlichen Epochenbegriffe wie der der Frühen Neuzeit. Auch von seiten der Literaturwissenschaft findet er somit eine Rechtfertigung und Bestätigung. Wie sieht es nun aber mit den kulturellen Gegenproben aus? Da ist zunächst der interessante Fall der russischen Geschichte. Rußland lag noch im 16. Jahrhundert an der Peripherie des europäischen Staatensystems, seine Interessen schienen in der Zeit der sibirischen Kolonisation eher im Osten, später im Süden zu liegen. Spätestens im 18. Jahrhundert war es jedoch ein wichtiges Mitglied des europäischen Staatensystems geworden, stieg es darin gar zu einer europäischen Großmacht auf, ohne daß seine politischen, wirtschaftlichen, kulturellen Beziehungen sich deshalb auf Europa beschränkt hätten. Bis heute ist seine Zugehörigkeit deshalb – und entsprechend die Periodisierung seiner Geschichte – in der russischen Geschichtswissenschaft umstritten. Zum Bedauern der Herausgeber/innen hat der Vortrag, den Vsesvolod Volodarski (Moskau) auf der Tagung zu diesem Thema hielt, seinen Weg in diesen Band nicht gefunden. Es steht zu hoffen, daß er zu einem späteren Zeitpunkt in deutscher Sprache erscheinen wird.

Über die Periodisierung der osmanischen Geschichte handelt Suraiya Faroqhi (München). Auch das Osmanische Reich ist ein aufschlußreiches Beispiel, weil es mit dem Erbe des Byzantinerreichs dessen wirtschaftliche und politische Beziehungen im Mittelmeer und auf dem Balkan übernahm. Spätestens seit 1453 war es ein wichtiger, zeitweise übermächtiger Faktor und Akteur der europäischen Politik – ohne daß es sich selbst als Mitglied des europäischen Staatensystems verstanden hätte (politisch, religiös, kulturell war es vielmehr nach Süden und Osten orientiert) oder von den europäischen Mächten als solches angesehen worden wäre. So bedeutsam es für das europäische Staatensystem war, es lag außerhalb davon, gehörte dem islamischen Kulturkreis an, entsprechend sollten die Zeiträume seiner Geschichte erheblich von denen der europäischen Mächte abweichen.

Wenn die osmanische Geschichte in den einflußreichen Gesamtdarstellungen dennoch in Mittelalter, Neuzeit und Zeitgeschichte gegliedert wird – wobei letztere häufig um 1800 oder spätestens mit den Modernisierungsversuchen im 19. Jahrhundert angesetzt wird, so daß die osmanische Neuzeit dann doch der europäischen Frühen Neuzeit entspricht –, wenn diese Einteilung auch an den Universitäten und in den Prüfungsordnungen fest institutionalisiert ist, dann hat das, wie Faroqhi deutlich macht, zunächst politische Gründe. Es beruht auf der Westorientierung der türkischen Republik und ihrer institutionalisierten Geschichtswissenschaft im 20. Jahrhundert, vor allem auf den Kontakten türkischer Historiker mit der französischen Geschichtsschreibung: Deren Epocheneinteilung wurde, so Faroqhi, auf die osmanische Geschichte übertragen, der politische und kulturelle Anschluß der türkischen Republik rückwirkend der osmanischen Geschichte eingezogen, die osmanische Geschichte mit der europäischen synchronisiert.

Daß diese politischen und institutionellen Vorgaben heute in der türkischen Geschichtswissenschaft keineswegs unumstritten sind, wird von Faroqhi betont. Und auch sie selbst ist um eine Periodisierung von innen her, allein auf die osmanische Geschichte bezogen, bemüht; nur so macht eine Gegenprobe zum europäischen Frühneuzeit-Konzept ja auch Sinn. Im Hauptteil ihres Aufsatzes diskutiert sie Wendepunkte der osmanischen Geschichte, wobei sie sowohl politische Kriterien in Betracht zieht (Expansion, Stagnation, Kontraktion des Reiches), als auch wirtschaftliche (Autarkie versus Inkorporation in das europäisch dominierte Weltsystem) und kulturelle (Blütezeiten der Künste, Aufkommen neuer künstlerischer Ausdrucksformen). Das Ergebnis ist aufschlußreich. Es zeigt, daß Europäer und Osmanen mit der Eroberung Konstantinopels ein Ereignis teilen, das (wenn auch aus unterschiedlichen Gründen) von beiden als Zeitenwende und Beginn einer neuen Epoche angesehen wurde; für das Ende dieser Epoche hingegen existiert ein solches, gemeinsam für wichtig erachtetes Ereignis nicht. Mehr noch: Was für das europäische Frühneuzeit-Konzept konstitutiv ist: der grundstürzende Wandel, den die Französische Revolution signalisiert, hat in der osmanischen Geschichte keine Entsprechung. Nicht einmal das Ende des Reiches und die Ausrufung der türkischen Republik 1923 markieren eine vergleichbare Strukturveränderung. Von daher scheint die politisch verordnete Übertragung des (Früh-)Neuzeit-Konzepts auf die osmanische Geschichte in der Tat fragwürdig.

Allerdings läßt sich auf diesen Befund erwidern, daß eine auf die osmanische Geschichte beschränkte Periodisierung spätestens seit dem 19. Jahrhundert gar nicht mehr möglich ist. Schon mit dem Ägypten-Feldzug Napoleons erreichen die Schockwellen der Französischen Revolution auch das osmanische Reich, am Ende der Regierungszeit Mahmuds II. (1808–1839) regieren die europäischen Großmächte Rußland und England in die inneren Angelegenheiten des Reiches hinein, spätestens um 1830 ist das Reich auch wirtschaftlich in den europäisch dominierten Welthandel integriert, überschwemmen die Industrieprodukte Englands den osmanischen Markt. Die nach 1830 einsetzenden Reformen können als Reaktion auf die europäische Überlegenheit und Einflußnahme gedeutet werden, als Nachvollzug europäischer Modernisierungsleistungen. Wenn es zutrifft, daß das Osmanische Reich ab dem Beginn des 19. Jahrhunderts seine Unabhängigkeit gegenüber den europäischen Mächten verliert, daß es von da an politisch, wirtschaftlich und kulturell immer stärker unter europäischen Einfluß gerät, dann ergibt dieser Verlust von Unabhängigkeit doch ein (wenn auch indirektes und relatives) Kriterium für eine osmanische Frühe Neuzeit.

Sowohl Rußland als auch das Osmanische Reich unterhielten vom 16. bis zum 18. Jahrhundert eine Fülle von Kontakten mit europäischen Mächten, standen mit ihnen in ständigem (wenn auch unterschiedlichem) Austausch, sind heute in starkem Maß auf Europa hin orientiert. Das sind die Gründe, warum ihre Geschichte durchaus auf das europäische Frühneuzeit-Konzept bezogen werden kann. Wie aber verhält es sich mit Kulturräumen, die sich heute von Europa eher absetzen? Deren Selbstverständnis einer Synchronisation ihrer eigenen Geschichte mit der europäischen eher entgegensteht? Zu den Periodisierungsfragen unter diesen Aspekten gibt es im vorliegenden Band ein Beispiel aus der arabischen Welt und eine Untersuchung der chinesischen Historiographie.

Anhand der literarischen Produktion diskutiert Ralf Elger (Bamberg) das Periodisierungsproblem mit Blick auf Bilâd ash-Shâm, den heutigen Vorderen Orient. Von 1516 an stand dieses Gebiet unter osmanischer Herrschaft – eine Epoche, die von arabischen Forschern der Gegenwart häufig als Fremdherrschaft charakterisiert und bis zum Ende des 18. Jahrhunderts mit negativen Vorzeichen versehen wird; erst die arabische „Renaissance" des 19. Jahrhunderts habe wieder einen Aufschwung gebracht. Wie Elger darstellt, hat es in der Islamwissenschaft durchaus Versuche gegeben, auch auf diesen Zeit- (und Kultur)raum den Begriff Frühe Neuzeit anzuwenden. Wenn diese Versuche energisch zurückgewiesen wurden, so hat das sicher nicht ausschließlich, aber doch auch politische Gründe. Der Vorwurf eines Eurozentrismus, der die Besonderheiten der islamischen (Kultur-)Geschichte zum Verschwinden bringe, spielte jedenfalls eine wichtige Rolle. Unausgesprochen hingegen, ohne die Provokation des Begriffs mit seinen europäischen und christlichen Implikationen, scheint das Frühneuzeit-Konzept in der Islamwissenschaft, wie Elger zeigt, gleichwohl eine Rolle zu spielen; zumindest gibt es Ansätze, die diskreditierte Epoche nunmehr als eine eigenständige und auch innovative neu zu interpretieren.

Elger selbst unternimmt das an einem Gegenstand, bei dem die heiklen Fragen nach der (Fremd-?)Herrschaft und dem Kulturkontakt mit den Europäern zunächst beiseite gelassen werden können. Er handelt von arabischen Texten des 16. und 17. Jahrhunderts, die er (unter Zuhilfenahme eines anderen europäischen Begriffs) als autobiographische interpretiert. Da die Entwicklung der Autobiographie in Europa niemals nur als Indiz für gewandelte Aufschreiberegeln gedeutet, da sie immer auch im Hinblick auf den Wandel von Subjekt-Vorstellungen untersucht wurde, hat Elger damit aber geradezu ein Zentralthema aller Frühneuzeit-Forschung gewählt. Denn die „Entdeckung der Welt und des Menschen" (und damit die Entdeckung der Subjektivität) wird in den europäischen Kulturwissenschaften seit Burckhardt als entscheidende Errungenschaft der Renaissance diskutiert. Wie Elger zeigt, entstand auch im Vorderen Orient seit der zweiten Hälfte des 17. Jahrhunderts eine neue Art von autobiographischen Texten. Zwischen mündlichem Vortrag und sekundärer Schriftlichkeit, dennoch von einem gebildeten Lesepublikum rezipiert, erzählten nunmehr nicht nur hochrangige Personen und bedeutende Gelehrte ihr Leben, vielmehr wurden die Schicksale einfacher Derwische literaturfähig, hielt mit diesem anderen Subjekt-Begriff auch ein anderer Erfahrungshorizont, hielt der Alltag dieser Menschen Einzug in die Literatur. Ohne diesen Befund vorschnell mit der europäischen Entwicklung zu parallelisieren (ein Vergleich wäre sicher aufschlußreich und ergiebig), ohne auch über Gründe für diese Entwicklung zu spekulieren, konstatiert Elger im Kern der arabischen Kultur eine Veränderung, die eine Anwendung des Frühneuzeit-Konzepts nicht nur äußerlich, sondern auch inhaltlich zumindest diskussionswürdig erscheinen läßt.

Mit einem Traktat von Liang Qichao aus dem Jahre 1901 begann auch in der modernen chinesischen Historiographie, die Achim Mittag (Essen) untersucht, eine Periodisierungsdiskussion. In drei großen Historikerdebatten in den dreißiger, fünfziger und achtziger Jahren des 20. Jahrhunderts wurde sie fortgeführt. Auch hier spielte die Frage, in welchem Ausmaß man europäische Epochenschemata auf die chinesische Geschichte übertragen könne, eine herausragende Rolle. Dabei diente die versuchte Angleichung chinesischer und europäischer Geschichte dazu, Chinas Position in der modernen Staatengemeinschaft zu sichern. Die Modernisierer unter den chinesischen Historikern konnten an indigene, in der Tradition des chinesischen Geschichtsdenkens angelegte Voraussetzungen für die Einführung des westeuropäischen Periodisierungsmodells anknüpfen, beispielsweise an das konfuzianische Modell „dreier Zeitalter", das zum ideologischen Kernstück der neokonfuzianischen Staatslehre der späten Kaiserzeit geworden war. Auch in dem Gelehrtenstreit über den konfuzianischen Kanon und seine Auslegung im 19. Jahrhundert war die Vorstellung dreier Zeitalter von zentraler Bedeutung. Dabei wurde mit deutlichem Rekurs auf die europäische Renaissance der Beginn der Neuzeit mit der Wiederherstellung der Han-Gelehrsamkeit in den Anfängen der Mandschu-Herrschaft und in der textkritischen Wissenschaftlichkeit der *Hanxue*-Gelehrten (17. und 18. Jahrhundert) angesetzt. Die unternommene Parallelisierung ging soweit, daß Kang Youwei, ein Gelehrter des 19. Jahrhunderts, sogar als „Martin Luther des Konfuzianismus" bezeichnet wurde. Huang Zongxi (1610–1695) wiederum wurde der Rang eines chinesischen Rousseau zugeschrieben.

Eine Gegenposition hat Naitô Torajirô (Konan) entwickelt. Die sogenannte Naitô-These, die im Westen gut bekannt geworden ist, gesteht China eine Modernität zu, die Europa erst sehr viel später erreicht habe. In China selbst fand die Naitô-These allerdings kaum Resonanz.

Des weiteren fanden europäische Periodisierungsmodelle in China mit der Diskussion und Übernahme marxistischer Theorien, vor allem des „Fünf-Stadien-Modells", Eingang. Wichtig war dabei zunächst die sogenannte Gesellschaftsgeschichtsdebatte von 1929–1933. Im Rahmen einer ausführlichen

Feudalismusdiskussion kam man hier zu dem Schluß, die chinesische Neuzeit sei durch den Beginn des Opium-Krieges (1840) eröffnet worden. Denn damit habe die Verwandlung Chinas in eine „halbfeudale, halbkoloniale" Gesellschaft begonnen. Mao Zedong kanonisierte diese These im Jahre 1939, allerdings mit dem Zusatz, in der chinesischen Geschichte habe es auch zuvor schon „Keime des Kapitalismus" gegeben. Darum habe China sich auch aus sich heraus zu einer modernen kapitalistischen Gesellschaft entwickeln können. Um den Nachweis dieses „keimenden Kapitalismus" in der späten Ming- und frühen Qing-Zeit (16./17. Jahrhundert) ging es dann in der großen Geschichtsdebatte der fünfziger Jahre. Mit der „Keime-Theorie" wurde die Parallelisierung zur europäischen Frühen Neuzeit wieder deutlicher. Sie bedeutete aber zugleich die Feststellung, China sei auf der Stufe der frühkapitalistischen Produktionsweise stehengeblieben. Diese These wurde schließlich relativiert durch die Debatten der achtziger Jahre, die Feng Tianyu und die von ihm geleitete Studiengruppe zur Kulturgeschichte der Ming-/Qing-Zeit angestoßen hatten. Durch Übernahme eines „Modernisierungsbegriffes" als Meßkategorie für historischen Wandel wurden Entwicklungen auch innerhalb der „frühkapitalistischen Produktionsweise" sichtbar. China rangiere zwar in der Skala des Modernisierungstempos weit unten, doch sei seine Modernisierungserfahrung in einem universalen Geschichtsprozeß aufgehoben. Diese Deutung, die der Parteilinie von der „chinesischen Färbung des Sozialismus" entsprach, wurde in China von den Historikern Bao Zunxin und Zhu Weizheng und in den USA von Yü Ying-shih (Princeton) in Frage gestellt. Die genannten Historiker kritisierten die *master narrative* einer sich in China entfaltenden Moderne und stellten ihr die These vom „Coming Out of the Middle Ages" entgegen. Dieses umfasse das 16. bis 20. Jahrhundert und könne nur als ein langer, spezifisch chinesischer Wandlungsprozeß analysiert werden, wenn auch unter Berücksichtigung des globalen Handels- und Wirtschaftssystems, in das China zunehmend eingebunden gewesen sei.

VI.

Ist der Epochenbegriff Frühe Neuzeit also ablösbar: sowohl von seinem politischen Entstehungszusammenhang in Europa als auch von seinem ursprünglichen Geltungsbereich? Hat er sich von seiner Genese emanzipiert? Gehört er vielleicht gar nicht mehr – weder den Europäern, noch den Staatenhistorikern? Die hier versammelten Beiträge lassen solche Behauptungen möglich erscheinen. Als Gegenproben zum klassischen Frühneuzeit-Konzept zeigen sie für sehr verschiedene Gegenstände und Kulturen, daß dort überall mit übereinstimmenden, auf jeden Fall mit analogen Epochenvorstellungen gearbeitet wird – das läßt sich als erstes Ergebnis dieses Bandes formulieren. Die

Übereinstimmung betrifft die Epochengrenzen; sie betrifft die Zwitterstellung, die der Epoche zwischen der Gegenwart und der Fernvergangenheit zugewiesen wird; sie betrifft die Sachverhalte und Tendenzen, die die Epoche ausmachen sollen. Wahrscheinlich wäre es möglich, den Geltungsbereich des Frühneuzeit-Konzepts durch weitere Gegenproben noch stärker auszudehnen: Für die Geschichten Afrikas und Amerikas läge das nahe, aber auch für die chinesische, die indische und japanische Geschichte lassen sich wohl Übernahmen des Konzeptes belegen. Es hätte somit die gleiche globale Verbreitung gefunden wie die europäische Kultur insgesamt.

Politisch ist diese Verbreitung nicht schwer zu erklären. Sie ergibt sich als bis heute nachwirkende, heute überhaupt erst in vollem Umfang sichtbar werdende Folge der europäischen Expansion. Je weiter die europäischen Mächte ausgriffen, je mehr Weltgegenden sie unter ihren Einfluß brachten, je intensiver sie ihren Glauben, ihre Waren, ihre Technik, ihre Denkweise verbreiteten, desto unvermeidlicher wurde es, sich mit diesem Einfluß auseinanderzusetzen. Heute entgeht kein Staat dieser Erde der Notwendigkeit, sich (in welcher Form auch immer) auf die westliche Welt zu beziehen. Und das heißt, es gibt keine Geschichte mehr, die nicht ebenfalls (in der einen oder anderen Form) auf die europäische bezogen werden muß. Insofern ist die globale Verbreitung des Epochenkonzepts Frühe Neuzeit eine direkte Wirkung von Vorgängen in der Frühen Neuzeit selbst. Zugleich zeigt sie die Distanz an, die die Gegenwart von der Frühen Neuzeit trennt. Als das europäische Staatensystem in der Moderne zu einem System von internationalen Beziehungen wurde, machte diese Globalisierung der Sonderstellung Europas ein Ende. Ebenso geht mit der globalen Synchronisierung der Partikulargeschichten die europäische Definitionsgewalt über die synchronisierten Epochen verloren. Eine globalisierte Frühe Neuzeit wird nicht mehr hauptsächlich die Geschichte des europäischen Staatensystems sein.

Das nämlich läßt sich als zweites Ergebnis des Bandes festhalten: Je weiter das Epochenkonzept sich verbreitet, je mehr Gegenstände darunter gefaßt werden, je mehr Partikulargeschichten es synchronisiert, desto vielfältiger werden die Perspektiven, die sich damit verbinden. Gerade die Vielfalt der Anwendungen relativiert jede einzelne. Der Frühneuzeit-Begriff teilt das Schicksal von vielen, allzu erfolgreichen Begriffen: Je länger man damit zu den Gegenständen hinsieht, desto fremder sehen sie zurück.

VII.

Die schönste Herausgeberpflicht ist das Danken. Wir danken Luise Schorn-Schütte und Klaus Reichert (Frankfurt am Main), die durch ihre Schirmherrschaft die Tagung ermöglichten, durch ihre aktive Teilnahme zu deren Gelingen maßgeblich beitrugen. Wie die Tagung selbst ist auch der vorliegende Band ein Zeugnis für die fruchtbare Zusammenarbeit zwischen dem Lehrstuhl für frühneuzeitliche Geschichte und dem Zentrum zur Erforschung der Frühen Neuzeit. Das Projekt „EuropaGestalten: Der andere Blick auf die Frühe Neuzeit / Decentering Early Modernity" ist ein Projekt des Sokrates-Netzwerks „Una Filosofia per l'Europa", ausgerichtet von den genannten Institutionen. Wir danken der Stiftung zur Förderung der internationalen Beziehungen der Johann Wolfgang Goethe-Universität Frankfurt am Main für die freundliche Unterstützung des Projekts. Und wir danken Lothar Gall (Frankfurt am Main), der diese Studien unter die Beihefte zur „Historischen Zeitschrift" aufgenommen hat. Ohne all diese Mithilfe und Ermutigung wäre der Band niemals zustandegekommen.

Die Frühe Neuzeit
als Geschichte des europäischen Staatensystems

Von

Ulrich Muhlack

Wer einen anderen Blick auf die Frühe Neuzeit werfen will, sollte keinen Zweifel daran lassen, daß sein Sprachgebrauch lediglich metaphorischer Art ist.[1] Die Frühe Neuzeit ist kein Gegenstand, der uns einfach immer schon vorliegt und unter verschiedenen Perspektiven betrachtet werden kann. Sie existiert vielmehr erst seit wenigen Jahrzehnten, und zwar in der Vorstellung der Historiker, die sie aus forschungspraktischen Gründen erfunden oder eingeführt haben.[2] Sie gehört nicht der Welt der historischen Erscheinungen an, sondern ist ein bloßes Hilfsmittel, dessen wir uns bedienen, um unser geschichtliches Wissen in eine äußere Ordnung zu bringen. Sie teilt diese rein instrumentelle oder pragmatische Funktion mit allen anderen Epochenbegriffen und steht daher wie sie immer zur Disposition. Die Periodisierung der Geschichte wechselt mit den Fragestellungen der Historiker. Die Epochenreihe Altertum – Mittelalter – Neuzeit, der die Frühe Neuzeit zuzurechnen ist, ist noch besonders auf diesen Wandel geradezu angelegt. Denn bei ihr handelt es sich lediglich um eine formale Zeiteinteilung, die auf die jeweilige Gegenwart zuläuft und im Lichte der jeweiligen Gegenwart ihre inhaltliche Bestimmung oder Ausprägung erfährt. Je weiter wir von Gegenwart zu Gegenwart fortschreiten, desto mehr müssen sich die Abgrenzungen zwischen den drei Epochen verschieben. Auch die Frühe Neuzeit entstammt einem solchen Bedürfnis nach chronologischer Differenzierung, und sie wird, jedenfalls in ihrer jetzigen Form, nur so lange bestehen, wie sie diesem Bedürfnis genügt.

Wer von der Frühen Neuzeit spricht, muß zuerst von der Neuzeit reden. Als die Renaissance-Humanisten des 14.–16. Jahrhunderts diesen Begriff präg-

---

[1] Dieser Sammelband ist aus einer Frankfurter Konferenz im Dezember 2001 hervorgegangen, die den Untertitel „Der andere Blick auf die Frühe Neuzeit" trug. Ich gebe hier den Text meines damals gehaltenen Vortrags, nicht ohne dabei Gesichtspunkte zu berücksichtigen, die in der Diskussion vorgebracht worden sind. Angesichts des thesenartigen Charakters des Ganzen scheint es gerechtfertigt, die Anmerkungen auf die nötigsten Nachweise zu beschränken.

[2] Eine vorläufige Bilanz zieht *Winfried Schulze*, Die Frühe Neuzeit zwischen individueller Erfahrung und strukturgeschichtlichem Zugriff: Erfahrungen, Defizite, Konzepte, in: Helmut Neuhaus/Barbara Stollberg-Rilinger (Hrsg.), Menschen und Strukturen in der Geschichte Alteuropas. Festschrift für Johannes Kunisch zur Vollendung seines 65. Lebensjahres, dargebracht von Schülern, Freunden und Kollegen. (Historische Studien, Bd. 73.) Berlin 2002, 71–90.

ten, meinten sie damit die von ihrem Bildungsgedanken erfüllte Gegenwart; die Neuzeit war für sie, in diesem Sinne, die schlechthin moderne Zeit. Dieser unmittelbare Gegenwartsbezug ist für den Begriff bis heute konstitutiv geblieben, ganz gleich, auf welche Gegenwart oder welches Gegenwartsinteresse man ihn jeweils bezog; die Neuzeit war und ist jene Epoche der europäischen Geschichte, die direkt zur Gegenwart führt: die Zeit, in der sich das moderne Europa herausbildet. Die Frühe Neuzeit nimmt in diesem Zusammenhang eine doppelte Stellung ein. Sie ist einmal, tautologisch gesprochen, die Frühzeit der Neuzeit, in der die Grundlagen der Gegenwart gelegt werden: die Frühmoderne, in der die Wurzeln der Moderne enthalten sind. Der Begriffsgebrauch ist nur dann legitim, wenn diese Implikation des Gegenwärtigen und Modernen mitgedacht wird oder mitgedacht werden kann. Auf der anderen Seite erscheint die Frühe Neuzeit abgehoben von einer „späteren" Neuzeit, in der sich der eigentliche Übergang zur Moderne und damit zu unserer gegenwärtigen Welt vollzieht; sie bleibt auf die Gegenwart bezogen, aber vermittels einer Epoche oder „Subepoche", die noch direkter zur Gegenwart hinführt. Der Begriff der Frühen Neuzeit hat die Vorstellung einer solchen Zäsur innerhalb der Neuzeit zur Voraussetzung; die Frühzeit der Neuzeit wird erst dadurch zur Frühen Neuzeit.

Über die Datierung dieser Zeiteinheiten herrscht in der Forschung weithin Einigkeit. Was den Beginn der Neuzeit betrifft, so hat im Grunde immer noch der humanistische Ansatz Gültigkeit, auch wenn der humanistische Bildungsgedanke längst vergangen ist: nämlich die Zeit um 1500, die sich als eine Art Durchschnittswert für eine Fülle möglicher Ansätze zwischen 1400 und 1600 anbietet; sie ist jedenfalls mit den verschiedensten Erkenntnissen oder Erkenntnisinteressen kompatibel und bleibt damit ein einprägsamer Wende- oder Haltepunkt für unser historisches Gedächtnis; die ganz pragmatische Funktion, die der Bildung historischer Perioden überhaupt zukommt, wird hier sinnfällig. Auch die Dauer der Frühen Neuzeit bis zur „Doppelrevolution" um 1800, der Französischen Revolution wie der von Großbritannien ausgehenden Industriellen Revolution, ist unbestritten; diese Zäsur wird in vielerlei Hinsicht als so tiefgehend empfunden, daß sie eine Epochenscheide innerhalb der neuzeitlichen Geschichte zu rechtfertigen scheint.

Es liegt mir in der Folge völlig fern, diese Epochenscheide in Frage zu stellen, wie es überhaupt ein Mißverständnis meiner bisherigen Bemerkungen wäre, wenn man aus ihnen ein Unbehagen über die Frühe Neuzeit herausläse. Im Gegenteil: ich halte diesen Epochenbegriff nicht nur nach wie vor für brauchbar, sondern möchte ihn sogar von einer neuen Seite her untermauern und insoweit wirklich einen anderen Blick auf die Frühe Neuzeit werfen. Es geht mir nämlich darum zu zeigen, daß die Frühe Neuzeit auch eine spezifisch außenpolitische Signatur hat. Im Zentrum steht dabei das Phänomen des europäischen Staatensystems.

Allgemein gilt die Entstehung und Ausbildung dieses Systems seit dem 15. Jahrhundert als Fundamentalvorgang der neuzeitlichen europäischen Geschichte schlechthin. Die ältere deutsche Forschung hatte an der Ausarbeitung dieser Vorstellung stärksten Anteil; die große „Geschichte des europäischen Staatensystems" von Eduard Fueter, Walter Platzhoff, Max Immich und Adalbert Wahl, die in den ersten Jahrzehnten des 20. Jahrhunderts im Rahmen des Below-Meineckeschen „Handbuchs der mittelalterlichen und neueren Geschichte" herauskam, blieb, jedenfalls in Deutschland, für lange Zeit maßgeblich und wurde größtenteils noch nach dem Zweiten Weltkrieg neugedruckt.[3] Freilich gab es auch externe Gründe, warum die neuere deutsche Geschichtswissenschaft, im Gegensatz zur außerdeutschen Forschung[4], bis vor kurzem nichts Vergleichbares hervorgebracht hat. Die Geschichte der Außenpolitik hatte es in Deutschland nach 1945 schwer; die Zeitverhältnisse luden weithin zu einem „Primat der Innenpolitik" ein. Erst die Wende von 1989/90 ließ das Interesse an der außenpolitischen Geschichte schlagartig geradezu neu entstehen oder hervortreten; das von Heinz Duchhardt und Franz Knipping herausgegebene „Handbuch der Geschichte der Internationalen Beziehungen", ein auf neun stattliche Bände berechnetes Projekt, von dem bisher zwei Bände erschienen sind, ist eine Frucht dieses Interesses, und alles spricht dafür, daß es das ältere und bislang kanonische Werk ersetzen wird.[5]

Die neuere Forschung sucht naturgemäß vielfach andere Wege zu gehen als die ältere, aber sie hat doch auch mancherlei mit ihr gemeinsam. Dazu gehört

[3] *Eduard Fueter*, Geschichte des europäischen Staatensystems von 1492–1559. München/ Berlin 1919; *Walter Platzhoff*, Geschichte des europäischen Staatensystems 1559–1660. München/Berlin 1928, Neudruck Darmstadt 1967; *Max Immich*, Geschichte des europäischen Staatensystems 1660–1789. München/Berlin 1905, Neudruck Darmstadt 1967; *Adalbert Wahl*, Geschichte des europäischen Staatensystems im Zeitalter der Französischen Revolution und der Freiheitskriege (1789–1815). München/Berlin 1912, Neudruck Darmstadt 1967.
[4] Statt vieler Einzeltitel sei nur auf die einschlägigen Bände der „New Cambridge Modern History" verwiesen, die die Geschichte des europäischen Staatensystems mit höchster Priorität behandeln.
[5] *Heinz Duchhardt*, Balance of Power und Pentarchie. Internationale Beziehungen 1700– 1785. (Handbuch der Geschichte der Internationalen Beziehungen, Bd. 4.) Paderborn 1997; *Winfried Baumgart*, Europäisches Konzert und nationale Bewegung. Internationale Beziehungen 1830–1878. (Handbuch der Geschichte der Internationalen Beziehungen, Bd. 6.) Paderborn 1999. – Weitere Veröffentlichungen aus jüngster Zeit: *Peter Krüger* (Hrsg.), Kontinuität und Wandel in der Staatenordnung der Neuzeit. Beiträge zur Geschichte des internationalen Systems. (Marburger Studien zur Neueren Geschichte, Bd. 1.) Marburg 1991; *Peter Krüger* (Hrsg.), Das europäische Staatensystem im Wandel. Strukturelle Bedingungen und bewegende Kräfte seit der Frühen Neuzeit. (Schriften des Historischen Kollegs, Kolloquien, Bd. 35.) München 1996; *Jens Siegelberg/Klaus Schlichte* (Hrsg.), Strukturwandel internationaler Beziehungen. Zum Verhältnis von Staat und internationalem System seit dem Westfälischen Frieden. Wiesbaden 2000; *Wilfried Loth/Jürgen Osterhammel* (Hrsg.), Internationale Geschichte. Themen – Ergebnisse – Aussichten. (Studien zur Internationalen Geschichte, Bd. 10.) München 2000.

die Voraussetzung, daß die Geschichte des europäischen Staatensystems, bei aller Entwicklung und Veränderung, durchaus in kontinuierlichen Bahnen verlaufen sei. Für eine Frühe Neuzeit, für eine scharfe Zäsur um 1800 gibt es da keinen Platz. Es ist kennzeichnend, daß weder Max Immich, der die Geschichte des europäischen Staatensystems bis 1789 behandelt, noch Adalbert Wahl, der den Fortsetzungsband schreibt, eine Reflexion über das Epochenjahr 1789 anstellt; es handelt sich da um „eine neue Epoche"[6], die aber sofort nach dem durchgängigen „Wesen" des Systems beurteilt und damit relativiert wird.[7] Aber auch heute, nachdem die Frühe Neuzeit zu einem festen Bestandteil unseres chronologischen Instrumentariums geworden ist, denkt man darüber kaum anders. Heinz Schilling, einer der beredtesten Verfechter des neuen Epochenbegriffs, der auch an dem „Handbuch der Geschichte der Internationalen Beziehungen" mitarbeitet, stellt fest, „daß die Mächtekonstellation des 19. Jahrhunderts und die sie tragenden Normen und Spielregeln nicht nur die frühneuzeitliche Entwicklung voraussetzen, sondern in gewisser Weise deren volle Entfaltung bedeuten": „Im internationalen System war der Bruch zwischen Alteuropa und moderner Welt weniger abrupt als in Wirtschaft, Gesellschaft, Verfassung, Mentalität oder Kultur."[8] Ganz entsprechend kommt es einem von Peter Krüger herausgegebenen Sammelband über „Das europäische Staatensystem im Wandel" nicht auf den „Wandel" an, sondern auf den „Gesamtzusammenhang und die Entwicklungslinien seit der frühen Neuzeit – trotz des tiefen Epocheneinschnitts um 1800."[9]

Dieser „Gesamtzusammenhang" und diese „Entwicklungslinien" lassen sich gewiß nicht leugnen; sie sind der außenpolitische Beweis für die Einheit der Neuzeit, ohne die eine Frühe Neuzeit nicht zu haben ist. Aber diese Einheit besteht auch für die neuzeitliche Geschichte jener Phänomene, bei denen Schilling mit Recht einen abrupten „Bruch zwischen Alteuropa und moderner Welt" konstatiert: „Wirtschaft, Gesellschaft, Verfassung, Mentalität oder Kultur". Einheit und abrupter „Bruch", Kontinuität und Diskontinuität brauchen sich also nicht auszuschließen. Es wäre verwunderlich, wenn die Geschichte des europäischen Staatensystems dieser Dialektik nicht unterläge, man müßte denn der äußeren Staatengeschichte grundsätzlich einen von der inneren unabhängigen Verlauf zuerkennen. Freilich hat dieser Grundsatz nach allen un-

---

[6] *Immich*, Geschichte (wie Anm. 3), 445.
[7] *Wahl*, Geschichte (wie Anm. 3), 7.
[8] *Heinz Schilling*, Formung und Gestalt des internationalen Systems in der werdenden Neuzeit – Phasen und bewegende Kräfte, in: Krüger (Hrsg.), Kontinuität (wie Anm. 5), 19–46, hier 21 f.
[9] *Peter Krüger*, Zur Einführung, in: ders. (Hrsg.), Das europäische Staatensystem (wie Anm. 5), VII–XV, hier XIV. – Vgl. auch *Jens Siegelberg*, Staat und internationales System – ein strukturgeschichtlicher Überblick, in: ders./Schlichte (Hrsg.), Strukturwandel (wie Anm. 5), 11–56 sowie *Heinz Duchhardt*, Grundmuster der internationalen Beziehungen in der Früheren und Späteren Neuzeit, in: ebd. 74–85.

seren Erkenntnissen über die neuere europäische Geschichte nur eine geringe Plausibilität. Wir stoßen immer wieder auf Wechselbeziehungen zwischen inneren und äußeren Verhältnissen, die eine derartige „Gleichzeitigkeit des Ungleichzeitigen" als zweifelhaft erscheinen lassen. Jedenfalls läßt sich die Epochenschwelle um 1800 in der Geschichte des europäischen Staatensystems schärfer akzentuieren, als es bisher geschehen ist.

Zum Verständnis ist bei den Hauptcharakteristika des frühneuzeitlichen Staatensystems einzusetzen; sie sind der Forschung allesamt geläufig, aber nicht immer mit der notwendigen Kohärenz oder Konsequenz erfaßt.[10]

Das europäische Staatensystem entsteht aus der mittelalterlichen *res publica christiana*, die, ausgehend „von der Einheit der romanischen und germanischen Völker und von ihrer gemeinschaftlichen Entwickelung"[11], die lateinische Christenheit umfaßt und der griechischen, durch alle Spannungen hindurch, verbunden ist. Voraussetzung für seine Formierung ist, daß diese universale Ordnung in eine Krise gerät, und zwar dadurch, daß sie mit neuen Problemen konfrontiert wird, für deren Lösung ihre Kapazitäten nicht ausreichen; Türkengefahr, Krise der Kirche, Krise des Reiches, Krise des Feudalsystems sind die Stichworte. Es zeigt sich, daß angesichts dieser Herausforderungen sozusagen eine neue Ordnung benötigt wird. Sie gründet sich auf die Partikularität einzelner politischer Gebilde, die bisher in den hierarchischen Bau des *orbis ad deum ordinatus*[12] eingefügt waren oder ihm zugeordnet wurden, aber nunmehr eine selbständige Existenz zu führen beginnen. Das ist der Auftakt für bald das ganze christliche Europa erfassende Verstaatlichungs- oder Staatsbildungsprozesse, die ihre regulative Idee im Prinzip der Souveränität haben; das Wort begegnet schon im Sprachgebrauch des Mittelalters, tritt aber erst jetzt in den uns geläufigen Kontext und erscheint seitdem, vollends in der Ausprägung durch Bodin, als genuine Kategorie modernen politischen Denkens.[13]

Der souveräne Staat versteht sich als Träger von oberster, letzter, nicht weiter ableitbarer Gewalt; er beansprucht Unabhängigkeit und Selbstbestimmung

---

[10] Vgl. dazu zuletzt: *Schilling*, Formung (wie Anm. 8); *Duchhardt*, Balance of Power (wie Anm. 5), bes. 7 ff.; *Peter Nitschke*, Grundlagen des staatspolitischen Denkens der Neuzeit: Souveränität, Territorialität und Staatsraison, in: Siegelberg/Schlichte (Hrsg.), Strukturwandel (wie Anm. 5), 86–100; *Holger Th. Gräf*, Funktionsweisen und Träger internationaler Politik in der Frühen Neuzeit, in: ebd. 105–123.
[11] *Leopold Ranke*, Geschichten der romanischen und germanischen Völker von 1494 bis 1535. Bd. 1. Leipzig/Berlin 1824, IX.
[12] *Paul Joachimsen*, Die Reformation als Epoche der deutschen Geschichte. Hrsg. v. Otto Schottenloher. München 1951, Neudruck Aalen 1970, 1.
[13] Dazu: *Helmut Quaritsch*, Staat und Souveränität. Bd. 1. Frankfurt am Main 1970, 249 ff.; *Jürgen Dennert*, Bemerkungen zum politischen Denkens Bodins, in: Horst Denzer (Hrsg.), Jean Bodin. Verhandlungen der internationalen Bodin-Tagung in München. (Münchener Studien zur Politik, Bd. 18.) München 1973, 213–232, hier 224 ff.; *Nitschke*, Grundlagen (wie Anm. 10), 90.

im Innern und nach außen; Staatsräson, Staatsinteresse, Autonomie der Politik sind komplementäre Begriffe oder Vorstellungen. Die Verwirklichung dieses Anspruchs erfordert eine neue Organisation politischer Herrschaft: ein ganzes institutionelles System, das ein Höchstmaß an konzentrierter Machtausübung und Machtprojektion gewährleistet. Zum wirksamsten Vollstrecker des neuen Staatsgedankens wird, nach dem Vorlauf der Stadtstaaten der Renaissance und ungeachtet der Fortdauer republikanischer Formen, der dynastische Fürstenstaat in West- und Mitteleuropa. Er tritt zuerst im dualistischen Ständestaat in Erscheinung, der die Souveränität gewissermaßen auf zwei Träger verteilt und damit eine im bisherigen Feudalsystem nicht gekannte Einheit oder Einheitlichkeit schafft, freilich auf Dauer in einen Antagonismus zwischen dem Fürsten und den Ständen gerät. Die Hauptgewinner dieses Konflikts sind die Fürsten, die, ohne gewisse Grundfesten der ständischen Ordnung anzutasten, zur absoluten Monarchie fortschreiten; es gibt aber auch das englische Gegenbeispiel eines ständisch-parlamentarischen Absolutismus, der freilich wiederum – jedenfalls einstweilen – durch gewisse Attribute der königlichen Prärogative gedämpft bleibt. Alle diese Entscheidungen fallen im 17. Jahrhundert; bis zum Beginn der Französischen Revolution hat es von da an in den innerstaatlichen Verhältnissen dieser Länder keine wesentliche Änderung gegeben.

Das europäische Staatensystem läßt sich am einfachsten und zugleich am schlüssigsten als ein Nebeneinander der neuen politischen Gebilde definieren. Anders gewendet: Dieses System ist nicht denkbar ohne den souveränen oder nach Souveränität strebenden Staat; es bezeichnet ein zwischenstaatliches Verhältnis, das das Prinzip der Souveränität jedes einzelnen zu ihm gehörigen Staates zur Voraussetzung hat; sein Systemcharakter selbst beruht auf diesem Prinzip. Die Geschichte des Systems handelt von Staatenbeziehungen, in denen jeder Akteur seinen Anspruch auf äußere Selbstbestimmung oder Selbstbehauptung geltend zu machen sucht, und es hängt von dem jeweiligen Potential, einer Summe der verschiedensten Faktoren, ab, inwieweit ihm das gelingt. Zunächst, seit der Wende vom 14. zum 15. Jahrhundert, bilden sich regionale Staatensysteme heraus, die aber, im Zeichen des habsburgisch-französischen Gegensatzes, immer mehr zu einem einheitlichen europäischen Staatensystem zusammenwachsen; die Kaiserwahl von 1519 ist insoweit das erste gesamteuropäische Ereignis. Freilich gewinnt das System erst mit dem Dreißigjährigen Krieg ein höheres Maß an Verdichtung, und das lange an der Peripherie gelegene Rußland tritt im Zuge der ihm von Peter dem Großen verordneten „Verwestlichung" endgültig erst seit der Wende vom 17. zum 18. Jahrhundert in den Kreis der europäischen Mächte ein.

Der Ablauf des Systems ist geprägt durch gleichbleibende oder immer wiederkehrende Strukturen und Mechanismen, die teilweise schon im regionalen Rahmen, vor allem im vielfach idealtypischen oder prototypischen Staatensystem der italienischen Renaissance, hervorgetreten sind. Das System präsentiert sich durchweg in einer Hierarchic großer, mittlerer und kleinerer Mächte. Es hat über weite Strecken hin einen bipolaren Charakter, d. h. es steht von Mal zu Mal im Zeichen zweier um die Hegemonie in Europa oder Übersee ringender Mächte, denen alle anderen Staaten, sei es direkt, sei es indirekt, untergeordnet oder zugeordnet sind. Gelegentlich geht es um die Alternative „Gleichgewicht oder Hegemonie", um den Titel des berühmten Buches von Ludwig Dehio zu zitieren[14]: Eine nach Vorherrschaft strebende Macht bringt eine Staatenkoalition gegen sich auf, die statt der Hegemonie einer einzelnen Macht einen Zustand herbeiführen will, in dem die großen Mächte sich gegenseitig in Schach halten. Am Ende unserer Epoche nimmt das System die Form einer Pentarchie an, die freilich gleichfalls schon im Italien der Renaissance vorgebildet ist. Alle diese Konstellationen ergeben jeweils wechselnde Mischungsverhältnisse oder Gemengelagen. Frankreich kämpft im 16. und 17. Jahrhundert gegen die spanische Universalmonarchie im Namen des europäischen Gleichgewichts, um nach dem Sieg eine eigene Vorherrschaft zu begründen, die wiederum England im Namen des europäischen Gleichgewichts auf den Plan ruft; das Ergebnis ist eine „balance of power", die England zur Absicherung seiner hegemonialen Stellung in Übersee einrichtet, nicht ohne dabei aufs neue Frankreich zum Kampf um die kontinentale wie die überseeische Hegemonie herauszufordern. Entscheidend ist, daß diese Strukturen oder Mechanismen sozusagen nicht durch sich selbst wirken, sondern jeweils im Zuge von Machtkämpfen hervorgebracht oder aktualisiert werden, die im partikularen Interesse einzelner Staaten ihren einzigen Beweggrund haben. Es handelt sich dabei um Sekundärphänomene, die den jeweiligen Stand der Machtverhältnisse zwischen den Gliedstaaten des Systems ausdrücken und daher jederzeit zu revidieren sind. Die Pentarchie des 18. Jahrhunderts etwa führt kein Eigenleben; sie existiert vielmehr nur, weil die fünf Mächte – Frankreich, England, Österreich, Rußland, Preußen – durch ihre faktische Entwicklung auf diese Stufe gelangt sind; von einem gleichsam grundsätzlichen Einverständnis über die Aufrechterhaltung einer solchen Ordnung oder auch nur von einer vorbehaltlosen Anerkennung jeder dieser fünf Mächte kann unter ihnen naturgemäß keine Rede sein; die prekäre Existenz Preußens, das Friedrich der Große durch bis dahin unerhörte Akte der Aggression und des Vertragsbruchs zur Großmacht emporgerissen hat, ist notorisch.

Nicht anders steht es mit einem weiteren Vorgang, der sich zusammen mit der Ausbildung des europäischen Staatensystems vollzieht: nämlich mit dem einer Verrechtlichung der zwischenstaatlichen Beziehungen. Sofern die Gliedstaaten des Systems, ausgehend von der Etablierung eines europäischen

---

[14] *Ludwig Dehio*, Gleichgewicht oder Hegemonie. Betrachtungen über ein Grundproblem der neueren Staatengeschichte. Krefeld 1948.

Gesandtschaftsrechts, ein Völkerrecht hervorbringen oder akzeptieren, das schließlich auch Ordnungsbegriffe wie das europäische Gleichgewicht umfaßt, geschieht das nicht aus irgendeinem Rechtszwang, sondern aus dem wohlverstandenen staatlichen Machtkalkül heraus. Dieses Völkerrecht baut auf dem Prinzip der Souveränität jedes einzelnen Staates auf, sucht es zu regeln oder zu normieren, hat die fortdauernde Zustimmung aller Staaten zur Voraussetzung, die sich ihm unterwerfen; die Bedingung seiner Möglichkeit ist, daß der souveräne Staat aus eigenem Interesse die Errichtung einer solchen zwischenstaatlichen Rechtsordnung als nützlich ansieht. Das Völkerrecht stellt sich hier also als Funktion der Politik dar; es ist im Grunde kein Recht, sondern ein Machtspruch, der in der Form des Rechts daherkommt.

Die Geschichte des frühneuzeitlichen europäischen Staatensystems bietet einen spektakulären Einschnitt, auf den ich noch zu sprechen kommen muß: das Zeitalter der Konfessionalisierung, die das gesamte okzidentale Europa erfaßt. Über dieses Phänomen findet sich in der neueren Literatur viel Ungereimtes; es sollte daher in unserem Zusammenhang geklärt werden.[15] Politisch bedeutet Konfessionalisierung, daß Politik und Konfession sich durchdringen und sozusagen für identisch erklärt werden, daß die Politik konfessionell und die Konfession politisch wird, daß es jedenfalls unmöglich ist, zwischen beiden zu unterscheiden; als man diese Unterscheidung treffen kann, ist das Zeitalter der Konfessionalisierung zu Ende. Der Staat wird im Zeichen des konfessionellen Prinzips zur Religionspartei; innerhalb des europäischen Staatensystems beginnen sich große konfessionelle Lager zu bilden. Diese Identifizierung von Politik und Konfession kann eine gewaltige Verstärkung und Intensivierung staatlicher Macht, aber auch innere Zerrissenheit und permanenten Bürgerkrieg bewirken und bewirkt jedenfalls eine neuerliche Mediatisierung der Politik; die Souveränität geht da sozusagen vom Staat auf die Konfession über. Was für die einzelnen Staaten gilt, gilt auch in den äußeren Beziehungen: Das europäische Staatensystem kann zwar im Zuge der Konfessionalisierung seinen Zusammenhalt verdichten und festigen, wird aber zugleich seinem ursprünglichen Charakter als eines Systems souveräner Staaten, die der immanenten Logik ihrer jeweiligen Machtlage folgen, entfremdet. Das konfessionelle Prinzip erweist sich damit beide Male als existentielles Hindernis. Es muß außer Kraft gesetzt werden, wenn die früheren Prozesse der Verstaatlichung und der zwischenstaatlichen Verflechtung nicht blockiert, sondern weitergeführt werden sollen; die Konfessionalisierung der Politik muß der Entkonfessionalisierung und Säkularisierung der Politik weichen. Eine solche Gegenwirkung gegen das konfessionelle Prinzip gibt es seit dem Ausgang des 16. Jahrhunderts, als das Frankreich Heinrichs IV. zum Kampf gegen das Spanien Philipps II. antritt: das Musterland für eine über-

---

15 Vgl. dazu etwa *Schilling*, Formung (wie Anm. 8), 29 ff.

konfessionelle Politik, das fast an seiner konfessionellen Zwietracht zerbrochen wäre, gegen die Führungsmacht der Gegenreformation, die ihre Stärke aus der konfessionellen Homogenität ihrer Länder bezieht. Der Sieg Richelieus und Mazarins ist daher gleichbedeutend mit dem endgültigen Durchbruch zum souveränen Staat und damit zum europäischen Staatensystem.

Es ist offenkundig, daß von dem frühneuzeitlichen Staatensystem Wege zur Moderne und damit zur Gegenwart führen. Der souveräne Staat, sein institutioneller Apparat, die darauf gegründeten zwischenstaatlichen Beziehungen, bestimmte Strukturen oder Mechanismen des Systems, die Korrelation von Politik und Völkerrecht, die Säkularisierung der Politik: Das alles ist bis zu einem gewissen Grade immer noch unsere Welt, was immer sich seit 1800 ereignet haben mag. Gleichwohl sind die Veränderungen, die sich damals vollzogen haben, so beträchtlich, daß sie für den Beginn einer von der Frühen Neuzeit qualitativ unterschiedenen Epoche stehen können, die die Gegenwart mit ganz anderer Dynamik betrifft. Der souveräne Staat und das System souveräner Staaten, wie sie aus der Frühen Neuzeit überkommen sind, geraten in den Sog einer Politik, die den Status des einen wie des anderen vollkommen verwandelt.

Es ist die Französische Revolution, die auch hier revolutionierend gewirkt hat. Im Grunde haben wir es auch dabei mit altbekannten Tatsachen zu tun, die allerdings nicht immer richtig gewichtet werden. Wenige allgemeine Bemerkungen mögen genügen.[16]

Die Revolutionierung der zwischenstaatlichen Verhältnisse folgt aus der Revolutionierung des Staates, die sich am besten auf den Begriff der Nation fixieren läßt.[17] Nation ist ein altes Wort und ein altes Phänomen, die sich seit der Antike in verschiedenen Bedeutungen und Richtungen entwickelt oder ausgeprägt haben; die Verbindungslinien zur revolutionären Nation sind un-

---

[16] Vgl. zum Folgenden insgesamt: *Paul W. Schroeder*, The Transformation of European Politics 1763–1848. Oxford 1994, und *ders.*, The Vienna System and Its Stability: The Problem of Stabilizing a State System in Transformation, in: Krüger (Hrsg.), Das europäische Staatensystem (wie Anm. 5), 107–122; *Baumgart*, Europäisches Konzert (wie Anm. 5), bes. 3 ff. u. 113 ff.; *Anselm Doering-Manteuffel*, Internationale Geschichte als Systemgeschichte. Strukturen und Handlungsmuster im europäischen Staatensystem des 19. und 20. Jahrhunderts, in: Loth/Osterhammel (Hrsg.) Internationale Geschichte (wie Anm. 5), 93–115.

[17] Dazu: *Otto Vossler*, Der Nationalgedanke von Rousseau bis Ranke. München/Berlin 1937; *Peter Alter*, Nationalismus. Frankfurt am Main 1985; *Hagen Schulze*, Staat und Nation in der europäischen Geschichte. München 1994; *Herfried Münkler/Hans Grünberger/ Kathrin Mayer*, Nationenbildung. Die Nationalisierung Europas im Diskurs humanistischer Intellektueller. Italien und Deutschland. (Politische Ideen, Bd. 8.) Berlin 1998; *Dieter Langewiesche*, Nation, Nationalismus, Nationalstaat in Deutschland und Europa. München 2000; *Bruno Schloch*, Nationalismus – Überlegungen zur widersprüchlichen Erfolgsgeschichte einer Idee, in: Siegelberg/Schlichte (Hrsg.), Strukturwandel (wie Anm. 5), 167–193.

leugbar. Aber die revolutionäre Nation ist – verglichen mit dieser Vorgeschichte – doch wiederum von völlig anderer Qualität, und zwar durch eine bis zum äußersten gesteigerte Politisierung, für die es bis dahin an jeder Parallele oder Analogie fehlt. Sie ist nationaler Staat oder strebt danach; sie konstituiert sich durch den Willen aller zu ihr gehörigen Individuen, diesen Staat zu bilden und aufrechtzuerhalten; sie lebt, solange dieser Wille lebt; sie ist nach der berühmten Definition von Ernest Renan ein „plébiscite de tous les jours", eine täglich wiederholte Volksabstimmung[18]; sie wird damit zum Inbegriff menschlicher Selbstbestimmung überhaupt[19]. In diesem Nationalgedanken ist das ganze politische und soziale Erneuerungsprogramm der Revolution enthalten: der Durchbruch zur Demokratie, die den nationalen Willen zur Darstellung bringt, und die Aufrichtung der bürgerlichen Gesellschaft, die ihn freisetzt. Als diese Nation den alten Staat übernimmt, ist das nicht einfach ein Regierungs- oder Machtwechsel, sondern ein Systemwechsel schlechthin, die Durchsetzung einer neuen politischen Weltanschauung, ja eines neuen politischen Glaubens, der auch von dem politischen Konfessionalismus des 16. und 17. Jahrhunderts, zu dem man ihn formal in Beziehung setzen könnte, durch Abgründe getrennt ist. Souveränität, Staatsräson, Staatsinteresse, Machtstaat: Das alles bleibt erhalten, wird aber nunmehr transformiert in ein Gemeinschaftsgebilde von höherer Legitimität und gewinnt damit zugleich eine vorher beispiellose Durchschlagskraft. Aus dem Staat als Selbstzweck wird ein Mittel zu dem ideologisch ungeheuer aufgeladenen Zweck der Nation.

Der revolutionäre Nationalstaat steht nicht nur von vornherein neben dem traditionellen europäischen Staatensystem, sondern ist auch eine einzige Kriegserklärung an die hergebrachte zwischenstaatliche Ordnung. Er erkennt sie nicht an, verneint sie radikal, will eine neue Ordnung nach seinem Ebenbild errichten: ein von Frankreich beherrschtes System von Nationalstaaten. „Krieg den Palästen, Friede den Hütten": Das ist eine Kampfansage, vor dem das alte System keinen Bestand hat, das ist die Parole für ein neues Europa, für eine neue Menschheit. Sofern das revolutionäre Frankreich an alte Ziele der Königszeit anknüpft oder sich herkömmlicher außenpolitischer Instrumente bedient, geschieht das mit einer Zielsetzung, die vom bisherigen Charakter des Systems grundverschieden ist. Das Napoleonische Empire, weit entfernt vom traditionellen Begriff einer Hegemonie, kommt der Verwirklichung des revolutionären Anspruchs sehr nahe. Napoleon hat sich später, auf St. Helena, förmlich das Projekt einer Einigung Europas zugeschrieben; er

---

[18] *Ernest Renan*, Qu'est-ce qu'une nation? Conférence faite en Sorbonne, le 11 mars 1882, in: ders., Discours et Conférences. Paris o. J., 277–310, hier 307.
[19] *Vossler*, Der Nationalgedanke (wie Anm. 17), 20: „Nation ist Gemeinschaft des Fühlens und Glaubens, des Bewußtseins und Denkens, vor allem aber Gemeinschaft des politischen Wollens und Tuns."

habe aus jedem europäischen Volk „un seul et même corps de nation" machen wollen; sie hätten sich alle nach gemeinsamen Prinzipien und Institutionen organisieren sollen, um schließlich „la grande famille européenne" zu bilden.[20] Die nachträgliche Stilisierung darf nicht verdecken, daß hier das Grundmotiv französischer Außenpolitik nach 1789 genau getroffen wird: die radikale Nationalisierung Europas.

Aber nach dem Sturz Napoleons wird das alte europäische Staatensystem nicht nur restauriert, sondern geradezu vollendet; erst jetzt, nach den Friedens- und Kongreßbeschlüssen von 1814 bis 1818, sind Gleichgewicht und Pentarchie sozusagen institutionalisiert. So scheint es, aber so ist es nicht oder vielmehr: So ist es nur der Form nach. Tatsächlich kann von einer Wiederherstellung und Festigung des alten Systems wie des alten Staates keine Rede sein; die restaurierte Form faßt einen neuen Inhalt. Der Sieg über Napoleon ist nicht zu denken ohne die Mobilisierung nationaler Energien, in denen sich die revolutionäre Nationsidee, in vielfachen Brechungen und Gemengelagen, gegen Frankreich stellt, und demgemäß beruht auch die Staatenwelt der Restaurationszeit im Innern wie in den territorialen Verhältnissen teilweise auf Grundlagen, die revolutionärer Herkunft sind. Allerdings hat die Wiener Ordnung zugleich und vor allem eine antirevolutionäre Spitze; aber sie demonstriert gerade dadurch, daß sie im Banne der Revolution verharrt. Die Heilige Allianz, die monarchische Solidarität, der ideologisch begründete Interventionismus der großen Mächte sind in der Geschichte des alten europäischen Staatensystems ohne jedes Vorbild; sie setzen gleichsam die Revolution mit umgekehrten Vorzeichen fort. Obendrein geht aus den Revolutionen von 1830 und 1848/49 eine Folge von Konstellationen hervor, die noch ganz anders auf das neue nationale Denken programmiert sind: von den ideologischen Blockbildungen der dreißiger und vierziger Jahre über die nationalen Einigungskriege nach der Jahrhundertmitte bis zu den im Zeichen der voll entwickelten Industrialisierung gewaltig verschärften nationalstaatlichen Rivalitäten, die alsbald die Welt ergreifen. Natürlich verläuft diese Entwicklung nicht bruchlos oder einlinig, und auch danach, bis zur Gegenwart, fehlt es ersichtlich nicht an veränderten Umständen und Impulsen. Es mag auch abzusehen sein, daß dies zu neuen Periodisierungsansätzen führen wird. Aber einstweilen bleibt evident, daß es sich bei alledem um Prozesse handelt, die auf das Jahr 1789 zurückgehen. Dieses Jahr scheidet wirklich eine frühe von einer späteren Neuzeit der außenpolitischen Beziehungen.

Der Umbruch macht sich noch in einer anderen Hinsicht geltend, von der bisher nur im Vorübergehen die Rede war, nämlich dann, wenn man nach den Außenbeziehungen, der Außenwirkung, der globalen Dimension europäischer Staatenpolitik fragt. Auch hier geht es nicht um neue Fakten, sondern

---

[20] *Las Cases*, Mémorial de Sainte-Hélène. Ed. par André Fugier. Vol. 2. Paris 1961, 545 ff.

darum, längst erschlossenes und verfügbares Wissen auf einen systematischen Begriff zu bringen.[21]

Das europäische Staatensystem der Frühen Neuzeit ist wirklich ein europäisches, das ganz um sich selbst kreist. Der Grund dazu ergibt sich aus seiner spezifischen kulturellen Physiognomie. Es entsteht aus der mittelalterlichen *res publica christiana*, und es bleibt, bei aller Autonomisierung und Säkularisierung der Politik, von seiner Herkunft geprägt. Diese immanente Wendung der Politik selbst vollzieht sich in vorgezeichneten Bahnen, ist ohne die christliche Tradition nicht zu denken, setzt sie voraus und ist ihr noch lange verhaftet. Jedenfalls bildet das frühneuzeitliche Staatensystem, von Süd nach Nord und von West nach Ost, von Italien bis Schweden und von England bis Rußland, eine Gemeinschaft christlicher Staaten, und seine Glieder sind oder bleiben sich, ungeachtet der herrschenden kirchlichen oder konfessionellen Differenzen, dieser Gemeinschaft bewußt. Sie grenzen sich daher scharf von der nichtchristlichen Welt ab.

Das heißt bekanntlich nicht, daß die europäischen Staaten sich aus dieser Welt herausgehalten hätten, im Gegenteil: Sie stoßen seit dem 15. Jahrhundert nach Afrika, Asien und Amerika vor; sie entsenden Expeditionen, errichten Stützpunkte, begründen Kolonialreiche, geraten deswegen untereinander in langandauernde Konflikte. Aber sie bewegen sich dabei in einer Sphäre, die ihnen grundsätzlich fremd oder heterogen bleibt, von der sie sich qualitativ getrennt wissen. Ihre Kolonien sind Außenposten oder Exklaven in einer Welt, die sich europäischen Maßstäben entzieht. Freilich müssen sich die Europäer immer wieder mit einheimischen Potentaten ins Verhältnis setzen, die ihnen selbständig entgegentreten. Aber das sind faktische Beziehungen, die nirgends zu einer förmlichen Anerkennung führen. Sie haben nichts mit den Regeln zu tun, die innerhalb des europäischen Staatensystems gelten; sie lassen sich ihm weder koordinieren noch subsumieren. Kennzeichnend dafür ist die Haltung der Europäer gegenüber dem Osmanischen Reich. Sie empfinden es durchgängig als fundamentale Bedrohung ihrer christlichen „Wertegemeinschaft", befinden sich mit ihm im Grunde ständig im Kriegszustand, stellen mit ihm allerdings von Zeit zu Zeit eine Art Koexistenz her, die selbst zum Bündnis und zum Friedensschluß führen kann, bleiben aber von „normalen" Beziehungen weit entfernt. Das Osmanische Reich wird – übrigens ganz im Einklang mit seinen eigenen Interessen – kein Glied des europäischen Staatensystems.

Die außereuropäischen Besitzungen der europäischen Staaten bieten noch eine andere Seite dar, die hier von Bedeutung ist. Es handelt sich bei ihnen um Außenposten nicht nur in dem Sinne, daß sie inmitten einer fremden Welt lie-

---

[21] Vgl. zuletzt *Duchhardt*, Balance of Power (wie Anm. 5), 82 ff. u. 221 ff., und *Baumgart*, Europäisches Konzert (wie Anm. 5), 429 ff.

gen, sondern auch insofern, als sie bloße Projektionen des jeweiligen Mutterlandes darstellen. Sie stehen nirgends für sich, sondern sollen das Potential des Mutterlandes in Europa stärken. Allerdings nimmt ihr Umfang wie ihr Gewicht ständig zu; die Rivalität der westeuropäischen Großmächte bekommt immer mehr eine koloniale Komponente; die englisch-französischen Kriege des ausgehenden 17. und des 18. Jahrhunderts, vom Pfälzischen Erbfolgekrieg bis zum Amerikanischen Unabhängigkeitskrieg, sind Weltkriege, in denen Europa am Schluß nur noch als Nebenkriegsschauplatz erscheint. Es ist aber entscheidend, daß die europäischen Kontrahenten nicht nur gewissermaßen unter sich bleiben, sondern auch zunächst alles auf ihre europäischen Interessen berechnen. Sie betreiben Weltpolitik, aber unter europäischer Perspektive: eine Weltpolitik Europas.

Das alles wird seit 1789 von Grund auf anders. Europa öffnet sich zur Welt und wird ein Teil der Welt, in der es sich bald einem Prozeß fortgesetzter Relativierung anheimgegeben sieht.

Zunächst und grundlegend: Im Zeichen der Revolution werden die Grenzen, die das europäische Staatensystem bisher von der nichtchristlichen Welt getrennt haben, hinfällig. Der revolutionäre Nationalstaat etabliert sich im erklärten Gegensatz zur christlichen Tradition; er verkündet einen neuen Glauben für die ganze Menschheit; am 22. September 1792, dem Tag der Verkündung der Republik, beginnt eine neue Zeitrechnung. Allerdings weicht die radikale Kampfansage schon bald dem Arrangement von Staat und Kirche; überhaupt bleibt das neue nationale Denken allenthalben noch lange mit herkömmlichen religiösen Vorstellungen oder Begriffen versetzt oder durchsetzt. Aber das Arrangement entspringt einem äußerlichen politischen Kalkül, und die übliche christliche Fassung des Nationalgedankens ist bloße Metaphorik, die keinerlei konstitutive Bedeutung hat. Freilich ist unleugbar, daß auch die Ideen der Revolution einer Gedankenbewegung entstammen, die zuletzt auf christliche Voraussetzungen zurückgeht. Aber sie sind diesen Voraussetzungen zugleich in einem Maße entrückt, daß sich daraus keine Limitierung ihres Anspruchs ergibt. Der revolutionäre Nationalstaat, der das europäische Staatensystem zum Einsturz bringt, überwindet damit auch die Demarkationslinien gegenüber der nichtchristlichen Welt; er ist auf ein weltweites System von Nationalstaaten angelegt: auf eine ganz säkular gewordene Welt „vereinter Nationen".

Auch hier bedeutet allerdings die Restauration einen bemerkenswerten Einschnitt. Sie versucht nicht nur die Rekonstruktion des alten europäischen Staatensystems, sondern auch die Wiederherstellung der alten christlichen Gemeinschaft unter den europäischen Staaten. Die Heilige Allianz von 1815 richtet eine Form der *res publica christiana* ein, wie sie vorher in dieser Perfektion noch niemals bestanden hat: ein dauerhaftes Bündnis zwischen Staaten fast aller christlichen Kirchen und Bekenntnisse, das sie zur Befolgung

christlicher Grundsätze in der Politik verpflichtet. Diese Verpflichtung richtet
sich zunächst einmal nach innen; sie soll den Kampf gegen revolutionäre Bestrebungen in Europa legitimieren. Aber sie kommt auch einer neuerlichen
Abgrenzung Europas gegenüber der nichtchristlichen Welt gleich. Die Heilige Allianz ist freilich in beiden Hinsichten gescheitert. Sie hat auf Dauer
weder die revolutionären Bestrebungen in Europa niederhalten können noch
auch eine gemeinsame Front in der bald virulent werdenden orientalischen
Frage herbeigeführt, bei der es sich wieder einmal um das Verhältnis zum Osmanischen Reich handelte; das Ergebnis der neuen Lage im Nahen Osten ist,
daß die Türkei, die während der Frühen Neuzeit außerhalb des europäischen
Staatensystems gestanden hat, ihm fortan assoziiert erscheint.

Die Nationalisierung der Welt seit 1789 wird wesentlich vorangetrieben
durch die Entwicklung der europäischen Kolonialreiche. Sie tendiert zunehmend zur Ausbildung nationaler Weltimperien, die sich nicht mehr in den
Rahmen der europäischen Staatenbeziehungen einfügen lassen, und zwar um
so weniger, als allmählich auch nichteuropäische Kolonial- und Weltmächte
die Bühne betreten und eine immer größere Rolle zu spielen beginnen. Zum
Vorreiter dieses Prozesses wird das britische Weltreich, das, nachdem es die
Kriege gegen die Revolution und Napoleon triumphal gewonnen hat, eine Art
Welthegemonie einnimmt; seine universalen Interessen lassen es seit 1815 auf
wachsende Distanz zu Europa gehen; es kann sich leisten, gegenüber dem
Kontinent „splendid isolation" zu wahren. Keiner der anderen europäischen
Kolonialmächte, die sich in der zweiten Hälfte des 19. Jahrhunderts, nach
einer Zeit der Abstinenz, wieder oder neu formieren, ist es gelungen, dieses
Niveau zu erreichen; aber alle streben danach und machen dabei erhebliche
Fortschritte. Bis zur Wende vom 19. zum 20. Jahrhundert stellt sich damit
eine Gesamtkonstellation ein, die die Dimensionen vorrevolutionärer Weltpolitik endgültig sprengt. Das ist nicht mehr die Weltpolitik Europas, sondern
Weltpolitik schlechthin. Die beiden Weltkriege des 20. Jahrhunderts, mögen
sie auch ihren Schwerpunkt auf den europäischen Schauplätzen haben, finden
in diesem erweiterten Horizont statt: im Unterschied zu den Weltkriegen vor
1789, die zwar verstärkt in Übersee geführt werden, aber wesentlich von europäischen Motiven bestimmt sind; der neue Name selbst ist ein Zeichen des
außenpolitischen Systemwechsels, der sich hier vollzogen hat.

Andererseits gehört es zu den unmittelbaren Konsequenzen der Französischen Revolution, daß sie eine erste Welle der Entkolonialisierung auslöst.
Die Entstehung der Vereinigten Staaten von Amerika bietet dazu das Vorspiel,
auch dadurch bedeutungsvoll, daß der Erfolg der Amerikaner das Aufkommen einer revolutionären Situation in Frankreich begünstigt: eine Umkehrung
der bisherigen weltpolitischen Richtung, nachdem der Unabhängigkeitskrieg
selbst weithin lediglich eine neue Phase oder Epoche des traditionellen englisch-französischen Gegensatzes gewesen ist. Dem entspricht, daß die Verei-

nigten Staaten nach 1789 auf die Seite Frankreichs treten und bis zum Schluß, sei es indirekt oder direkt, an den Kriegen der Revolution und Napoleons teilnehmen; das wirkt wie der Kern einer neuen transatlantischen Weltordnung. Diese Revolutionierung der außenpolitischen Beziehungen innerhalb der westlichen Welt wird nun aber durch die Unabhängigkeitsbewegungen in den lateinamerikanischen Kolonien gewaltig beschleunigt. Sie resultieren aus einer von dem Napoleonischen Frankreich hervorgerufenen Kettenreaktion und beruhen allesamt auf den Ideen von 1789. An die Stelle europäischer Besitzungen treten selbständige Nationalstaaten; das ist ein Signal oder Fanal für die Zukunft.

Diese Motive und Erfahrungen bleiben auch unverloren, als die Entkolonialisierung, entgegen verbreiteten Erwartungen, zum Stehen kommt und das Zeitalter der nationalen Weltimperien heraufzieht. England, die erste und dominierende dieser Mächte, nimmt noch während des Amerikanischen Unabhängigkeitskrieges, geschreckt durch den Schock der Erhebung, Kurs auf koloniale Selbstverwaltung, gründet das Empire in der Folge auf *Dominions* und Formen indirekter Herrschaft und gelangt immer mehr zu einer föderativen Reichsverfassung, aus der im Laufe des 20. Jahrhunderts das „British Commonwealth of Nations" erwächst. Eine im Interesse der Stärkung des Reiches unternommene Politik führt Schritt für Schritt zur Unabhängigkeit der Kolonien, ohne den Zusammenhalt des Ganzen förmlich preiszugeben: ein Schrittmacher des Völkerbundes und der Vereinten Nationen. Andere europäische Kolonialmächte wie Frankreich stehen vor den gleichen Problemen, und auch wenn sie nicht einfach dem Weg des britischen Reiches folgen können, kommen sie nicht um Lösungen herum, die zuletzt auf die Unabhängigkeit ihrer kolonialen Besitzungen abzielen. Als nach dem Zweiten Weltkrieg die nächste Welle der Entkolonialisierung losbricht, da geschieht das in Strukturen, deren Grundlagen im Zuge der kolonialen Emanzipationsbewegungen des revolutionären Zeitalters gelegt worden sind.

Ein spektakuläres Ereignis aus der Geschichte der lateinamerikanischen Unabhängigkeitsbewegungen führt schlagartig vor Augen, wie weit die außenpolitische Globalisierung im Gefolge der Französischen Revolution damals gediehen ist. 1822 faßt die spanische Regierung, gedeckt durch die Heilige Allianz, den Entschluß, Truppen zur Niederwerfung der iberoamerikanischen Aufstände auszurüsten und einzuschiffen. Aber da treten die Vereinigten Staaten auf den Plan; die Monroe-Doktrin von 1823 verkündet den Ausschluß Europas vom amerikanischen Kontinent; der eine Erdteil steht gegen den anderen. Daß es nicht zum Zusammenstoß kommt, liegt an England, das seine Flottenmacht zwischen die beiden Kontrahenten schiebt. England, gestützt auf seine die Ozeane überspannende Weltmachtstellung, hält sozusagen zwei Kontinente im Gleichgewicht. Das alles ist Weltpolitik von wahrhaft universalem Zuschnitt, wie es sie vor 1789 schlechterdings nicht geben konnte.

Es scheint mir erwägenswert, aus allen diesen Befunden – einfach zur besseren äußeren Orientierung – eine terminologische Konsequenz zu ziehen. Man sollte den Begriff des europäischen Staatensystems auf die Frühe Neuzeit beschränken und für die Zeit danach von internationalen Beziehungen sprechen. Dieser letztere Begriff ist heute sehr im Schwange, wird aber meist vollkommen unspezifisch gebraucht und nicht selten mit dem des Staatensystems gleichgesetzt; das „Handbuch der Geschichte der Internationalen Beziehungen" verwendet beide Begriffe unterschiedslos. Wenn man aber beide Begriffe ernst nimmt oder in einem strikten Sinne versteht, dann eignen sie sich vorzüglich dazu, die Spezifik der beiden Epochen zu bezeichnen, die durch die Zäsur um 1800 voneinander geschieden sind.

Es ist bemerkenswert, daß in der deutschen Geschichtsschreibung des 19. Jahrhunderts eine Diskussion über diese Epochenscheide stattfindet, die auf die Vorstellung eines spezifisch frühneuzeitlichen europäischen Staatensystems hinausläuft.[22] Das System wird seit seinen Anfängen fortlaufend von einer historisch-politischen Reflexion begleitet; Machiavelli und Guicciardini sind die ersten, noch lange *avant la lettre*; der Begriff selbst kommt seit dem 18. Jahrhundert auf. Damals wird auch an den deutschen Universitäten eine Disziplin eingerichtet, die sich diesem Thema widmen soll: die europäische Staatenkunde oder Staatengeschichte, ein Hilfsfach der Jurisprudenz. Der letzte große Vertreter dieser Disziplin, Arnold Herrmann Ludwig Heeren, veröffentlicht im Jahre 1809 ein „Handbuch der Geschichte des Europäischen Staatensystems", das den ganzen Zeitraum vom Ende des 15. Jahrhunderts bis zur jüngsten Vergangenheit behandelt. Er ist sich bei der Niederschrift bewußt, daß das europäische Staatensystem im Zuge der Französischen Revolution und der Napoleonischen Kriege „in seinen wesentlichsten Theilen" zusammengestürzt sei: „Auf seinen Trümmern ward seine Geschichte geschrieben."[23] Er leidet furchtbar in „jenen traurigen Tagen" und will zur „Erhaltung des Andenkens an eine bessere Zeit, und der Grundsätze, auf denen in ihr die Politik von Europa ruhte", beitragen, indem er die Historie einer abgeschlossenen Epoche schreibt.[24] Was ihn dennoch über die Bedrückungen des Mo-

---

[22] Dazu *Ulrich Muhlack*, Das europäische Staatensystem in der deutschen Geschichtsschreibung des 19. Jahrhunderts, in: Annali dell'Istituto storico italo-germanico in Trento 16, 1990, 43–92; vgl. auch *Gerhard Th. Mollin*, Internationale Beziehungen als Gegenstand der deutschen Neuzeit-Historiographie seit dem 18. Jahrhundert. Eine Traditionskritik in Grundzügen und Beispielen, in: Loth/Osterhammel (Hrsg.), Internationale Geschichte (wie Anm. 5), 3–30.

[23] *Arnold Herrmann Ludwig Heeren*, Handbuch der Geschichte des Europäischen Staatensystems und seiner Colonieen, von seiner Bildung seit der Entdeckung beider Indien bis zu seiner Wiederherstellung nach dem Fall des Französischen Kaiserthrons, und der Freiwerdung von Amerika. 2 Bde. (Historische Werke, Bd. 8–9.) 4. Aufl. Göttingen 1822, hier Bd. 1, X.

[24] Ebd. XIII.

ments hinweg tröstet, ist „die Aussicht zu einer größern und herrlichern Zukunft", in der „er statt des beschränkten Europäischen Staatensystems der verflossenen Jahrhunderte" ein transatlantisches „Weltstaatensystem" entstehen sieht: „der Stoff für den Geschichtschreiber kommender Geschlechter!"[25] Die „verflossenen Jahrhunderte" rücken damit freilich noch weiter in die Vergangenheit zurück; sie werden zur bloßen Vorstufe eines ganz neuen Weltzustandes. Das ist – auch ohne das Wort – die Geburtsstunde der Frühen Neuzeit.

Als Heeren 1819 die dritte Auflage seines „Handbuchs" herausbringt, hat sich für ihn, nach dem Sieg über Napoleon, der Prospekt vollständig geändert. Triumphierend fügt er jetzt ein Kapitel über die „Wiederherstellung des Europäischen Staatensystems" hinzu.[26] Sowenig er den unwiderruflichen Wandel in den inneren und äußeren Verhältnissen der europäischen Staaten seit 1789 verkennt, so sehr steht für ihn fest, daß eine wirkliche Restauration stattgefunden habe: „So schloß sich, auf die würdigste Weise, das große, dreihundertjährige Drama der Geschichte des Europäischen Staatensystems mit seiner Wiederherstellung. Möge die Zukunft den erhabenen Gesinnungen der Monarchen entsprechen!"[27] Der „Schluß" des „Dramas" ist in Wahrheit ein „Wiederanschluß" an den bisherigen Gang der Dinge, das Zeitalter, das Heeren 1809 vollendet sah, wiederum zur Gegenwart und zur Zukunft hin geöffnet. Ganz ähnlich verfährt Leopold Ranke noch 1833 in seinem Essay „Die großen Mächte", wo er unter dem Eindruck der Julirevolution und der von ihr ausgehenden ideologischen Polarisierung Europas die gleichwohl fortdauernde Präsenz jener Pentarchie konstatiert, die sich im 17. und 18. Jahrhundert herausgebildet habe, sich in der Zeit der Revolution und Napoleons „verjüngt" und schließlich ihre „Wiederherstellung" erlebt habe.[28]

Diese Deutung wird allerdings bald von anderen Autoren bestritten. Johann Gustav Droysen, einer der frühesten historiographischen Wortführer eines nationalen Verfassungsstaats, kommt in seinen „Vorlesungen über die Freiheitskriege" erneut zu einer scharfen Abgrenzung zwischen dem „alten Europa" des 15. bis 18. Jahrhunderts und dem Europa der neuesten Zeit. Dem „alten Europa" schlägt er den „modernen Staat" und „das europäische Staatensystem" zu.[29] Sie haben für ihn eine fortdauernde Gegenwartsbedeutung durch „die Idee des Staates"[30] und durch die Idee einer zwischenstaatlichen Verfas-

---

[25] Ebd. XI f.
[26] Ebd. Bd. 2, 408 ff.
[27] Ebd. 451.
[28] *Leopold von Ranke*, Die großen Mächte, in: ders., Die großen Mächte. Politisches Gespräch. Hrsg. v. Ulrich Muhlack. Frankfurt am Main/Leipzig 1995, 9–70, bes. 61 ff.
[29] *Johann Gustav Droysen*, Vorlesungen über die Freiheitskriege. 2 Bde. Kiel 1846, hier Bd. 1, 18 u. 180.
[30] Ebd. 7.

sung, „in der Friede, Recht und Freiheit Aller gesichert ist."[31] Sie scheinen
ihm freilich im Laufe ihrer Entwicklung von ihren ursprünglichen Ideen abge-
wichen: „Je mehr sich der moderne Staat über die mittelalterlichen Beschrän-
kungen erhob, um so irrationaler, willkührlicher, verworrener wurden die
Staatsverhältnisse; es schien endlich jede Basis, jedes Princip, jede tiefere
Berechtigung aus dem System der Mächte, wie sie nun waren, dahinzuschwin-
den."[32] Mit der nationalen Revolution von 1789 bricht das „alte Europa"
zusammen und beginnt daher eine „neue Zeit"[33], die auch die Entartung der
Revolution und das Restaurationswerk von 1814/15 nicht aufhalten können:
„Mit dem Frieden begann das zweite Stadium der neuen Zeit".[34] Die Aufgabe
dieser „neuen Zeit" ist die Aufrichtung eines nach Nationalstaaten geglieder-
ten Europa, das in der Umgestaltung der „transoceanischen Verhältnisse", vom
„Freiheitskrieg" der Nordamerikaner bis zu dem „insurgirten spanischen
Amerika", eine Parallele hat[35]: „eine große Friedensunion", „in sich mannig-
fach nach der Mannigfaltigkeit der Volksindividualitäten, staatlich gegliedert nach deren Unterschied, die Staaten selbst in verfassungsmäßiger Ordnung".[36] Das ist die Antithese zum „alten Europa", das hinter der „neuen Zeit"
versinkt.

Georg Gottfried Gervinus bekräftigt diese Periodisierung von einer republikanischen Warte aus, wenn er 1853 in seiner „Einleitung in die Geschichte des
neunzehnten Jahrhunderts" die Geschichte seit 1789 in „einen geraden Gegensatz gegen die Zeit des 18. Jahrhunderts" und die ihr vorangegangene Zeit
setzt.[37] Zu diesem „Gegensatz" gehört ihm auch, daß mit der Französischen
Revolution eine weltweite Geschichte der „Volksbewegungen" beginnt, nachdem es vorher einen „Rückschlag der freiheitlichen Bestrebungen" in Nordamerika auf Frankreich gegeben hat[38]; er führt diesen Gedanken in seiner
„Geschichte des neunzehnten Jahrhunderts" aus, in der dem „Unabhängig-
keitskampf im spanischen Amerika" breitester Raum gegeben wird[39].

Es verdient angemerkt zu werden, daß auch Ranke sich später sozusagen
ohne viel Aufhebens dieser Epochalisierung angenähert hat. Es ist unter dem
unmittelbaren Eindruck der „Einleitung" von Gervinus, daß er 1854 in den
Berchtesgadener Vorträgen von den „fünf unabhängigen Mächten" nur im

---

[31] Ebd. Bd. 2, 644.
[32] Ebd. Bd. 1, 181.
[33] Ebd. Bd. 2, 166.
[34] Ebd. Bd. 1, 17.
[35] Ebd. Bd. 1, 225, und Bd. 2, 664.
[36] Ebd. Bd. 2, 644.
[37] *Georg Gottfried Gervinus*, Einleitung in die Geschichte des neunzehnten Jahrhunderts.
Hrsg. v. Walter Boehlich. Frankfurt am Main 1967, 150.
[38] Ebd. 97 f. u. 151 ff.
[39] *Georg Gottfried Gervinus*, Geschichte des neunzehnten Jahrhunderts seit den Wiener
Verträgen. 8 Bde. Leipzig 1855–1866, hier Bd. 3, 3–339 und Bd. 4, 441–782.

Zusammenhang mit der Geschichte des 18. Jahrhunderts spricht[40], während er die Geschichte seit 1789 im Zeichen des „Widerstreits" zwischen den „beiden Prinzipien der Monarchie und der Volkssouveränität" sieht[41]. In einer Vorlesung von 1868 verweist er, mit Blick auf 1859 und 1866, auf „neue Kriege", „welche dem System der europäischen Mächte einen neuen Charakter gegeben haben": „die Souveränität der Nationalitäten ist zu allgemeiner Geltung gelangt; – neue Staaten sind darauf gegründet worden; noch ist sie bei weitem nicht zu ihren Zielen gelangt, – noch hat sie auch keine nachhaltige Beschränkung gefunden."[42] Im gleichen Jahr schließt er seine „Englische Geschichte vornehmlich im sechszehnten und siebzehnten Jahrhundert", die mit einem Ausblick auf das 18. Jahrhundert endet, mit Sätzen, die diese Geschichte in einem fundamentalen Sinne von derjenigen des 19. Jahrhunderts abheben.[43] Nur kurz danach öffnet ihm die Reichsgründung eine „universale Aussicht für Deutschland und die Welt"[44]: das ist Heerens Vision eines „Weltstaatensystems", das sich „statt des beschränkten Europäischen Staatensystems der verflossenen Jahrhunderte" erhebt.

Ich kann hier abbrechen. Genug, daß deutlich geworden ist, daß der Umschlag des europäischen Staatensystems in eine durch die Französische Revolution grundlegend erneuerte Weltordnung sich in seiner entscheidenden Phase in der Reflexion zeitgenössischer Autoren widerspiegelt. Die heutige Frühneuzeitforschung täte gut daran, sich ihrer zu erinnern. Jedenfalls sind sie Kronzeugen eines Epochenwandels, der hohe Evidenz oder Plausibilität beanspruchen kann. Wenn es überhaupt ein Phänomen gibt, das sich zur Kennzeichnung einer frühen Neuzeit der europäischen Geschichte eignet, dann ist es das europäische Staatensystem.

---

[40] *Leopold von Ranke*, Über die Epochen der neueren Geschichte. Hrsg. v. Theodor Schieder u. Helmut Berding. (Aus Werk und Nachlaß, Bd. 2.) München/Wien 1971, 401.
[41] Ebd. 436. – Zur Motivierung Rankes durch Gervinus *Ernst Schulin*, Zeitgeschichtsschreibung im neunzehnten Jahrhundert, in: ders., Traditionskritik und Rekonstruktionsversuch. Studien zur Entwicklung von Geschichtswissenschaft und historischem Denken. Göttingen 1979, 65–116, hier 92.
[42] *Leopold von Ranke*, Vorlesungseinleitungen. Hrsg. v. Volker Dotterweich u. Walther Peter Fuchs. (Aus Werk und Nachlaß, Bd. 4.) München/Wien 1975, 450.
[43] *Leopold Ranke*, Englische Geschichte vornehmlich im sechszehnten und siebzehnten Jahrhundert. Bd. 7. Leipzig 1868, 153.
[44] *Leopold von Ranke*, Aufsätze zur eigenen Lebensbeschreibung, in: ders., Zur eigenen Lebensgeschichte. Hrsg. v. Alfred Dove. (Sämmtliche Werke, Bd. 53/54.) Leipzig 1890, 1–76, hier 76.

Frühe Neuzeit und marxistische Historiographie

Von

Matthias Middell

Die Bezeichnung eines bestimmten historischen Abschnitts als Frühe Neuzeit schließt an eine spezifisch europäische dreigeteilte Organisation der geschichtlichen Zeit an, in der es um die Klärung des Verhältnisses zwischen antiken Traditionen und der jeweiligen Gegenwart ging. Mit dem Epitheton des Frühen wird Zusammengehörigkeit und Differenz in der Neuzeit gleichermaßen erfaßt: Die aus der Sicht des 19. Jahrhunderts wachsende Plausibilität erlangende Epochenbezeichnung unterstrich einerseits den Bruch, den die Französische Revolution gegenüber dem davorliegenden Zeitabschnitt bewirkte, aber zugleich auch die Kontinuität, die seit dem späten 15. Jahrhundert geherrscht haben sollte. Dies gestattete, den weltpolitischen Aufstieg Europas seit der sogenannten Entdeckung Amerikas als einen sich langfristig entfaltenden Prozeß aufzufassen, die modernen Nationalstaaten in die Folge der absolutistischen Herrschaftsverdichtung zu stellen und einen wichtigen Strang der intellektuellen Auseinandersetzung mit der Französischen Revolution einzufangen, der die revolutionäre Herausforderung dadurch entschärfte, daß der stattgehabte Umbruch auf Frankreich eingegrenzt wurde, während Deutschland durch die Reformation bzw. den aufgeklärten (Reform-)Absolutismus und England durch die Glorious Revolution der geschichtlichen Notwendigkeit bereits entsprochen hatte. So verfestigte sich die Erfindung der Frühen Neuzeit im Fortgang des 19. Jahrhunderts zu einem Konzept, und dies geschah parallel zum Anwachsen jener historischen Erfahrung, die die Interpreten von diesem Gegenstand trennte. In der Institutionalisierung der modernen Geschichtswissenschaft spielte dies zwar anfangs keine besondere Rolle, und separate Lehrstühle bzw. Institute für diese Epoche ließen auf sich warten. Aber nach dem Ersten Weltkrieg, der eine zeitgeschichtliche Forschung im engeren Sinne in zahlreichen europäischen Ländern so intensiviert hatte, daß eigene Strukturen dafür geschaffen wurden, erschien die Konzentration auf Lehre und Forschung allein der Frühen Neuzeit nach und nach ebenfalls als legitime historische Subqualifikation. Der nach 1918 eingeleitete Abtrennungsvorgang hat sich nach dem Zweiten Weltkrieg beschleunigt und läßt es heute – ungeachtet aller Unsicherheiten, wann die Frühe Neuzeit genau beginnt und endet – als ganz und gar legitim erscheinen, ein Historiker-Lebenswerk allein dieser Epoche zu widmen. Die Abtrennung bleibt prekär, wie Verbindungen in den Curricula zeigen, die mit mittlerer Geschichte oder der Geschichte des 19. Jahrhunderts eingegangen werden, und viele Paradigmen betonen eher die langen Übergänge von Sattelzeiten und *sociétés en transition*. Dem entspricht auch ein Selbstverständnis vieler Frühneuzeithistoriker, die den Umgang mit Multikonfessionalität in der europäischen Staatlichkeit des 16. und 17. Jahrhunderts zum Kern ihrer disziplinären Identität erheben.

Karl Marx hat seinen Entwurf einer historisch fundierten Gesellschaftsinterpretation ebenso im Kontext dieser „Erfindung der Frühen Neuzeit" entwickelt, wie seine selbsternannten Nachfolger, die sogenannten marxistischen Historiker, mit der Herausbildung einer Subdisziplin „Frühe Neuzeit" in der professionellen akademischen Historiographie konfrontiert waren. Dies bedeutet aber gerade nicht, daß es ihr Anliegen gewesen wäre, das Bild einer Frühen Neuzeit zu entwerfen. Dreh- und Angelpunkt des Marxschen Interesses war die Frage nach der Herkunft der modernen Klassenverhältnisse und der Tendenzen, die den Kapitalismus im Sinne seiner möglichen dialektischen Aufhebung kennzeichneten und über sich selbst hinauszuführen gestatten würden. Die Berührungen mit dem, was sachlich Frühneuzeitforschung genannt werden kann, sind vielfältig, aber die Schwierigkeiten ihrer Rekonstruktion wurzeln in der Tatsache, daß Marx für seinen Zweck keine Kategorie Frühe Neuzeit benötigte. Die folgenden Bemerkungen versuchen zunächst, einige der Beziehungen, die zwischen dem Marxschen Projekt und dem, was heute Frühe Neuzeit genannt wird, nachzuzeichnen. Auf der Grundlage dieser Beziehungen ergibt sich keine Deckungsgleichheit, sondern eine widersprüchliche wechselseitige Inkorporation von Interpretationselementen.

Verfolgt man diesen Vorgang der Interferenzen zwischen verschiedenen Paradigmen wie der marxistischen Geschichtswissenschaft und der Frühneuzeithistoriographie über einen relativ langen Zeitraum, dann unterläuft häufig eine besondere Art der Komplexitätsreduktion, indem beide Pole dieses Prozesses faktisch essentialisiert werden. Es entsteht daraus eine ziemlich krude Vorstellung von dem, was „marxistische Geschichtswissenschaft" ist. Diese Vorstellung bleibt nicht immer ganz frei von Sympathie und Antipathie gegenüber einzelnen Exponenten. Sie ist geprägt von persönlichen Erlebnissen, limitierten Rezeptionen und dem Eingewobensein in die ideologischen Großwetterlagen (etwa des Kalten Krieges). Ähnliches gilt natürlich auch für die Frühneuzeitforschung. Auch im Urteil über diese historische Subdisziplin spielen herausragende Vertreter, Polemiken, institutionelle Spaltungen und ähnliches eine nicht zu vernachlässigende Rolle. Aber gegenüber der Diskussion um „Marxismus" bzw. „marxistische Geschichtswissenschaft" gibt es doch einen graduellen Unterschied. Die Vorurteilsbildung kann leichter kontrolliert werden, weil es sich um eine historische Teildisziplin handelt, die durch Infrastruktur und Forschungsberichte in ihrer Differenziertheit nachvollziehbar kartographiert ist. „Marxismus/marxistische Geschichtswissenschaft" wird dagegen im Gefolge der Auseinandersetzungen seit dem letzten Drittel des

19. Jahrhunderts, als sich der Vorwurf intellektueller Andersartigkeit mit dem der politischen Gefährlichkeit verband, häufig einfach nur als das diffuse Andere gesehen. Zu dieser Tendenz kommt es gerade auch, weil einige Vertreter der sich als marxistisch auffassenden Historiographie diese fundamentale Andersheit zur sogenannten bürgerlichen Historiographie vehement für sich in Anspruch genommen haben. Die Chance, die die Epochenwende 1989/91 für die Beendigung dieses sterilen Umgangs mit einer Strömung der modernen Geschichtsschreibung geboten hat, der gerade durch die doppelte Staatlichkeit zwischen 1945/49 und 1990 in Deutschland forciert wurde, scheint mir bisher wenig genutzt.

Bevor ich also einigen Zugängen von Historikern, die sich als marxistische begriffen, exemplarisch nachgehe, füge ich eine knappe Skizze ein, welchen Metamorphosen und Ausdifferenzierungen das Feld marxistischer Geschichtsschreibung seit dem ausgehenden 19. Jahrhundert unterlag. Wir haben es mit einem nicht nur an den Rändern ausfasernden Bereich zu tun. Die Akteure dieses Feldes befanden sich häufig in einem politischen Kampf um ihre eigene identitäre Verortung. Es gehört gerade zu den Definitionsmerkmalen, die viele (aber keineswegs alle) marxistischen Historiker für sich in Anspruch nahmen, daß das Verhältnis zu einem Projekt der Gesellschaftsveränderung über den Grad ihres Marxistischseins entschied. Für nichtmarxistische Historiker mußte diese Selbstbestimmung fundamental fremd wirken, da sie mit der Herausbildung einer verfachlichten, akademisierten Geschichtswissenschaft und der Professionalisierung entlang von Kriterien einer methodisch definierten Verwissenschaftlichung glaubten, universelle Maßstäbe für die Unterscheidung in seriöse und nichtseriöse Beiträge gefunden zu haben, die das Problem der Werturteile und der Bindung von Historiographie an Weltbilder in den Hintergrund treten ließ. Gerade dies schien wiederum vielen Marxisten eine nicht nachvollziehbare Illusion, die sie scharf angriffen. So vertiefte sich eine Asymmetrie der wechselseitigen Beurteilung, in der sich der jeweilige Wunsch nach festen Identitäten gegenüber einer als prekär empfunden Problemlage ausdrückte.[1] Der Wunsch, diese Auseinandersetzung auch in der Gegenwart fortzusetzen, begegnet zuweilen. Aufschlußreicher dürfte aber sein, den Vermischungen nachzugehen, die bei all diesen Distanzierungen ständig stattgefunden haben. Hierfür sprechen mehrere Gründe:

Das bisher übliche Spurenverwischen bei Rezeptionen aus dem Marxschen Werk und der marxistischen Historiographie, das in Westeuropa nur in den siebziger Jahren kurz unterbrochen worden ist, ist nicht vorrangig eine Frage

---

[1] Es ist deshalb nicht verwunderlich, daß der postmoderne Kulturrelativismus, der genau auf die Sollbruchstelle zielt, die marxistische und nichtmarxistische Historiker im 20. Jahrhundert benutzt haben, um sich voneinander abzugrenzen und sich selbst jeweils eine prinzipielle Überlegenheit zuzuschreiben, alle Strömungen fundamental verunsichert hat und zuweilen sogar Fraternisierungen gegen den gemeinsamen Feind provozierte.

der wissenschaftlichen Redlichkeit, sondern vor allem der Effizienz der fachlichen Kommunikation. Wo theoretische Quellen nicht offengelegt werden (können), amalgamieren Rezeptionsstümpfe zu abstrusen Konglomeraten, über die eine Verständigung nach rationalen Kriterien schwer fällt.[2]

Begreift man Abgrenzungsbemühungen auch als Teil eines Aufeinanderbezogenseins, dann verweisen die erbitterten Polemiken, die sich im Laufe des 20. Jahrhunderts um den Einfluß marxistischer Interpretationsansätze gerankt haben, geradezu als Indikatoren für eine Intensivierung des Rezeptionsprozesses in der nichtmarxistischen Geschichtswissenschaft. Man wird die weltweite Hegemoniefähigkeit der Frühneuzeit-Interpretationen in der französischen Annales-Schule nicht ohne ihren Rekurs auf das von Marx in den Mittelpunkt gerückte Phänomen der ursprünglichen und erweiterten Akkumulation und die daraus folgende Formierung der *économie-mondes* erklären können. Und das Konzept der frühbürgerlichen Revolution mag eine primäre Bedeutung in der (wegen des teleologischen Grundzuges kritisierten) Vorstellung eines bis zur Gegenwart aufsteigenden Revolutionszyklus entfaltet haben, aber es öffnete zugleich Türen für die Zusammenarbeit von Sozial- und Wirtschafts- mit Kultur- und Kirchenhistorikern. Die Zahl solcher Beispiele ließe sich fortsetzen. Sie haben ihre Grundlage in der holistischen Ambition des Marxschen Geschichtsbildes, die für seine Nachfolger auch eine methodologische Überforderung dargestellt haben kann, für seine Gegner aber vor allem die Funktion eines Korrektivs gegenüber der Tendenz einer Problemvereinzelung im Zuge von Spezialisierung und Professionalisierung hatte und hat.

Eine Geschichte der marxistischen Geschichtswissenschaft sollte also nicht allein auf jene Historiker beschränkt bleiben, die sich selbst zu einem solchen Etikett bekannten, sondern auch jene Spuren einschließen, die als verarbeitete Herausforderung durch erklärte Nichtmarxisten erscheinen. Dies macht allerdings eine Geschichte der marxistischen Historiographie weit komplexer als bisher in der Literatur angenommen.[3]

Weniger grundsätzliche Schwierigkeiten bereitet trotz der Komplexität seines Oeuvres die Ermittlung der Geschichtsbilder, die Karl Marx selbst in seinen Schriften entwickelte. Auch wenn die Edition seiner Schriften noch im Gange ist, handelt es sich doch um eine abgegrenzte Quellenbasis, die eine systematische Rekonstruktion erlaubt.

---

[2] Die heutigen osteuropäischen Geschichtskulturen bieten dafür reichhaltiges Anschauungsmaterial.

[3] Für ausführlichere bibliographische Belege verweise ich auf *Matthias Middell*, Marxistische Geschichtswissenschaft, in: Joachim Eibach/Günther Lottes (Hrsg.), Kompass der Geschichtswissenschaft. Ein Handbuch. Göttingen 2002, 69–82 und die daran anschließende Literaturliste.

Als Ausgangspunkt sei noch einmal darauf hingewiesen, daß Marx selbst kein Historiker der Frühen Neuzeit war und sein wollte, so daß die über sein gesamtes Werk verstreuten Bemerkungen über Phänomene der Frühen Neuzeit nur als historische Referenzen zur Lösung theoretischer Fragen in verschiedenen anderen Kontexten gelesen werden können.

In extremer Verknappung läßt sich das historische Interesse von Marx in chronologischer Folge an folgenden Problemstellungen festmachen:

1. Marx versuchte zunächst in den Frühschriften bis 1847/48, das Verhältnis von Idee und Interesse in sozialen Bewegungen zu klären. Dafür suchte er die Auseinandersetzung mit dem Linkshegelianismus, aber auch – wie Jacques Guilhaumou nachgewiesen hat und schon die Studien über die Kreuznacher Exzerpte von Hans-Peter Jaeck nahelegten – mit der neojakobinischen Tradition, die Marx in seinen Notizen zur Analyse der Französischen Revolution intensiv rezipierte. In einer Phase, da das Ziel der Begründung einer materialistischen Geschichtsauffassung noch unscharf war, setzte sich Marx mit der sogenannten sozialen Erklärung der Revolution von 1789 auseinander, die Antoine Barnave 1792 erstmals formuliert hatte, wonach die Revolution nichts anderes als die politische Verwirklichung sozialer Klasseninteressen sei. In dieser Perspektive handelte es sich bei einem doppelten Aufstieg der Bourgeoisie zur herrschenden Klasse in Politik und Gesellschaft um die Synchronisierung von sozialer Dominanz und maßgebendem Einfluß auf die Staatsgeschäfte, die schon Sieyès an der Jahreswende 1788/89 als Konkordanz von *pays réel* und *pays legal* eingeklagt hatte. Gegenüber einer naiv deterministischen Deutung dieses Zusammenhanges, die später als „marxistisch" wieder Konjunktur erlangen sollte, kam Marx nach für die Zeitverhältnisse gründlichen Quellenstudien[4] zu einer wesentlich genaueren Fassung des Jakobinismusproblems: Soziale Dominanz kann nur durch kulturelle Hegemonie oder Diskursherrschaft vermittelt zu politischer Führung werden, dafür aber bedarf es der Fähigkeit, den Interessen einer Gruppe mit der Formulierung einer allgemeinen Idee zu sekundieren, die durchaus unterschiedliche Interessen zu repräsentieren in der Lage ist. Diese Repräsentationen sind also weit mehr als die subjektive Widerspiegelung objektiver Interessenlagen, ihnen ist eine erhebliche Autonomie zuzuordnen. Folgerichtig interessierte Marx auch weniger die konkrete soziale Herkunft und Sozialisation der Exponenten dieser heroischen Illusion, sondern vielmehr ihre Fähigkeit zur kulturellen und politischen Repräsentation. An Aufstieg und Niederlage der Jako-

---

[4] Insbesondere die Dokumentensammlung von *Philippe-Joseph-Benjamin Buchez/Philibert-Joseph Roux* (Eds.), Histoire parlementaire de la Révolution française ou Journal des Assemblées Nationales depuis 1789 jusqu'en 1815. 40 Vols. Paris 1834–1838, sowie die Revolutionsdarstellung des Leipzigers *Wilhelm Wachsmuth*, Geschichte Frankreichs im Revolutionszeitalter. Hamburg o. J., sowie ein intensives Zeitungsstudium lieferten eine erstaunlich dichte Kenntnis der Akteure und Diskurse.

biner beschäftigte ihn vor allem die Frage nach den Grenzen der Autonomie des Politischen, die durch die Fixpunkte des sozialen Programms der dominierenden Gruppierungen (Eigentum und Ordnung), aber auch durch die exzeptionelle Dynamisierung der Verhältnisse infolge von Krieg und Bürgerkrieg bestimmt wurden. Mit dem Wegfall der konjunkturellen Sonderbedingungen schränkte sich der Spielraum politischer Repräsentation gegenüber dem Klasseninteresse wieder ein. Damit geriet aber auch die Frage nach einem emanzipatorischen Überschuß in den Legitimationsstrategien bürgerlicher Herrschaft in den Blick, die schon sehr früh auf die Schwierigkeiten im Umgang mit einem humanistisch-aufklärerischen Erbe bzw. plebejisch-proletarischen Gegentraditionen bei der Formulierung einer eigenen Geschichtspolitik der von Marx anvisierten neuen sozialen Bewegung verwies.[5] Marx verfolgte, wie „die Idee des neuen Weltzustandes", die er bei den Jacquesroutins des Jahres 1793 und im Babouvismus von 1796 ortete[6], einen komplizierten Ablösungsprozeß durchmachte: Solange der Egalitarismus des Großen Maximum und der Bauernbewegung, die die radikale Abschaffung der Feudalrechte im Juni 1793 durchsetzte, von einer „heroischen Illusion" der bürgerlichen Revolution repräsentiert wurde, gehörte er inhaltlich in den Bogen dieser Emanzipationsbewegung. Und erst nach der „Vereisung der Revolution" (Saint-Just), die der Volksbewegung der Pariser Sektionen und den Vertretern der *loi agraire* offen die Partizipationschancen zugunsten des Ruhebedürfnisses der montagnardischen Bourgeoisie streitig machte, die nun entwaffnet bzw. sogar Opfer der *terreur* in der Zeit ab September 1793 wurde, änderte sich die Lage. Jetzt wurde eine „neue Revolution" des Vierten Standes gegen das *juste milieu* zum Gravitationszentrum des Anspruchs auf Emanzipation und ungehinderte politische Mitgestaltungsmöglichkeit. Eine solche Alternative habe sich zwar im Verlauf jeder vorherigen sozialen Protestbewegung zaghaft angedeutet, wenn die Enttäuschten der Reformation sich um Müntzer scharten, die Digger eine alternative Lebensform gegen die Ergebnisse des englischen Bürgerkriegs stellten. Aber erst die Revolution in Frankreich habe den tragischen Akteuren dieses Mechanismus aus utopischem Überschuß als notwendiger Schubkraft für das Erreichen des jeweiligen Optimums zum Bild eines neuen „Weltzustandes" verholfen, in dem die unvermeidliche Tragik aufgehoben werden könnte. Marx begann also, die Frühe Neuzeit von ihrem Ende her zu erfassen, das für ihn zugleich den Umschlag der Vorgeschichte in seine Zeitgeschichte bedeutete. Es ging ihm nicht um

---

[5] Dies sollte sich durch die Geschichte des Marxismus und seiner politischen Einlösungen wie ein roter Faden ziehen: als Frage nach Bündnisfähigkeit proletarischer Schichten und kulturellem Proprium, als Spannung zwischen Demokratie und avantgardistischer Forcierung der gesellschaftlichen Umgestaltung.
[6] Vgl. *Walter Markov*, Jacques Roux oder Vom Elend der Biographie. Berlin 1966, 12 f., 55 f..

spezialistische Arbeit an den Urkunden des ausgehenden Mittelalters, sondern bei seinen historischen Studien um die Formung einer *master narrative* für eine neue soziale und politische Bewegung. Diese historische Meistererzählung[7] war ihrem Charakter nach nicht nur universalistisch[8], sondern auch von der ersten Phase globalgeschichtlicher Verdichtung zwischen 1840 und 1880 geprägt[9] (was sie von späteren nationalgeschichtlich inspirierten *master narratives*, auch solchen, die sich als marxistisch bezeichneten, unterschied[10]) und nahm in dieser Hinsicht erklärtermaßen über die Hegelsche Geschichtsphilosophie die Konstruktionsprinzipien der Aufklärungs- und der französischen Restaurationshistoriographie (Mignet, Michelet) auf. Der Zusammenhang von Beschäftigung mit einem einzelnen geschichtlichen Problem, der Einordnung in eine umfassende *master narrative* und der bewußten Verfügbarkeit dieser Meistererzählung für die Begründung und Legitimierung aktueller sozialer Forderungen charakterisierten den Marxschen und den marxistischen Diskurs, auch wenn sie nicht die einzigen sind, die diesen Zusammenhang herzustellen versuchten.

2. Eine zweite Denkfigur, die für Marx wichtige Verbindungen zwischen seiner Zeitgeschichte (die er in den Artikeln zur Revolution von 1848/49 erstmals umfangreich bearbeitete) und der Frühen Neuzeit herstellte, war der Gedanke der Gleichzeitigkeit des Ungleichzeitigen. Diese Denkfigur fundierte die Vorstellung von den Gesellschaftsformationen, insbesondere mit Blick auf einen deutschen Rückstand im Vergleich zu Frankreich und England. In Studien zur Agrarfrage und den verschiedenen Lösungen der Beseitigung persönlicher Abhängigkeiten der Bauernschaft, aber auch zur Geschichte des Kolonialismus im Verhältnis zur ursprünglichen Akkumulation in Europa kam Marx immer wieder auf dieses Theorem zurück. Die Idee von der Synchronität verschiedener Gesellschaftszustände gestattete Marx wiederum, die Vorstellung der Überlegenheit einer Gesellschaft über die andere (Zentrum–Peripherie) mit der Fortschrittsvorstellung des 18. Jahrhunderts so zu verknüpfen, daß er langfristige Macht-Asymmetrien erklären konnte, ohne sie über kulturelle oder biologistische Annahmen (etwa einer besonderen zivilisatorischen

---

[7] *Matthias Middell/Monika Gibas/Frank Hadler*, Sinnstiftung und Systemlegitimation durch historisches Erzählen. Überlegungen zu Funktionsmechanismen von Repräsentationen des Vergangenen, in: Comparativ 10, 2000, H. 2, 7–35.
[8] Vgl. dazu *Jörn Rüsen*, Für eine interkulturelle Kommunikation in der Geschichte. Die Herausforderungen des Ethnozentrismus in der Moderne und die Antwort der Kulturwissenschaften, in: ders./Michael Gottlob/Achim Mittag (Hrsg.), Die Vielfalt der Kulturen. (Erinnerung, Geschichte, Identität, 4.) Frankfurt am Main 1998, 23.
[9] Siehe *Charles Bright/Michael Geyer*, Globalgeschichte und die Einheit der Welt im 20. Jahrhundert, in: Comparativ 4, 1994, H. 5, 13–45.
[10] *Matthias Middell*, Europäische Geschichte oder global history – master narratives oder Fragmentierung?, in: Konrad H. Jarausch/Martin Sabrow (Hrsg.), Historische Meistererzählungen in Deutschland nach 1945. Göttingen 2002, 214–252

Rolle oder rassisch begründeter Überlegenheit) zu essentialisieren. In der Dynamik der Globalisierung des mittleren 19. Jahrhunderts[11] bot der Blick auf die frühneuzeitlichen Strukturvorentscheidungen für diese unterschiedlichen Reifegrade der europäischen und außereuropäischen Gesellschaften eine wichtige Orientierung.

3. Die Untersuchung der Französischen Revolution, die nicht als Revolution der leeren Bäuche, sondern als Ringen eines arrivierten Bürgertums um die Staatsmacht interpretiert wurde, und die Auseinandersetzung mit der Hegelschen Geschichtstheorie von der Inkarnation des Weltgeistes in der interessenfreien Bürokratie lenkte den Blick auf die Rolle des Staates zwischen seiner Determiniertheit durch die dominierende Klasse und relativer Autonomie. François Furet hat die widersprüchlichen Äußerungen von Marx und Engels zum Absolutismus und zum jakobinischen Staat in Frankreich zusammengetragen und als letztlich nicht gelöstes Problem beschrieben.[12] Der „18. Brumaire des Louis Bonaparte" sollte eben dieser Ausarbeitung einer Theorie des Staates gewidmet sein, letztlich tat Marx aber Phasen der Autonomie des Staates und seiner Akteure als Zwischenperiode ab und behandelte den Staat als etwas Sekundäres. Demzufolge blieb auch seine Auseinandersetzung mit der frühneuzeitlichen Staatlichkeit ephemer.

4. Wichtiger schien Marx die Ausarbeitung einer allgemeinen Theorie der Genese des Kapitalismus über die verschiedenen Stufen der ursprünglichen Akkumulation, der Vorherrschaft des Handelsbürgertums und des Aufstieges von Gewerbe- und Industriebourgeoisie. Marx entwickelte eine hohe Aufmerksamkeit für den transnationalen Charakter des Entstehungsprozesses dessen, was Immanuel Wallerstein später das Moderne Weltsystem nennen sollte, denn es schien ihm die Vorstufe jenes modernen Kapitalismus zu sein, dessen Anfänge er selbst als Rahmenbedingungen seiner Theoriebildung und Entwicklung einer politischen Programmatik wahrnahm, der die Arena des wichtigsten Kapitels seiner historischen Meistererzählung darstellte.

---

[11] Der Kern dieser Dynamik bestand nach Bright/Geyer darin, daß erstmals beinahe weltumspannend in einer historisch extrem verdichteten Zeitspanne die globale Vergesellschaftung eine Vielzahl lokaler und regionaler Reaktionen herausforderte, die im Versuch gipfelten, die Globalisierung zu jeweils eigenen, günstigen Bedingungen zu gestalten. Der daraus folgende Differenzierungsprozeß in Gewinner und Verlierer dieser ersten großen Entscheidungssituation der neueren Globalgeschichte ist gerade von Marx mit großer Aufmerksamkeit beobachtet worden. Sein Modell der Gesellschaftsformationen bot den Rahmen für eine schlüssige Erklärung, in der strukturelle Vorentscheidungen und Handlungsspielraum der Akteure flexibel gegeneinander abgewogen werden konnten. Der Gedankengang, dessen analytisches Potential erheblich ist, wurde allerdings mehr und mehr überlagert von einer Verwendung des Konzeptes für eine Prognosetätigkeit im Interesse einer neu entstehenden politischen Bewegung, die sich als proletarische Revolution zum Ziel setzte.

[12] *François Furet*, Marx et la Révolution française. Textes de Marx présentés, réunis, traduits par Lucien Calvie. Paris 1986.

5. Hatte bereits 1848 den Revolutionsvergleich bei Marx inspiriert, so rückte das Verhältnis von Allgemeinem und historisch einmaliger Konstellation in seinen Untersuchungen der spanischen Revolution von 1854 in der Untersuchung politischer Ereignisse in den Mittelpunkt und wurde in der Auseinandersetzung mit der russischen Sozialrevolutionärin Vera Zazuliè später auch auf sozialstrukturelle Fragen wie die Rolle der Dorfgemeinde beim Übergang zu modernen Gesellschaftsverhältnissen ausgeweitet.

6. Ein strittiger Punkt zwischen Marx und seinem engsten Kommentator Friedrich Engels blieb die zwischen einer Würdigung als entscheidende soziale Schubkraft und einer Vernachlässigung als perspektivlose Bewegung mit teilweise reaktionären Vorstellungen schwankende Bewertung der Bauernaufstände der Frühen Neuzeit.

Gegenüber diesen Schwerpunkten des Marxschen Denkens über die Frühe Neuzeit blieben Probleme der Religionssoziologie und der Wahrnehmung der Potentiale außereuropäischer Territorien marginal, während seine Äußerungen zu den oben genannten Problemen selbstverständlich vor dem Hintergrund des jeweils zeitgenössisch erreichten Wissensstandes gelesen werden müssen.

Man muß kein Anhänger des radikalen Konstruktivismus sein, um zu der Bemerkung zu tendieren, daß es eine marxistische Geschichtswissenschaft nie gegeben hat. Es handelt sich vielmehr um eine Kategorie, die eine inkommensurable Vielfalt von Positionen und Situationen zusammenfaßt. Hartmut Fleischer hat zu Recht darauf aufmerksam gemacht, daß Marx selbst nur als Vorläufer dessen bezeichnet werden kann, was als „marxistisch" figuriert.[13]

Für die sich marxistisch verstehende Geschichtsschreibung vor 1920 gilt es, deutliche Unterschiede festzustellen nach dem Grad ihrer Zugehörigkeit zu den Institutionen der professionalisierten Historiographie. Aufgrund ihrer oftmals marginalisierten Position verlief der Ablösungsprozeß von einer historischen Publizistik anders als bei anderen Bereichen der Geschichtsschreibung und wies darüber hinaus gravierende Unterschiede für die einzelnen Länder auf.

Nach 1920 trat – zunächst in der Sowjetunion – schrittweise das Phänomen einer Historiographie hinzu, die nicht nur in die Kernbereiche des akademischen Betriebes vordrang, sondern die auch für die historische Legitimation einer Gesellschaftsordnung, für deren Mythenproduktion und zugleich für deren Suche nach internationaler Reputation offensiv eingesetzt wurde.

Zwischen 1940 und der Mitte der sechziger Jahre erreichte die marxistische Historiographie in verschiedenen Ausprägungen ein durchaus beträchtliches

---

13 *Hartmut Fleischer*, Vorwort, in: ders. (Hrsg.), Der Marxismus in seinem Zeitalter. Leipzig 1994, 9–13. Die gegenwärtige Vielfalt der Anschlüsse an Marx versuchen unter anderen einzufangen: *Jacques Bidet/Eustache Kouvélakis* (Eds.), Dictionnaire Marx contemporain. Paris 2001, und die Zeitschrift „Historical Materialism".

internationales Ansehen und erheblichen Einfluß auf die Formen der histori-
schen Vergewisserung in so verschiedenen Ländern wie Japan, Frankreich,
Italien, Spanien, England, und – unter anderen Rahmenbedingungen – in
Polen, der Tschechoslowakei und Ungarn, Bulgarien, Rumänien sowie (Ost-)
Deutschland. Es lassen sich sowohl Tendenzen zur Herausbildung einer mar-
xistisch verstandenen Ökumene (mit nennenswertem Einfluß bis nach Latein-
amerika, in das postkoloniale Afrika und in das Südostasien der sechziger
Jahre) ausmachen.

Im Laufe der sechziger Jahre und insbesondere nach 1968 erlebte diese
marxistische Geschichtswissenschaft eine scharfe Spaltung in einen östlichen
Flügel und einen sogenannten westlichen oder Neomarxismus sowie verschiedene Abstufungen der Distanznahme zum Etikett des Marxismus auch
dort, wo wesentliche Denkfiguren der marxistischen Tradition weiter benutzt
wurden. Diese Abgrenzungen haben in der Krise der osteuropäischen Human-
wissenschaften seit den späten siebziger Jahren zugenommen und paradoxerweise (verstärkt noch nach 1989) den Gebrauch des Etiketts „marxistische
Geschichtswissenschaft" befördert. Dieses Etikett beschreibt eine enorme
Vielfalt von Positionen, die aus verschiedenen Gründen zu einer Einheit ge-
dacht werden, und zwar erstens aus der Position marginalisierter Historiker,
um gemeinsam gegen die eigene Ausgrenzung in solidarischer Absicht auf
ein attraktives Label verweisen zu können. Oft geht dieses Motiv eine Verbindung mit dem Bekenntnis zu Parteinahme für politische und soziale Bewegungen mit emanzipatorischem Anspruch einher, der einer Geschichtsschreibung entgegengehalten wird, die für sich eine Allianz mit politischen Interessen ablehnt oder anders charakterisiert. Zweitens begegnet das Bekenntnis
zum Marxismus in Auseinandersetzung mit anderen, sich ebenfalls auf Marx
berufenden Positionen zur Herausstellung eines privilegierten Anspruchs auf
das attraktive Erbe, und drittens schließlich taucht das Etikett häufig in ab-
grenzender Absicht bei Historikern und Historikerinnen auf, die sich selbst
nicht als Marxisten verstehen und einer näheren Bestimmung des Fremden
ausweichen.

„Marxistische Geschichtswissenschaft" ist also zunächst eine diskursiv
hergestellte Einheit, der teil- und zeitweise auch die soziale Praxis einer For-
schungs- und Kommunikationsgemeinschaft entsprach, die sich von anderen
Richtungen der Historiographie abhob. Allerdings scheinen die intellektuellen wie institutionellen Beziehungen zur sogenannten nichtmarxistischen Geschichtswissenschaft zumeist stärker als die Abschließungstendenzen.[14] Versucht man eine grobe Skizze der Phasen dieses vielfältigen Zusammenhanges,
dann bietet sich der Bezug auf das Konzept der *master narrative* an.

---

[14] Das Gegenbeispiel größerer Teile der DDR-Historiographie bildete in dieser Hinsicht
zwischen 1960 und 1980/85 eher die Ausnahme.

Die erste Phase, noch weitgehend von Marx' Interventionen selbst bestimmt, wurde geprägt von einer globalgeschichtlichen Meistererzählung. Dagegen setzte sich nach 1880 zunehmend eine nationalgeschichtliche Variante durch, für die Franz Mehring in Deutschland, aber auch Jean Jaurès in Frankreich und Antonio Labriola in Italien prägend waren. Die Vertiefung der historischen Studien diente der Begründung nationaler Strategien des Umgangs mit der sozialen Frage.

Beide Tendenzen befanden sich seitdem in einer immer wieder aktualisierten Spannung, die nach 1920 durch die Frage nach dem Verhältnis von ost- und westeuropäischer Entwicklung und nach dem Zweiten Weltkrieg durch das anwachsende Interesse für die außereuropäische Welt noch einmal modifiziert wurde. Die marxistische Geschichtswissenschaft zeigt bereits hier einen Doppelcharakter, der ihre Entwicklung durch das gesamte 20. Jahrhundert bestimmen sollte. Sie war verbunden mit einer globalgeschichtlichen *master narrative* der allgemeinen Kapitalismusanalyse und -kritik einerseits und fixiert auf die nationalgeschichtlichen Legitimierungsbedürfnisse verschiedener Gesellschaften andererseits. Beide Tendenzen treffen sich für bestimmte Perioden in einer Geschichte der Revolutionen und Klassenkämpfe als dem normativen Rückgrat, aber mehr und mehr wachsen die Spannungen an, so daß es nicht nur aus politischen, sondern auch aus theorieinternen Gründen zum Zusammenbruch der so häufig betonten Einheit der marxistischen Geschichtswissenschaft kam.

Das von Sebastian Conrad mit der westdeutschen Entwicklung kontrastierte japanische Beispiel[15] nach dem Zweiten Weltkrieg zeigt vielleicht am eindrucksvollsten, worin die Attraktivität des Marxismus lag: Er stellte Kategorien bereit, um nationalgeschichtliche Phänomene mit weltgeschichtlichen Trends zu synchronisieren. Die Meiji-Ishin von 1868 wurde von den einen, die der KP nahestanden, im Rahmen der Debatte um den „japanischen Kapitalismus" als Restauration oder Ausprägung eines absolutistischen Staates interpretiert (die sogenannte *kôzaha*-Fraktion), während eine Minderheit (die sogenannte *rônôha*-Fraktion) sie als unvollendete bürgerlich-demokratische Revolution betrachtete. Die Kontroverse verband sich mit der Erfahrung der Demokratisierung Japans unter amerikanischer Besatzung, so daß die Debatte zweier marxistischer Fraktionen das Geschichtsbewußtsein der Japaner nach dem Zweiten Weltkrieg für fast zwei Jahrzehnte bestimmte. Inoue Kiyoshi erklärte den Streit 1960 in Stockholm für beendet, die Erklärung eines eigenständigen japanischen Weges zur bürgerlichen Gesellschaft verwies er ins

---

[15] Vgl. zum Folgenden *Sebastian Conrad*, Auf der Suche nach der verlorenen Nation. Geschichtsschreibung in Westdeutschland und Japan 1945–1960. Göttingen 1999, bes. 96–113.

Reich der Fabeln. Allerdings blieben die wirtschaftsgeschichtlichen Ergebnisse der *rônôha*-Historiker im *Uno Kôzô* insofern einflußreich, als sie die indigenen Kapitalismuswurzeln, für die sie bei den Samurai eine Art Ersatzbürgertum orteten[16], beschrieben haben und in der Folgezeit zwei andere Richtungen inspirierten: die Idee der zwei Modernen und die Vorstellung eines japanischen Sonderwegs, die aus sehr verschiedenen politischen Lagern (eines postkolonialen und eines rechtskonservativen) gegen die marxistische Mehrheitsmeinung der Nachkriegshistoriographie die äußeren Einflüsse auf den Verlauf der japanischen Geschichte deutlich geringer bewerten. Wir erkennen hier bereits einige Charakterzüge marxistischer Historiographie zur Frühen Neuzeit nach 1945. Neben der starken Aufmerksamkeit für wirtschafts- und sozialgeschichtliche Fragestellungen ist sie gekennzeichnet durch das Umgehen des Historismusproblems der Einzigartigkeit jeder Situation durch Übertragung von Kategorien aus der westeuropäischen Geschichte. Die Befassung mit der Frühen Neuzeit wurde als integraler Bestandteil der Formierung einer schlüssigen *master narrative* mit zugleich nationalgeschichtlichem und weltgeschichtlichem Anspruch formuliert, wobei die Nationalgeschichte hier eindeutig im Vordergrund stand.

Parallel dazu läßt sich aber mit der sozialgeschichtlich ausgerichteten Dobb-Sweezy-Debatte eine eher universalistisch angelegte innermarxistische Dynamisierung erkennen, in der die Etappen der Herausbildung des modernen Kapitalismus über die gesamte Frühe Neuzeit verfolgt wurden. Ich kann hier nur auf deren beinahe ökumenische Ausbreitung hinweisen: von Malowist zu Kula zeichnete sich nicht nur ein polnischer Strang ab, sondern auch dessen Verknüpfung über die frühe, von Heinrich Sproemberg und Walter Markov inspirierte Hanse-Forschung in der DDR mit der niederländischen Diskussion um die Thesen von Slicher van Bath, die wiederum der Ausgangspunkt für Immanuel Wallersteins *world system*-Analyse waren. Einen anderen Strang bildete die von Régine Robin und Ernest Labrousse vorangetriebene französische Debatte um die *société de transition*. Auch die von André Gunder Frank angeregte Debatte um einen spezifisch lateinamerikanischen Typ der Verbürgerlichung gehört in diesen Kontext: Es ging in diesen verschiedenen Diskussionen, die jeweils zwar einen marxistischen Kern hatten, aber weit über das Lager der marxistischen Historiker hinausgriffen, einmal um das Verhältnis von Refeudalisierung der bürgerlich-kapitalistischen Ansätze zur Verbürgerlichung des Adels[17] und zum anderen um die verschiedenen Wege zur bürgerlichen Gesellschaft, die sich in den Lösungen der Agrarfrage

---

[16] Man kann diese Richtung vielleicht eher als leninistisch bezeichnen, da sie die für Rußland entwickelte Vorstellung der Hegemoniesubstitution unter den Bedingungen fehlender „Klassenreife" aufnahm, die dem Marxschen Schema eine wesentliche Nuance hinzufügte.
[17] Und damit gegen die später von Emmanuel LeRoy Ladurie stilisierte *matrice du capitalisme moderne* in den Agrarverhältnissen des Ancien Régime.

und des reformerischen oder revolutionären Übergangs der Staatsgewalt auf neue soziale Trägerschichten niederschlugen.[18] Wallerstein, der sich zugleich auf Marx und Braudel berief, plädierte für einen theoretischen Ausgangspunkt in der Betrachtung eines vom Zentrum in Nordwesteuropa ausgehend hierarchisch aufgebauten Weltsystems, während viele andere marxistische Historiker vorwiegend nationalgeschichtlich argumentierten, auch wenn sie sich zur Existenz allgemeingültiger Gesetzmäßigkeiten bekannten. Am ausgeprägtesten war die Spannung zwischen welt- und nationalgeschichtlichem Herangehen in der sowjetischen und chinesischen Historiographie, in denen es auch zu einer strikten organisatorischen Trennung zwischen den beiden Flügeln kam.

Vor diesem Hintergrund muß zunächst auch die Entstehung des Konzeptes der frühbürgerlichen Revolution gesehen werden, das von ostdeutschen Historikern Anfang der sechziger Jahre im Anschluß an Friedrich Engels formuliert wurde. Die Bemühungen galten einer marxistischen *counter-narrative* zur tradierten deutschen Geschichtssicht durch die Verknüpfung von Reformation, Frühkapitalismus und Bauernkrieg zu einem Erklärungskomplex. Ein auf Engels zurückgehendes universalisierendes Narrativ ordnete diese frühbürgerliche Revolution in die Abfolge von „weltgeschichtlichen Entscheidungsschlachten": in Deutschland 1525; in den Niederlanden Ende des 16. Jahrhunderts; in England 1640–1648; in Nordamerika 1776 und schließlich in Frankreich 1789. Nach dieser Kette von Durchbrüchen folgten im 19. Jahrhundert Revolutionen, die den neuen Weltzustand eher ausgestalteten. Hieraus entwickelte sich in der DDR mit der vergleichenden Revolutionsgeschichte ein Ansatz, der vorrangig universalgeschichtlich angelegt war, aber lange Zeit organisatorisch[19] und über eine differenzierende Typologie von Revolutionen den Konnex zu den nationalgeschichtlichen Erklärungsbemühungen hielt. Die deutsche Nationalgeschichte, die bekanntlich wenig an erfolgreichen Revolutionsversuchen aufzuweisen hat, mußte so als Geschichte der Reaktionen auf die revolutionären Zäsuren im jeweiligen Zentrum der Weltgeschichte geschrieben werden: Deutsche Jakobiner und Volksbewegungen zur Zeit der einzelnen Revolutionen als Form der nationalgeschichtlichen

---

[18] Ein ebenso komparatistisch wie typisierend angelegtes Resümee dieser sehr weit gespannten Diskussion um die sogenannte Wegeproblematik hat beispielsweise Manfred Kossok 1986 versucht. Vgl. den Wiederabdruck in: *Manfred Kossok*, Ausgewählte Schriften. Bd. 3. Leipzig 2000, 67–94.

[19] Hierfür war vor allem das Leipziger Interdisziplinäre Zentrum für vergleichende Revolutionsgeschichte wichtig, das in einem monatlichen Kolloquium auch viele Historiker aus anderen Städten anzog und die Verbindung zwischen der in Leipzig besonders stark vertretenen „Allgemeinen Geschichte", d. h. west-, südwest- und außereuropäischen Geschichte mit den Untersuchungen zur deutschen Agrargeschichte (Rostock und Berlin), zur Geschichte des 19. Jahrhunderts in Deutschland (Berlin) und zur Asien- (Berlin) und Lateinamerika-Forschung (Rostock) herstellte.

Partizipation an einem weltgeschichtlichen Vorgang gerieten auf diese Weise zu überdimensionierten Zerrbildern, die dem forschungsgeschichtlich ernstzunehmenden Vorgang der Wiederentdeckung lange Zeit vernachlässigter Gegengeschichten manches von seiner Wirkung nahmen. Das Bemühen, diesen Konnex zwischen universal- und nationalgeschichtlichen Untersuchungsrichtungen zu erhalten, schliff auch die Zäsur der Französischen Revolution ab, während in anderen historiographischen Traditionen die Epochenteilung zwischen dem 16. bis 18. Jahrhundert einerseits und dem 19. und frühen 20. Jahrhundert andererseits wesentlich strikter gehandhabt wurde.[20]

Gegenüber dieser häufig artifiziell anmutenden Partizipation an der anderswo stattfindenden Weltgeschichte der Revolutionen über eine Minderheit setzte sich in der ostdeutschen Debatte um Erbe und Tradition Ende der siebziger Jahre jener Flügel unter den marxistischen Historikern durch, der sich dem Spannungsverhältnis von Revolutionsabstinenz und effizienter gesellschaftlicher Transformation stellen wollte. Diese Verschiebung korrespondierte einer Veränderung in der Gesellschafts- und Geschichtspolitik der DDR-Führung, die die eigene Revolution für beendet erklärte und nach Identifikationsangeboten in der gesamten deutschen Geschichte fahndete. Frühneuzeitforschung weitete nun den Blick, erfaßte auch Hof und Adel, Herrscher und Bürgertum, kam auf Region und landesgeschichtliche Tradition zurück und versuchte, sich im Projekt nationalgeschichtlicher Legitimation des Status quo nicht vollends zu verstricken. Ähnlichkeiten zur Entwicklung der nichtmarxistischen Historiographie waren mehr und mehr beabsichtigt, aber gerade deshalb mit heftigem Abgrenzungsgetöse getarnt. Demgegenüber trat der weltgeschichtliche Ansatz mehr und mehr an den Rand. Für die Geschichtskultur des untergehenden Realsozialismus spielte er nur eine sehr begrenzte Rolle. Je näher die Revolution von 1989 rückte, desto marginaler wurde das Interesse an der Revolutionsgeschichte. Unter den geänderten Bedingungen am Beginn des 21. Jahrhunderts könnte aber gerade die Idee, als organisierendes Prinzip der Frühen Neuzeit von zwei globalgeschichtlichen Revolutionszyklen auszugehen, durchaus wieder Interesse finden.[21] Der Vorschlag, die frühbürgerliche Revolution – weit über den deutschen Fall hinaus-

---

[20] So blieben Frühe Neuzeit und Neuere Geschichte (d. h. *temps modernes* und *temps contemporains* bzw. *novaja istorija* und *novešaja istorija*) in der sowjetischen Historiographie ebenso deutlich getrennt, wie das bei französischen Marxisten der Fall war. Dementsprechend war die Nähe zwischen den an solchen Epochengrenzen entlang argumentierenden Marxisten und Nichtmarxisten teilweise größer als zwischen marxistischen Historikern, die einerseits das 19. und 20. Jahrhundert einbezogen und damit an der Aktualität der Frühen Neuzeit ein besonderes Interesse zeigten, und die andererseits die Abgeschlossenheit einer frühneuzeitlichen Periode postulierten oder einfach als Selbstverständlichkeit annahmen.
[21] Vgl. *Manfred Kossok*, In tyrannos. Revolutionen der Weltgeschichte: Von den Hussiten bis zur Commune. Leipzig 1989.

gehend – als Teil einer europäischen Bewegung zu konzipieren, brachte eine nur auf Teile des sozialistischen Lagers begrenzte Debatte über den Zusammenhang von reformatorischen Impulsen und Bauern- bzw. Volksbewegungen in Gang: Das England des Jahres 1381, die Häresie John Wyclifs und der Bauernaufstand unter Tylor standen dabei neben Böhmen mit Jan Hus und den Hussiten 1419–1434, neben Florenz unter Savonarola 1512 und dem Kern der deutschen Aufstandsbewegung in Mittel- und Südwestdeutschland sowie Tirol 1517–1525, aber auch Spanien mit den Erhebungen der Communidades 1519 in Toledo und der Germanías in Mallorca und Valencia 1520, wenngleich auf der Pyrenäenhalbinsel die reformatorische Komponente ausfiel. In den gleichen Kontext wurden die Schweiz unter Zwingli bis 1531, der Kalvinismus in Genf und Frankreich bis 1598 und die niederländische Unabhängigkeitsbewegung 1566–1581 gestellt. Durch diese Konstellation wurde deutlich, daß der ursprüngliche Marxsche Gedanke einer „Wanderung" des Weltgeistes von einem Land zum anderen über die Stationen 1525, 1640 und 1789 zur unmittelbaren Zeitgeschichte von 1848 nicht mehr zu halten war. Im Vergleich mit späteren synchronen Revolutionszyklen erwies sich die über zwei Jahrhunderte gespannte Kette von Erschütterungen aber noch nicht als Verdichtung wechselseitiger Beeinflussungen und überschritt den Westen und die Mitte der Alten Welt noch nicht. Eine globale Vernetzung der Krisenherde sahen die europäischen marxistischen Historiker zu diesem Zeitpunkt nicht, während in den USA eine Auseinandersetzung über die Weltsysteme vor dem modernen ausbrach[22], die versuchte, den Wallersteinschen Ansatz weiterzudenken. Beide Diskussionen blieben zunächst unverbunden.

Erst die säkularisierten Konflikte des 18. Jahrhunderts führten zu jenem neuen Typ von Revolutionen, die im Bewußtsein der eigenen gesellschaftsverändernden Rolle unternommen wurden. Zunächst von den USA 1776 ausgehend, dann Frankreich und Lüttich, die Schweiz erreichend, sprang der Funke schon 1790 wieder zurück nach Haiti. Es folgten weite Teile der Anrainerstaaten Frankreichs, und unter den Bedingungen des spanischen Machtvakuums von 1808 gelang ein zweites Mal der Transfer des Revolutionsbazillus auf den südamerikanischen Kontinent, der bis 1830 eine fundamentale Umgestaltung seiner politischen Landkarte erfuhr. Im Vergleich mit dem ersten, frühbürgerlichen Revolutionszyklus konnten marxistische Historiker hier eine Steigerung des globalen (zunächst also transatlantischen) Charak-

---

[22] Die These von der Ablösung eines chinesisch-islamisch bzw. arabisch geprägten Weltsystems durch das nordwesteuropäisch dominierte in zeitlicher Parallelität zu einem frühbürgerlichen Revolutionszyklus konnte aufgrund der eingetretenen Kommunikationsblockaden zwischen den verschiedenen marxistischen Historiographien Ende der achtziger Jahre nicht mit den in der DDR und anderen realsozialistischen Ländern entwickelten Überlegungen zusammengeführt werden. Auch nach 1990 blieben die Rezeptionskanäle bemerkenswert eng.

ters der Systemtransformation ausmachen, der schon auf die nächste Krise verwies, die zwischen 1840 und 1880 weite Teile der Welt von China über Europa zum Osmanischen Reich, von den USA über Nordafrika bis Japan erfaßte.[23]

Die marxistische Frühneuzeit-Deutung der späten achtziger Jahre läßt sich in ihrer Vielgestaltigkeit nicht mehr auf einen gemeinsamen Nenner bringen. Während sie in zahlreichen Ländern zu einem normalen Bestandteil der historischen Profession geworden war, brach sie in den ostmitteleuropäischen Ländern mit einem solchen Eklat zusammen, daß sich in der Nähe des Epizentrums mancher Beobachter fragte, was wohl überhaupt von den marxistischen Perspektiven bleiben würde.[24] Erinnert wurde dabei an viele Facetten, die in der hier unternommenen Besichtigung einer Bibliothek nicht unbeträchtlichen Ausmaßes ebenfalls Erwähnung verdienten: Man denke nur an den Streit zwischen Strukturalisten und akteurszentrierten Ansätzen, die Entdeckung der *moral economy* und damit der Alternativität des Umgangs mit kapitalistischer Verwertungslogik als Eigentümlichkeit der Frühen Neuzeit oder die Öffnungen zu Frauen- und Geschlechtergeschichte. Die Standpunkte zur Expansion in außereuropäische Gefilde seit dem späten 15. Jahrhundert hätte ebenso eine Referierung verdient wie die Beiträge eines Werner Krauss zur internationalen Aufklärungsforschung. Und diese Liste ließe sich jeweils in einer Weise fortsetzen, daß sie für eine eindrucksvolle Leistungsbilanz oder aber für eine vernichtende Kritik des Mißbrauchs historischer Erkenntnis für unreflektierte Herrschaftslegitimation herangezogen werden kann. Das strukturierende Element in dieser hier nur anzudeutenden Vielfalt scheint mir aber die Spannung zwischen nationalisierenden Ansätzen und einem universal- oder weltgeschichtlichen Vorgehen zu bieten. In Phasen der internationalen Historiographieentwicklung, die durch eine Dominanz nationalgeschichtlicher Zugänge gekennzeichnet waren, nahm auch der entsprechende Zweig der marxistischen Geschichtswissenschaft an dieser Konjunktur teil. Entsprechend war die Krise des nationalgeschichtlichen Paradigmas in den achtziger Jahren, die sich in den neunziger Jahren fortsetzte, auch ein Element der Krise (neben anderen), in die der Marxismus geriet.

---

[23] Die These, daß gerade diese Phase den entscheidenden Übergang zu einer neuartigen Geschichte unter globalen Vorzeichen brachte, haben zuerst Charles Bright und Michael Geyer vorgetragen. Eine Verbindung zu den qualitativen Unterschieden zwischen den Revolutionszyklen haben sie allerdings bisher nicht hergestellt. Demgegenüber ebnet Immanuel Wallerstein in seinem jüngsten Essay, der wohl das Programm des noch ausstehenden vierten Bandes seiner Beschreibung des modernen Weltsystems zusammenfaßt, die Geschichte der Revolutionen weitgehend ein: *Immanuel Wallerstein*, Utopistik. Historische Alternativen des 21. Jahrhunderts. Wien 2002.
[24] So der Sammelband von *Alf Lüdtke* (Hrsg.), Was bleibt von marxistischen Perspektiven in der Geschichtsforschung? (Göttinger Gespräche zur Geschichtswissenschaft, Bd. 3.) Göttingen 1997.

Die Geschichte der Beschäftigung marxistischer Historiker mit der Frühen Neuzeit kann an der Agenda gemessen werden, die sich im Marxschen Werk findet. Unter diesem Gesichtspunkt ist eine erstaunliche Kohärenz durch die von Marx bereits vorformulierte Problematik festzustellen. „Marxistische Geschichtswissenschaft" hat immer wieder versucht, ihre inneren Spannungen durch gemeinsame Referenz auf ihren erklärten Vorläufer abzubauen. Zugleich läßt sich aber der Bezug auf jeweils nationalhistorische Meistererzählungen nachzeichnen, auf deren Schwerpunktsetzungen eine an politischer und kultureller Einflußnahme interessierte Geschichtsschreibung fixiert sein mußte. Hieraus ergaben sich teilweise andere Betonungen und vor allem eine stetig wachsende Kluft zwischen verschiedenen als marxistisch bezeichneten Positionen, die polemisch oder durch Nichtbeachtung aufeinander bezogen bleiben konnten. Angesichts dieses Widerspruchs war der Zerfall der Diskursgemeinschaft marxistische Geschichtswissenschaft in einem Moment, da institutionelle und methodologische Krise mit einem gravierenden Legitimationsverlust zeitlich eng zusammenfielen, wohl unvermeidlich.

Ob dieser Zerfall das Ende oder nur eine vorübergehende Krise der marxistischen Historiographie bedeutet, ist noch nicht auszumachen. Wieweit sich der Marxismus mit dem neuen *méta-récit* der Pluralisierung, der an die Stelle des Objektivismus eine konstruktivistische Methodik und an die Stelle des eindeutigen Engagements den postmodernen Gestus setzt, arrangieren kann, bleibt vorläufig offen. Ein Flügel der marxistischen Historiographie teilt dieses Schicksal mit anderen strikt nationalgeschichtlichen Narrativen, auch wenn deren Vertreter nicht durch ein Zäsurereignis wie 1989 auf die finale Krise ihrer Auffassungen hingewiesen und politisch restlos delegitimiert worden sind. Wenn die marxistisch-leninistische Verkapselung entfällt, kann andererseits unter den grundsätzlich neuen Kontextbedingungen, die seit 1989 zunehmend bewußt werden, manche Anregung aus der Marxschen und direkt an Marx anschließenden globalgeschichtlichen Historiographie wieder ihr Potential entfalten.

Moderne, Frühe Neuzeit, Neuzeit

Zur Problematik einer Epochenbegrifflichkeit in der jüdischen Geschichte und Historiographie[*]

Von

Margarete Schlüter

„Geschichte ist das Muster, das man hinterher in das Chaos webt" – dieser Satz von Carlo Levi, den ich in letzter Zeit überraschend häufig zitiert fand, drängt sich, befaßt man sich mit Periodisierung und Epocheneinteilung – keineswegs nur, aber sicherlich insbesondere – der jüdischen Geschichte, noch um so mehr auf. Dabei beginnt die Crux schon mit der Frage, was denn jüdische Geschichte sei, eine Frage, die seit den Anfängen moderner jüdischer Geschichtsschreibung im 19. Jahrhundert immer wieder reflektiert wurde (und wird), nicht selten die noch grundsätzlichere Frage, was denn „jüdisch", was „Judentum" sei, herausfordernd.

Leichter als die Definition jüdischer Geschichte scheint die Umschreibung dessen zu sein, was sie *nicht* ist: Sie ist nicht die Geschichte eines Staates oder Staatensystems. Kann man überhaupt von jüdischer Geschichte sprechen, so vollzieht sie sich *in* einer Vielzahl von Ländern und Staaten, in denen Juden leben. Kann es dann aber – wie dies immer wieder versucht wurde – eine Gesamt- oder gar Weltgeschichte der Juden bzw. des jüdischen Volkes (als wie auch immer zu definierender kohärenter Größe) mit einer durchgängigen Periodisierung geben? Wie verhält sich etwa ein orientalischer/islamischer Kontext zu einem europäischen/christlichen? Aber sogar wenn wir uns – dem seinerzeitigen Tagungsthema „EuropaGestalten" entsprechend – auf Europa

---

[*] Die mündliche Fassung dieses Beitrags entstand seinerzeit als Lückenbüßer für den kurzfristig abgesagten Vortrag eines amerikanischen Kollegen. Erst nachträglich kam mir der schon vor einem Vierteljahrhundert entstandene Aufsatz von *Michael A. Meyer*, Where Does the Modern Period of Jewish History Begin?, in: Judaism 24, 1975, 329–338 (wieder abgedruckt in: ders., Judaism within Modernity. Essays on Jewish History and Religion. Detroit 2001, 21–31), zu Händen, mit dem sich meine Gedanken und Zitate naturgemäß des öfteren berühren und überschneiden, wenn auch der Fokus sich zur Frage nach einer „Frühen Neuzeit" etwas verschoben hat. Obschon ich mich natürlich bemüht habe, neuere Literatur möglichst noch zu berücksichtigen, war es mir in der knappen zur Verfügung stehenden Zeit leider nicht möglich, mich grundlegend neu mit der Materie zu befassen. Bleibt zu hoffen, daß die vorliegenden Ausführungen im multidisziplinären Konzert der Stimmen dennoch einen kleinen Part zu spielen und die Sinne für die differenzierende Wahrnehmung „eigener und fremder Früher Neuzeiten" wie auch für die Einsicht, daß eine Grenzziehung zwischen „eigen" und „fremd" oft weder möglich noch wünschenswert ist, zu schärfen vermögen.

beschränken: Sind die Epochen jüdischer Geschichte z.B. in Italien mit denen in England, Frankreich, Polen, Rußland oder Deutschland wirklich vergleichbar? Welches sind die Kriterien einer solchen Periodisierung? Sind „innerjüdische" Kriterien maßgebend? Oder inwieweit wird die Periodisierung der jeweiligen Mehrheitsgesellschaft bestimmend für die jüdische Minderheit?[1] Jeder, der sich je mit jüdischer Geschichte befaßt (oder sich gar selbst an Geschichtsschreibung versucht) hat, weiß um diese Schwierigkeiten und um die schiere Unmöglichkeit, einheitliche Kriterien zu finden. Und dies gilt durchaus bereits für die „Antike", in der jüdische Geschichte noch scheinbar weniger „disparat" war als in späterer Zeit. Selbst hier werden bis heute höchst unterschiedliche Kriterien zur Epocheneinteilung angewandt. So wird etwa die Zeit nach dem sogenannten Babylonischen Exil gern als Epoche des Zweiten Tempels wie auch differenziert als Persische, Griechische und Römische Zeit bezeichnet, wobei zum einen eine „jüdische Institution" als der Epoche ihren Stempel aufdrückend angesehen wird, zum anderen die außerjüdischen „welthistorischen" Machtverhältnisse. Daß sich hierbei auch die Epochengrenzen jeweils verschieben, liegt auf der Hand: Während die Zweite Tempel-Epoche definitionsgemäß mit dem Untergang des Tempels im Jahre 70 n. Chr.[2] endet, geht die römische (seit der konstantinischen Wende: christlich-römische) Zeit „Palästinas" erst mit der arabischen Eroberung zu Ende. Die für die Zeit nach der Tempelzerstörung oft verwendete Bezeichnung „Zeitalter der Mishna und des Talmud" oder einfach „talmudische Zeit", die auch das babylonische Judentum umfaßt (jedoch nicht z.B. das alexandrinische), folgt dagegen wiederum deutlich anderen Kriterien.

Nach der Gründung des Staates Israel stellte sich die Frage jüdischer Historiographie und Epocheneinteilung noch einmal neu, zumindest aus nunmehr israelischer Sicht. Und so nimmt es kaum Wunder, daß sich rund zwanzig

---

[1] Shulamit Volkov hat zu Recht darauf hingewiesen, daß der „Begriff ‚Minderheit', sogar die Existenz von Minderheiten [...] unlösbar mit der Entwicklung der modernen Welt verbunden (sind)." Erst seit dem späten 18. Jahrhundert sei es dazu gekommen, „daß einige Gruppen [...] als marginal, nicht dazugehörend, als ‚Außenseiter' bezeichnet wurden." Der Grund sei in dem Entstehen von Nationalstaaten zu sehen, „die auf dem Gedanken ethnischer Homogenität und Staatsbürgerschaft mit gleichen Rechten beruhen." In diesem neuen Kontext habe „die Rechtslage solcher Gruppen neu definiert und ihr Status entsprechend bestimmt werden" müssen. Vgl. *Shulamit Volkov*, Minderheiten und der Nationalstaat: Eine postmoderne Perspektive, in: Michael Grüttner/Rüdiger Hachtmann/Heinz Haupt (Hrsg.), Geschichte und Emanzipation. Festschrift für Reinhard Rürup. Frankfurt am Main 1999, 58–74, hier zitiert nach dem Wiederabdruck in: *Shulamit Volkov*, Das jüdische Projekt der Moderne. Zehn Essays. München 2001, 13–31, hier 13. Darüber hinaus wäre zu bedenken, daß diese Minderheit in sich keineswegs homogen war und daß es daher höchst fraglich ist, ob bzw. inwieweit Epochenkonzepte tragfähig und aussagekräftig sind oder sein können – gelten sie beispielsweise gleichermaßen für Stadt- und Landbevölkerung, für Männer und Frauen, von Kindern ganz zu schweigen?

[2] Daß auch diese zur Konvention gewordene Zeitangabe nur einem spezifischen – in diesem Falle christlichen – Zeitsystem folgt, versteht sich von selbst.

Jahre nach der Staatsgründung und dann im Abstand von ca. siebzehn Jahren (mindestens) zwei Symposien mit eben diesen Fragen beschäftigten: Auf dem 1967 im Rahmen des „Fourth World Congress of Jewish Studies" veranstalteten „Symposium on the Division of Jewish History into Periods" ging es einmal allgemein um die Periodisierung jüdischer Geschichte, die Problematisierung und Benennung von Kriterien und Herangehensweisen und zum anderen um „Parallel periods in Jewish Diaspora history and general history".[3] 1984 wurde im Rahmen eines Symposions anläßlich des sechzigjährigen Bestehens des Institute of Jewish Studies der Hebräischen Universität Jerusalem in verschiedenen Beiträgen „The Concept of Middle Ages in Jewish Studies" beleuchtet. Wie schon die Überschrift besagt, ging es nicht mehr allein um jüdische Geschichte, sondern auch um das Ausloten der Tragfähigkeit des Begriffs „Mittelalter" in anderen Bereichen bis hin zur Infragestellung der Brauchbarkeit des Terminus überhaupt: „Is There a ‚Jewish' Middle Ages?"[4] Obwohl der Terminus „Frühneuzeit" – wenn es denn zutrifft, 1957 von Wilhelm Kamlah geprägt[5] – und in seinem Gefolge anderssprachige Pendants wie etwa „Early Modern (History)" seit den späten fünfziger Jahren als Epochenbegriff zunehmend gebräuchlich wurden, fand in der israelischen Geschichtswissenschaft meines Wissens bis in die jüngste Zeit keine den oben erwähnten Symposien vergleichbare konzentrierte Reflexion hinsichtlich dieser neuen Begrifflichkeit statt. Implizit schwang sie allerdings in dem Ringen um eine mögliche Abgrenzung eines Mittelalters gegen eine wie auch immer zu definierende neue Zeit wohl immer schon mit. Darauf wird unten kurz einzugehen sein.

Werfen wir jedoch zunächst einen Blick zurück auf die Anfänge der neueren jüdischen Geschichtsschreibung im 19. Jahrhundert[6], die sich – in gewisser Hinsicht erstmals seit Flavius Josephus in der Antike – an mehrbändigen umfassenden Darstellungen „jüdischer Geschichte" versuchte und sich vermutlich auch erstmals mit Problemen der Periodisierung und Epocheneintei-

---

[3] So der englische Titel des hebräischen Beitrags von *Raphael Mahler*. Neben den „Opening remarks" von *B(enjamin) Mazar* enthält die Publikation zwei weitere Aufsätze: *B(en-Zion) Dinur*, The Problem of dividing Jewish history into periods in Jewish historiography; *I(tzhak) F(ritz) Baer*, The Problem of dividing Jewish history into periods from the Second Temple era until the end of the Middle Ages; alle erschienen in: Proceedings of the Fourth World Congress of Jewish Studies I. Jerusalem 1967, Hebrew Section 45–63 (English Abstracts 253–255).
[4] So der Beitrag von *Haim Z. Dimitrovsky*; alle Beiträge in: Moshe Bar Asher (Ed.), Studies in Judaica. Collected Papers of the Symposium in honour of the Sixtieth Anniversary of the Institute of Jewish Studies (December 1984). Jerusalem 1986, 207–279. (Hebr.).
[5] Vgl. *Wolfgang Reinhard*, The Idea of Early Modern History, in: Michael Bentley (Ed.), Companion to Historiography. London/New York 1997, 281–292, hier 283; *Wilhelm Kamlah*, „Zeitalter" überhaupt, „Neuzeit" und „Frühneuzeit", in: Saeculum 8, 1957, 313–332.
[6] Einen knappen Überblick bietet *Shulamit Volkov*, Die Juden in Deutschland 1780–1918. (Enzyklopädie deutscher Geschichte, Bd. 16.) München 1994, 72–77.

lung konfrontiert sah. Daß Pioniere einer Disziplin nach Vorbildern Ausschau halten und von diesen beeinflußt werden, scheint nicht unnatürlich; gleichwohl ist dies hinsichtlich der Einschätzung von Ansichten als Innen- und/oder Außenperspektiven etwa im Hinblick auf „Eigene und fremde Frühe Neuzeiten" zu berücksichtigen. Und zweifellos sind Epocheneinteilungen – mag man auch ihre pragmatische Orientierungsfunktion noch so sehr betonen – zumindest unterschwellig immer auch ideologisch mitgeprägt. Dies läßt sich z. B. gut an den „Vätern" und Antipoden jüdischer Geschichtsschreibung Isaak Markus Jost (1793–1860) und Heinrich Graetz (1817–1891) aufzeigen.

I.

Für *Isaak Markus Jost*, der in seinen Jugenderinnerungen die Stationen seines Bildungsweges aus einer ärmlichen traditionellen, in jeder Hinsicht unzulänglichen Talmudschule hin zu einem Studium an der Göttinger Universität beschrieb, bedeutete die Zeit von anderthalb Jahren, die er seit 1813 an der Georgia Augusta verlebte, „die einer gänzlichen Abwerfung alter Schlacken und der völligen Einbürgerung in deutscher Denkart und vaterländischem Streben".[7] Diese „völlige Einbürgerung" wurde bestimmend für sein Geschichtsbild, das nicht zuletzt in seinem Epochenverständnis, jedenfalls der „Neuzeit", zum Ausdruck kommt. Nach sechsjähriger Vorbereitungszeit veröffentlichte er von 1820–1828 neun, in achtundzwanzig Bücher unterteilte Bände seiner „Geschichte der Israeliten seit der Zeit der Maccabäer bis auf unsere Tage"[8]. Die Geschichte der Juden außerhalb Palästinas suchte er geographisch und zeitlich zu gliedern, wobei er offensichtlich bemüht war, den Bänden ein einigermaßen vergleichbares Zeitraster zugrunde zu legen, dabei die jeweiligen Darstellungen in den Büchern jedoch nicht allzu sehr in dieses Raster zu pressen, ihnen vielmehr durch mehr oder weniger spezifische Eckpunkte gerecht zu werden. So überschrieb er das zweiundzwanzigste Buch des siebten Bandes mit „Geschichte der Juden in den Christl. Weltreichen, von der Hirtenverfolgung an, bis zur Vertreibung der Juden aus Spanien und Portugal. (1320–1506)", das dreiundzwanzigste „Aeltere Geschichte der Juden in Großbritanien von ihrem Eintritt, bis zur Vertreibung derselben. (J. 1290)", das vierundzwanzigste „Geschichte der Juden in Mittel Europa, besonders im Deutschen

---

[7] *Isaak Markus Jost*, Vor einem halben Jahrhundert. Skizzen aus meiner frühesten Jugend, in: Wolf Pascheles (Hrsg.), Sippurim. Eine Sammlung jüdischer Volkssagen, Erzählungen, Mythen, Chroniken, Denkwürdigkeiten und Biographien berühmter Juden. 3 Bde. Hildesheim/New York 1976 (Nachdruck der Ausgabe Prag 1856–1870), Bd. 3, 141–166, hier 161.
[8] *Isaak Markus Jost*, Geschichte der Israeliten seit der Zeit der Maccabäer bis auf unsere Tage, nach den Quellen bearbeitet. 9 Bde. Berlin 1820–1828.

Reiche bis Carl V. (J. 919 bis 1519)". Diese Linie zieht er – nach zwei Büchern des achten Bandes zur „Geschichte der Juden im Reiche des Islams [...] bis auf die neueste Zeit" und „Nachrichten über die Nicht-Rabbiniten und andere abweichende sich zum Judenthum bekennende Gemeinden [...]" – im siebenundzwanzigsten Buch weiter aus: „Geschichte der Juden in der Christenheit von der Regierung Kaiser Carls V. an, bis zur Regierung Friedrichs des Großen. (1519–1740)". Schließlich betitelt er das achtundzwanzigste Buch des vorläufig letzten, nur ein Buch enthaltenden neunten Bandes mit „Neuere Geschichte der Juden in dem Christlichen Europa, von dem Regierungsantritte Friedrich des Großen an, bis zum Schluß der Fremdherrschaft. (1740–1815)"[9].

Die Bezeichnung *Neuere Geschichte* müßte nicht notwendigerweise bedeuten, daß Jost hier mehr als eine bloße Zeitangabe zu indizieren beabsichtigte; sie könnte quasi zur Absetzung dieses Buches von der Schilderung der Geschichte der Juden in christlichen Ländern in früheren Büchern bzw. vornehmlich im unmittelbar vorangehenden Buch dienen (wie er zuvor ja auch von „älterer" Geschichte und „neuester" Zeit sprach). Aber Jost läßt uns nicht im Zweifel darüber, daß er in diesem Zeitabschnitt einen Aufbruch, ein neues Zeitalter sah. Erstmals[10] fügt er dem Titel einen Untertitel bei, der seiner Überzeugung nach für Juden entscheidenden Punkte nennt: „Zeitalter der Geistesbefreiung: Schwinden des Rabbinismus, Eintritt der bürgerlichen Freiheit, Verbreitung der Wissenschaft".

Bereits in der Einleitung zum siebenundzwanzigsten Buch hatte Jost auf die sich allmählich anbahnende Entwicklung hingewiesen, „bis der Begriff von einer völlig veränderten Stellung der Juden aus den Köpfen Einzelner, sich zu einem allgemeinern hinaufbildete, und fast eine neue Welt für die Juden schuf. Dies ist während der großen Regierung Friedrichs allmählig entsprossen, und in jener gewaltigen Bewegung der Franzosen, die in der Christenheit wie in den Staatsverfassungen, das Selbstbewußtsein zu erheben und frei zu machen bestimmt war, erst völlig zur Reife gediehen."[11]

Obwohl Jost also in der Französischen Revolution und den in ihrem Gefolge stattfindenden Entwicklungen klar den entscheidenden Faktor für die Durchsetzung der Auffassung einer „völlig veränderten Stellung der Juden" erkannte, wählte er den Endpunkt dieses Zeitalters „bis zum Schluß der Fremdherrschaft" aus dezidiert „deutscher" Sicht. Dies, obwohl nach den Befreiungskriegen (von Jost gar heiliger Krieg genannt)[12] für Juden vielerorts

---

[9] Der zehnte, 1846 erschienene Band „Neuere Geschichte der Israeliten von 1815–1845" behandelt das, was wir heute „Zeitgeschichte" nennen würden.
[10] Innerhalb des Textes, nicht jedoch im Inhaltsverzeichnis, ist auch dem vorangehenden Buch (vielleicht nachträglich) ein in Klammern gesetzter Untertitel beigegeben: „Zeitalter des herrschenden Rabbinismus", vgl. *Jost*, Geschichte (wie Anm. 8), Bd. 8, 173.
[11] Ebd. 174.
[12] Ebd. Bd. 9, 177.

das Rad der Geschichte zurückgedreht wurde und sich ihre Stellung wieder deutlich verschlechterte. Für Jost persönlich wie auch für sein Geschichtsbild stellte das in dem als Anbruch eines neuen Zeitalters beschriebenen Zeitabschnitt erlassene „Edikt betreffend die bürgerlichen Verhältnisse der Juden in dem Preußischen Staate" vom 11. März 1812[13], in dem die (in Preußen lebenden) Juden endlich zu „Einländern und Preußischen Staatsbürgern" erklärt wurden, trotz seines nur eingeschränkten Geltungsbereichs zweifellos den entscheidenden Wendepunkt dar. Sogar noch nach der weitgehenden Aushöhlung infolge des Wiener Kongresses und der förmlichen Aufhebung wichtiger Paragraphen dieses Edikts durch eine Kabinettsorder des preußischen Königs Friedrich Wilhelm III. vom 18. August 1822 war er offenbar keineswegs entmutigt. Im Gegenteil erhoffte er weiterhin eine epochemachende Änderung nicht nur für die preußischen, sondern für alle Juden Deutschlands: „Der 16. Artikel der Bundesakte, welcher den Juden Deutschlands eine gleichmäßige bürgerliche Stellung verspricht, bildet, obgleich noch nicht in Erfüllung gegangen, eine Epoche, dergleichen noch keine in der Jüdischen Geschichte war."[14] Den oft geforderten Preis religiöser Reformen unterstützte er nachdrücklich, und er zeigte sich überzeugt, daß – obwohl „für eine Menge Staaten (das Jahr 1815) eine Epoche bildet"[15] – dereinst das Jahr, „welches den Juden nebst bürgerlicher Freiheit auch den dieser angemessenen, von oben herab autorisierten Gottesdienst und Religionsunterricht verleihet, [...] dem künftigen Geschichtsschreiber der Juden zur Epoche dienen"[16] wird.

II.

Heinrich Graetz war ein scharfer Kritiker von Josts Geschichtsbild und Geschichtsdarstellung. Insbesondere bemängelte er, daß dessen „nüchterner Sinn" angeblich „in der Geschichte nur eine Anhäufung von Zufälligkeiten (sah), die keinem Gesetze unterliegen".[17] Bereits an anderer Stelle habe ich die Vermutung geäußert, daß die Auseinandersetzung mit Jost, dessen mangelndes Verständnis für das Kontinuum des wahrhaft Jüdischen Graetz wiederholt anprangerte, ihn möglicherweise zur Abfassung seiner eigenen elfbändigen „Geschichte der Juden" – „aber dieses Mal eine(r) *jüdische(n)* Ge-

---

[13] Abgedruckt in: *Ismar Freund*, Die Emanzipation der Juden in Preussen. Bd. 2: Urkunden. Berlin 1912, 455–459.
[14] *Jost*, Geschichte (wie Anm. 8), Bd. 9, 187.
[15] Ebd. X.
[16] Ebd. X, 192.
[17] *Heinrich Graetz*, Geschichte der Juden von den ältesten Zeiten bis auf die Gegenwart. Aus den Quellen neu bearbeitet. 13 Bde. Leipzig 1853–1876, Bd. 11 (2., verm. u. verb. Aufl. Leipzig 1900), 427.

schichte!"[18] anspornte wie zuvor schon zu einer „Construktion der jüdischen Geschichte", in der er sich unter anderem über das Wesen des Judentums sowie Sinn und Ziel der jüdischen Geschichte, und wie die „Idee" des Judentums in den Geschichtsepochen reflektiert wird, klar zu werden suchte.[19]

In seiner „Construktion der jüdischen Geschichte" griff Graetz – wie vor ihm schon Nachman Krochmal (1785–1840) – in seinem Bemühen, die jüdische Geschichte zu strukturieren und zu periodisieren, auf die seit Giovanni Battista Vico (1668–1744) beliebte und immer wieder variierte und weiter entwickelte Vorstellung zurück, Geschichte vollziehe sich in Zyklen oder Perioden von je drei Phasen, Aufstieg, Blütezeit, Verfall. Die dritte, noch andauernde Phase der dritten Periode beginnt für Graetz mit Moses Mendelssohn (1729–1786), den er als „Kontrapunkt der jüdischen Geschichte"[20] bezeichnet. Mit ihm beginnt „eine neue Richtung der judentümlichen Theorie", eine Richtung, die „nicht mehr an ein außerhalb des Judentums gerechtfertigtes Prinzip anknüpfen, sondern in sich selbst den Schwerpunkt haben" will.[21] Mendelssohn verdeutlicht dies für Graetz insbesondere durch die Betonung der Ausrichtung des Judentums als offenbarte Gesetzgebung nicht allein auf das „individuelle Wohl", sondern ausdrücklich auch auf das „Nationalwohl des ganzen jüdischen Volkes".[22] Mit diesem seinem „nationalen Ausgangspunkt"[23], der Definition der göttlichen Gesetzgebung als Richtschnur nationalen jüdischen Handelns, hat Mendelssohn für Graetz wieder klar die Richtung aufgezeigt für das, was letztlich „Aufgabe der judentümlichen Gottesidee zu sein scheint, eine religiöse Staatsverfassung zu organisieren, die sich ihrer Tätigkeit, ihres Zweckes und ihres Zusammenhanges mit dem Weltganzen bewußt ist."[24]

Nach dem Drei-Phasen-Modell von Aufstieg, Blüte, Verfall oder Untergang stünde Mendelssohn in Graetzens „Construktion" also am Beginn der Verfalls-Phase, oder – im Kontext der von Graetz beschriebenen drei Perioden jüdischer Geschichte vielleicht richtiger und das Schema modifizierend – der

---

[18] Vgl. die oft zitierte Anekdote eines spitzen Wortwechsels zwischen Leopold Zunz und Graetz: *Ph(ilipp) Bloch*, Biographie des Dr. H. Graetz, in: Graetz, Geschichte (wie Anm. 17), Bd. 1, 50f.
[19] Vgl. *Margarete Schlüter*, Heinrich Graetzens „Konstruktion der Jüdischen Geschichte" – Ein Gegenentwurf zum „Begriff einer Wissenschaft des Judenthums"?, in: Frankfurter Judaistische Beiträge 24, 1997, 107–127, hier 111.
[20] *Heinrich Graetz*, Die Construction der jüdischen Geschichte. Eine Skizze, in: Zeitschrift für die religiösen Interessen des Judenthums 3, 1846, 81–97, 121–132, 361–381, 413–421, im folgenden zitiert nach dem Wiederabdruck Berlin 1936, 91.
[21] Ebd. 91.
[22] Ebd. 91.
[23] Ebd. 92.
[24] Ebd. 96. Vgl. zum Ganzen *Margarete Schlüter*, Jüdische Geschichtskonzeptionen der Neuzeit – Die Entwürfe von Nachman Krochmal und Heinrich Graetz, in: Frankfurter Judaistische Beiträge 18, 1990, 175–205, hier bes. 200.

Endphase der „letzten diasporischen Periode"[25], die letztlich eine eschatologische Zielrichtung aufweist.

In der konkreten vielbändigen Ausarbeitung seines Geschichtsentwurfs erwies sich die in der „Construktion" vorgenommene Periodisierung jedoch offenbar nicht in allen Punkten als stichhaltig.[26] So unterteilte er beispielsweise (in etwas abweichender Terminologie) den mehrere Bände umfassenden dritten Zeitraum nunmehr in vier Perioden, wobei er der dritten Periode den Untertitel „Die Periode des allmählichen Verfalls"[27] gab, der vierten „Epoche des gesteigerten Elends und Verfalles"[28] und „letzte Stufe des inneren Verfalles"[29]. Natürlich paßt die Mendelssohnsche Epoche, mit der Graetz etwas so Neues anbrechen sah, nun nicht mehr in dieses Verfallsszenario. Daher war es nur konsequent, mit ihr einen vierten „Die Zeit des wachsenden Selbstbewußtseins" untertitelten Zeitraum beginnen zu lassen: „Geschichte der Juden von Beginn der Mendelssohnschen Zeit (1750) bis in die neueste Zeit (1848)". Der elfte und letzte Band seines Geschichtswerks umfaßt die erste Periode dieses Zeitraums: „Die Periode der Gärung und des Kampfes".

Den Epochenbeginn setzen Graetz (1750)[30] und Jost (1740) zwar beinahe zeitgleich an, und doch ist ihr Epochenverständnis deutlich verschieden, ja gegensätzlich. Nicht der Regierungsantritt des „aufgeklärten" preußischen Königs, sondern das schriftstellerische Auftreten des angehenden Philosophen und Erneuerers des Judentums markieren für Graetz die „Erhebung aus dem Staube"[31], denn die „Verjüngung oder Wiedergeburt des jüdischen Stammes" kann man „mit Fug und Recht als von Mendelssohn ausgegangen ansehen."[32]

III.

Wie Jost offenbar die Triebfeder für Graetzens Geschichtswerk war, war Graetz zunächst Vorbild, später aber Widerpart für den zwei Generationen jüngeren *Simon Dubnow* (1860–1941). Geboren in Josts Todesjahr in Belorußland, seit 1880 in St. Petersburg, Odessa und Wilna lebend, siedelte er

---

[25] *Graetz*, Konstruktion (wie Anm. 20), 96.
[26] Dazu auch *Schlüter*, Jüdische Geschichtskonzeptionen (wie Anm. 24), 200 f.
[27] *Graetz*, Geschichte (wie Anm. 17), Bd. 7.
[28] Ebd. Bd. 8.
[29] Ebd. Bd. 10.
[30] Graetz wählte das Datum offenbar wegen des Erscheinungsjahres der frühaufklärerischen hebräischen Zeitschrift „Qohelet Mussar", an der Mendelssohn mitwirkte: „Die Erstlinge seines Geistes nehmen sich wie das saftige Grün im Vorfrühling aus." Vgl. *Graetz*, Geschichte (wie Anm. 17), Bd. 11, 7 f.
[31] Ebd. IX und 1.
[32] Ebd. 3.

1922 nach Berlin über, aus dem er 1933 nach Riga floh, wo er 1941 von den Nazis ermordet wurde. Zeigt sich Dubnow in seiner 1893 zunächst in Russisch, 1898 in deutscher Übersetzung erschienenen Schrift „Die jüdische Geschichte. Ein geschichtsphilosophischer Versuch" noch stark von Graetzens „Construktion der jüdischen Geschichte" beeinflußt, löste er sich im folgenden zunehmend von dessen Geschichtsbild und wandte sich insbesondere von dessen „Germanozentrismus"[33] und seinem stark biographisch und religiös geprägten Ansatz ab. Seinem zehnbändigen[34], 1925–1929 zunächst auf deutsch (1934–1938 im russischen Original) mit dem ambitiösen Titel „Weltgeschichte des jüdischen Volkes. Von seinen Uranfängen bis zur Gegenwart" erschienenen Geschichtswerk lag das oft angefeindete Konstrukt zugrunde, die jüdische Geschichte vollziehe sich in einander ablösenden geographischen, geistig und sozial autonomen Zentren: „Jedes Zeitalter wird dadurch bestimmt, daß das zerstreute Volk innerhalb dieses Zeitraums ein Hauptzentrum oder auch zwei nebeneinander bestehende Zentren besaß, die dank der ihnen zuteilgewordenen weitgehenden nationalen Autonomie und dem hohen Stand ihrer Kulturentwicklung Führung aller übrigen Teile der Diaspora übernahmen."[35] Trotz des von ihm betonten „Autonomismus" sieht Dubnow klar die Verschränkung von jüdischer Geschichte mit anderen historischen Faktoren. Dementsprechend hat sich für ihn die Periodisierung der Geschichte des jüdischen Volkes „danach zu richten, in welcher historischen *Umwelt* sein Existenzkampf verlief, welche *außenpolitischen Mächte* sein Schicksal mitbestimmten".[36]

Deutlich wird dies z. B. im fünften, „Das späte Mittelalter" behandelnden Band, das laut Überschrift des zweiten Buches mit der „Vertreibung der Juden von der Pyrenäischen Halbinsel" endet: Diese Vertreibung hatte innerjüdisch epochale Bedeutung insofern, als die spanische „Hegemonie" vernichtet war; gleichwohl lag die Ursache quasi im außerjüdischen Bereich, in den infolge der Vereinigung von Aragon und Kastilien, mit der für Spanien eine „neue Ära (an)brach"[37], ausgelösten Ereignissen und in Gang gesetzten Entwicklungen. Daß diese Epochenzäsur durchaus nicht für alle Juden Europas Geltung hatte, zeigt sich allein daran, daß das Buch keineswegs mit der Vertreibung der Juden aus Spanien und Portugal endet. Es folgen vielmehr zwei weitere

---

[33] Der Terminus bei *Volkov*, Die Juden (wie Anm. 6), 75; vgl. *Meyers*, Where Does the Modern Period of Jewish History Begin? (wie Anm. *), 331.
[34] Zu den diversen Vorstufen siehe *Simon Dubnow*, Weltgeschichte des jüdischen Volkes. Von seinen Uranfängen bis zur Gegenwart. Autorisierte Übersetzung aus dem russischen Manuskript von Dr. A. Steinberg. 10 Bde. Berlin 1925–1929, Bd. 1, V–VI.
[35] Ebd. Bd. 1, XXIV; zur Charakterisierung seines „soziologischen" und „nationalen" Ansatzes siehe ebd. XV und bes. XXX.
[36] *Simon Dubnow*, Weltgeschichte des jüdischen Volkes. Kurzgefaßte Ausgabe in drei Bänden. 2. Aufl. Jerusalem 1971 (Nachdruck der Ausgabe 1937/38), Bd. 1, 13.
[37] *Dubnow*, Weltgeschichte (wie Anm. 34), Bd. 5, 387.

Kapitel, zum einen „Italien zur Zeit der Frührenaissance", was um so mehr
verwundern könnte, als Dubnow konstatiert: „Gänzlich unberührt von der
verheerenden Wirkung dieses Wirbelsturmes bleibt nach wie vor das jüdische
Italien. Die Epoche der italienischen Renaissance und des Aufstiegs der
Stadtrepubliken ließ für Ausbrüche mittelalterlicher Barbarei nur sehr wenig
Spielraum."[38] Und das den Mittelalter-Band beschließende Kapitel „Das östliche Europa und der jüdische Orient" verzeichnet gar das Entstehen neuer
Zentren in Polen („Die Kolonie der deutschen Judenheit, *Polen,* gelangt zu
immer höherer Entfaltung und Blüte. Gegen Ende dieser Epoche ist sie bereits
der Metropole ebenbürtig, um sodann das Mutterland sogar zu überflügeln")[39]
und in der Türkei („Zu der Zeit, da in den christlichen Ländern die alten
Heimstätten der Diaspora, eine nach der anderen, der Zerstörung anheimfie-
len, entstand für die gehetzte Nation in dem muselmanischen Reiche, das gegen Ausgang des Mittelalters auf den Trümmern des in sich zusammenge-
stürzten Byzanz errichtet worden war, eine neue, sichere Zufluchtstätte").[40]
Es zeigt sich also – und dies gilt auch für andere Epochen –, daß der Wendepunkt insbesondere der jeweiligen „Hegemonie" gilt; für andere Teile der Judenheit hat er Bedeutung nur insofern, als sie zumindest indirekt von den Folgen (so vor allem der Verschiebung der Hegemonie) betroffen sind. Von daher
ist es durchaus konsequent, wenn die Epochenwende nicht notwendigerweise
identisch ist mit dem Ende des jeweiligen Bandes oder Buches.[41]

Ein Satz wie „Mit dem Jahre 1492 bricht in der Geschichte der Juden im
ottomanischen Reiche eine neue Ära an"[42] leitet fast unmittelbar über zum
ersten Kapitel der „Die Neuzeit" behandelnden Bände: „Das Wiedererwachen
des östlichen Zentrums (die Türkei und Palästina)". Dieser Epoche widmet
Dubnow nicht nur zwei Bände, er teilt sie auch in zwei Perioden ein, so daß
wir hier gewissermaßen (erstmals?) der Vorstellung einer „frühen Neuzeit"
begegnen, wenn auch natürlich der Terminus ein anderer ist: „Der Neuzeit erste Periode: Die Zerstreuung der Sephardim und die Hegemonie der Aschke-
nasim (1498–1648)". Wieder betont Dubnow die Koinzidenz der „an der
Grenzscheide des XV. und XVI. Jahrhunderts zum Ausbruch gekommene(n)
Krise der jüdischen Geschichte [...] mit jener allgemeinen Krise der Weltgeschichte [...], die das Mittelalter von der Neuzeit scheidet. Das bedeutend-
ste Zentrum der Diaspora, das spanisch-portugiesische [...] fiel gerade der
Zerstörung anheim, als die Entdeckung Amerikas und der großen Ozeanwege
im politischen und wirtschaftlichen Leben der europäischen Staaten tief-

---

[38] Ebd. Bd. 5, 230.
[39] Ebd. Bd. 5, 230f.
[40] Ebd. Bd. 5, 477.
[41] Zur Stoffverteilung, die diesen Sachverhalt allerdings allenfalls indirekt anspricht, siehe
ebd. Bd. 1, XXVIII.
[42] Ebd. Bd. 5, 483.

greifende Änderungen anbahnte."[43] Innerjüdisch hatte die Zerstreuung der sefardischen Juden, deren Wanderbewegungen vielfach den internationalen Handelsrouten folgten, längerfristig auch das Entstehen neuer Zentren in „Deutschland, Österreich, Böhmen und namentlich Polen", die nunmehr „zu den alleinigen Trägern der nationalen Hegemonie" avancierten, zur Folge.[44] Der Tatsache, daß der „Anbruch der Neuzeit [...] die Judenheit der deutschen Staaten in einem Zustande völliger Zerrüttung" traf, trägt Dubnow dadurch Rechnung, daß er den ersten Zeitabschnitt des Kapitels „Deutschland im Zeitalter der Reformation und der Religionskriege" schlicht „Fortdauerndes Mittelalter (1492–1519)" untertitelt.[45] Es liegt in der Logik von Dubnows Geschichtskonstruktion, daß der Endpunkt der ersten Neuzeit-Periode von in dieser sich im Verlauf der Periode schwerpunktmäßig nach Polen verlagernden „aschkenasischen Hegemonie" stattfindenden Entwicklungen und Ereignissen bestimmt ist. Die entscheidende Zäsur sieht Dubnow daher in dem im selben Jahr 1648 im Kontext des seit langem „einsetzenden inneren Zerfall[s] des Polenreiches"[46] stattfindenden ukrainischen Massengemetzels. Dieses und die darauffolgenden Wirren bezeichnen „einen entscheidenden Wendepunkt in der Geschichte der polnischen Judenheit".[47]

Konsequenterweise beginnt der siebte Band der „Weltgeschichte", der „Der Neuzeit zweite Periode" behandelt, mit eben dieser Katastrophe. Insgesamt charakterisiert Dubnow diese Periode zwischen 1648 und 1789 als Übergangsepoche: „Die polnisch-deutsche Hegemonie in der Übergangsepoche (1648–1789)". Auch hier sieht er wieder eine klare Koinzidenz, zugleich aber auch eine Unterscheidung der Epochenwendepunkte in der gesamteuropäischen und der jüdischen Geschichte. Während der Beginn der Epoche in ersterer „durch den Westfälischen Frieden von 1648 und deren Ausgang durch die französische Revolution von 1789 gekennzeichnet ist", wird der Epochenbeginn in letzterer durch die bereits genannten Massaker, d. h. „den Kreuzzug gegen die Juden in den russischen Gebieten Polens während des Aufstandes des Chmelnickij", sowie „die mächtige, mit dem Namen des Sabbatai Zewi verknüpfte messianische Bewegung" markiert, das Epochenende „durch zwei nicht weniger einschneidende geschichtliche Tatsachen: durch die beginnende Aufteilung des von Juden dicht bevölkerten Polens zwischen Rußland, Österreich und Preußen sowie durch die hinter der Judenheit Westeuropas sich ausbreitende Aufklärungsbewegung".[48]

---

[43] Ebd. Bd. 6, 11.
[44] Ebd. Bd. 6, 181.
[45] Ebd.
[46] Ebd. Bd. 6, 16.
[47] Ebd. Bd. 6, 17.
[48] Ebd. Bd. 7 (Nachdruck Berlin 1930), 11.

Natürlich fiel keine der 1772 beginnenden Polnischen Teilungen exakt ins Jahr 1789, und noch viel weniger trifft dies auf die jüdische „Aufklärungsbewegung" zu, die im „inneren Leben" des Judentums für Dubnow mit (dem 1786 gestorbenen) Moses Mendelssohn eindeutig den Gegenpol zur Bewegung des Sabbatai Zwi bildet.[49] Daher bleibt es aufschlußreich, daß Dubnow die formale Epochenzäsur eben doch im Jahr der Französischen Revolution ansetzt. Der politische Kontrapunkt zu 1648 läßt sich dann auch darin begründen, daß in deren Verlauf die in Frankreich auf die Tagesordnung der Nationalversammlung gekommene „Jüdische Frage" „durch die Judenemanzipation gelöst werden sollte".[50] Folgerichtig beginnt Dubnow den ersten der drei „Die Neueste Geschichte des jüdischen Volkes" behandelnden Bände mit einer großen Einleitung: „Die jüdische Welt am Vorabend der Revolution von 1789".

Man wird also mit Fug und Recht sagen können, daß für Dubnow spätestens mit der (letztlich durch die Französische Revolution abgeschlossenen) „Übergangsepoche", der zweiten Periode der (Dubnowschen) Neuzeit, die später als „Frühe Neuzeit" etikettierte Epoche an ihr Ende gekommen ist.

"Die Neueste Geschichte des jüdischen Volkes" reicht bis zum Wendepunkt, „der 1914 hereingebrochenen Weltkatastrophe"[51] des Ersten Weltkrieges. Diese nur hundertfünfundzwanzig Jahre während Periode gliedert Dubnow in vier Zeitalter, die er in der Geschichte der europäischen Judenheit „durch zwei parallel laufende Reihen von Prozessen bestimmt" sieht: „In der politischen Geschichte des Volkes lösen einander wechselweise die bürgerliche *Emanzipation* (oder wenigstens den Kampf um sie) und die allgemein politische oder speziell antijüdische Reaktion ab; in der Kulturgeschichte ent-

---

[49] Ebd. Bd. 7, 14. Dubnow ist sich – darin fast schon ein Vorläufer der Theorie von Jacob Katz (dazu weiter unten) – zwar der Verschiedenheit der „geistigen Evolution" in Ost und West bewußt („Zeitgenosse und zugleich Antipode des in Deutschland führenden Mendelssohn war der in Polen wirkende Bescht, der Begründer des Chassidismus" [ebd.]), sieht aber eher zwei Seiten einer Medaille: „Wie verschiedenartig indessen all diese Strömungen auch sein mochten, so lag ihnen allen die gleiche unstillbare Sehnsucht nach einer geistigen Wiedergeburt zugrunde" (ebd).

[50] Ebd. Bd. 7, 13. Mit der Frage, ob die „Französische Revolution wirklich ein Wendepunkt in der Geschichte des jüdischen Volkes" ist, haben sich immer wieder Gelehrte befaßt; siehe etwa die deutsche Fassung eines 1989 publizierten Aufsatzes von *Michael Graetz*, Die Französische Revolution und die Juden, in: Hebräische Beiträge zur Wissenschaft des Judentums deutsch angezeigt 6, 1990, 32–47.

[51] *Dubnow*, Weltgeschichte (wie Anm. 36), Bd. 1, 14. Hatte Dubnow in seiner kurzgefaßten Ausgabe noch konstatiert: „Wie die ganze Menschheit, steht auch das Judentum an einem Wendepunkt. An diesem Wendepunkt muß der Geschichtsschreiber heute haltmachen" (ebd.), fügte er 1928 dem letzten Band der „Langfassung" einen Epilog (1914–1928) hinzu, in dem er versuchte, „die Hauptlinien der jüdischen Geschichte über jenen Wendepunkt hinaus zu ziehen" (wie Anm. 34, Bd. 8 [Nachdruck Berlin 1930], 7). Nur wenige Jahre später verliefen diese Hauptlinien ganz anders, aber das ist natürlich eine nicht hierher gehörende andere „Geschichte".

spricht dem teils die Alternation, teils die Rivalität von ‚Assimilation und nationaler Bewegung'.[52] Entsprechend lauten seine Bezeichnungen: „Das Zeitalter der ersten Emanzipation (1789–1815)", „Das Zeitalter der ersten Reaktion (1815–1848)", „Das Zeitalter der zweiten Emanzipation (1848–1881)", „Das Zeitalter der zweiten Reaktion (1880–1914)".

IV.

Als vierter Verfasser von vielbändigen und umfassenden Werken zur jüdischen Geschichte sei der aus dem seit der ersten Polnischen Teilung 1772 zu Österreich gehörenden Galizien gebürtige, von 1914–1926 in Wien und seither in New York lebende Historiker, Politikwissenschaftler und Jurist *Salo Wittmayer Baron* (1895–1989) genannt. In einem frühen Aufsatz über „Graetzens Geschichtsschreibung" kritisierte er diesen bekanntlich – wie übrigens zuvor schon ähnlich Dubnow[53] –, daß ihm „die Geschichte der Juden zu einer Leidens- und Gelehrtengeschichte geworden"[54] sei. Zehn Jahre später nahm Baron seinerseits in seinem Essay „Ghetto and Emancipation: Shall We Revise the Traditional View?" eine deutliche Aufwertung und Neuakzentuierung des von seinen Vorgängern vielgeschmähten (jüdischen) Mittelalters vor, während er die oft und vielgepriesene Emanzipation durchaus auch kritisch und in ihren „Errungenschaften" ambivalent sah.[55]

Wenn also „the miracle of Emancipation was not so great as we supposed"[56], besteht für Baron kein Grund, mit ihr einen Epochenschnitt vorzunehmen – jedenfalls keinen chronologischen. Wie er bereits im Vorwort zu seiner ursprünglich aus einer 1931 gehaltenen Vorlesungsreihe zu „Jewish Society and Religion in Their Historical Interrelation" hervorgegangenen 1937 erschienenen dreibändigen „A Social and Religious History of the Jews"[57] anmerkte, sind die einzelnen Kapitel nicht strikt chronologisch aufgebaut. Bestimmte Entwicklungen werden vielmehr in ihrer Gesamtheit behandelt, auch wenn einzelne Entwicklungsphasen chronologisch gesehen in verschiedene

---

[52] *Dubnow*, Weltgeschichte (wie Anm. 34), Bd. 8, 69.
[53] Vgl. *Robert Liberles*, Salo Wittmayer Baron. Architect of Jewish History. New York/ London 1995, 5; vgl. *Dubnow*, Weltgeschichte (wie Anm. 34), Bd. 1, XIV und XVI.
[54] *Salo Baron*, Graetzens Geschichtsschreibung, in: Monatsschrift für Geschichte und Wissenschaft des Judentums 62, 1918, 11. Dieselbe Kritik, nach Graetzens Art aber weit drastischer ausgedrückt, hatte Graetz seinerseits bereits an Jost geübt, als er diesem vorwarf, „das vieltausendjährige Heldendrama" jüdischer Geschichte „in eine Leidens- und Gelehrtengeschichte [...] zerbröckelt" zu haben; vgl. *Graetz*, Geschichte (wie Anm. 17), Bd. 11, 427.
[55] Vgl. *Liberles*, Salo Wittmayer Baron (wie Anm. 53), 39 ff.
[56] *Baron*, Ghetto, hier zitiert nach *Liberles*, Salo Wittmayer Baron (wie Anm. 53), 41.
[57] Zur Bedeutung des Titels vgl. *Liberles*, Salo Wittmayer Baron (wie Anm. 53), 140–147.

Kapitel gehörten.[58] Dennoch unterlegt auch er seine Darstellung mit einem groben Epochenrahmen, denn: „On the whole, one may discern four major periods of Jewish history, to each of which three chapters are here devoted."[59] Die mittelalterliche Periode erstreckt sich Baron zufolge „from the rise of Islam to the seventeenth century", „The modern era of emancipation and nationalism" bis in die Gegenwart.[60] Die Unterteilung des Mittelalters in zwei Abschnitte sieht er zum einen begründet „by the general importance of the Middle Ages in world history" und zum anderen „by certain incipient signs of ‚modernity' in Jewish life during the latter part of that period".[61] Daß aus jüdischer (bzw. Barons) Sicht dieser „latter part" eher dem Mittelalter zugehört als einer „frühen Neuzeit" ergibt sich nicht nur klar aus dieser Formulierung, sondern entspricht auch der sonstigen Charakterisierung des Begriffs Mittelalter durch Baron. So betont er im Kapitel „Within the Ghetto Walls": „... the term ‚medieval' as here applied – in connection with the Jewish community, the ghetto and their ideological counterparts – has a typical rather than strictly chronological meaning. It synchronizes neither with the period preceding 1492 in European history nor, according to Zunz's famous pronunciamento, with that concluded in the history of the Jews by the French Revolution".[62] Abgesehen von der offensichtlichen Willkür solcher chronologischen Unterteilungen seien die grundlegenden Transformationen „in modern Jewish life" so langsam von West- über Mittel- nach Osteuropa, wo die Masse der jüdischen Bevölkerung lebte, vorangeschritten, „that a Polish community of 1900 resembled its own predecessor of 1500 much more closely than it did that of London about 1700." Daher werde der Begriff „mittelalterlich" am besten mit „präemanzipatorisch" wiedergegeben.[63] So gesehen ist es nur konsequent, daß der Zeitpunkt, der in der „Weltgeschichte" die Wende vom Mittelalter zur Neuzeit („modern times") darstelle, der in der jüdischen Geschichte aber durch die Ersetzung einer quasi freiwilligen gesonderten Selbstverwaltung als Substitut für Staat und Territorium durch ein aufgezwungenes segregiertes Viertel, „the physical ghetto", markiert werde, in der jüdischen Geschichte keine Epoche bildet. Freiwillige und aufgezwungene Ghettoisierung kennzeichnen mittelalterliches jüdisches Leben; erst „its gradual breaking up heralded the advent of a new era"[64], ein allmählicher Prozeß, der seit dem 17. Jahrhundert spürbar wurde.

---

[58] Vgl. *Salo Wittmayer Baron*, A Social and Religious History of the Jews. 3 Vols. New York 1937, Vol. 1, V–VI.
[59] Ebd. VI.
[60] Ebd. VI.
[61] Ebd. VI.
[62] Ebd. Vol. 3, 116 Anm. 1.
[63] Ebd.
[64] Ebd. Vol. 2, 162–164, hier 163.

Der Auffassung, daß sich im 17. Jahrhundert die Wende zur Moderne vollziehe, ist Baron Zeit seines Lebens treu geblieben. Der 1952–1983 in acht-
zehn Bänden erschienenen und doch unvollständig gebliebenen überarbeiteten zweiten Auflage seiner „History" gab Baron für die Bände 3 bis 8 den Untertitel „High Middle Ages, 500–1200" bei, den Bänden 9 bis 18 „Late Middle
Ages and Era of European Expansion, 1200–1650". Damit scheint klar, daß er
seine Darstellung in den Zeitrahmen der „allgemeinen" Geschichte einpaßt,
allerdings auch hier wieder ohne sich allzu sehr an den vorgegebenen Rahmen
zu halten. Die Grenzlinie zwischen Prä-Emanzipations- und Emanzipations-
ära – wenn man sie denn schon zeitlich festmachen will – sieht Baron nicht in
„the formal pronunciamentos of Jewish equality of rights by the French Revolution, or, somewhat more obliquely, by the American Constitution".[65] Eher
sieht er eine neue Zeit heraufziehen mit dem durch den Westfälischen Frieden
von 1648 in Gang gesetzten Prozeß gegenseitiger Tolerierung religiöser Verschiedenheit, der längerfristig auch neue Perspektiven für eine Gleichbehand-
lung der Juden eröffnete.[66] Doch spricht sich Baron – nicht nur von einem
„purely legalistic approach" abweichend – überhaupt gegen monokausale
Kriterien aus: „I have long felt that the underlying more decisive socioecono-
mic and cultural transformations accompanying the rise of modern capitalism,
the rapid growth of Western populations, the international migrations, the af-
tereffects of Humanism, the Reformation, and the progress of modern science,
long antedated these formal constitutional fiats. While such developments can
never be so precisely dated as legal enactments, treaties, wars, or biographies
of leading personalities, the mid-seventeenth century may indeed be conside-
red a major point in both world and Jewish history."[67]

V.

In gewisser Hinsicht war der aus der Ukraine gebürtige, nach seinen Studien
in Wilna, Bern, Berlin und Petrograd seit 1921 in Palästina lebende *Ben-Zion
Dinur* (1884–1973) in seiner Geschichtsauffassung der genaue Gegenspieler
Dubnows, zumindest was den „nationalen" Aspekt betrifft.[68] Der in den
frühen fünfziger Jahren zeitweise als Erziehungsminister Israels fungierende
Historiker ist für seine dezidiert zionistische Sicht der jüdischen Geschichte

---

[65] *Salo Wittmayer Baron*, A Social and Religious History of the Jews. 2nd, rev. and enlar-
ged Ed. Vol. 9. New York/London/Philadelphia 1965–5726, V.
[66] Vgl. ebd. Vol. 9, VI.
[67] Ebd. Vol. 9, V.
[68] Siehe die knappe Zusammenfassung der Kritik Dinurs an Dubnow bei *David N. Myers*,
Ben-Zion Dinaburg: Between Cultural Zionism and Palestinacentrism, in: ders., Re-Inven-
ting the Jewish Past. European Jewish Intellectuals and the Zionist Return to History. New
York/Oxford 1995, 129–150, hier 143.

bekannt, die er nicht nur in zahlreichen Abhandlungen darlegte, sondern vielmehr auch seinem monumentalen, als Quellenanthologie aufgebauten (hebräischen) Geschichtswerk „Israel in seinem Land" und „Israel im Exil" (bzw. „in der Diaspora") zugrunde liegt.[69]

Um so überraschter könnte man daher sein, daß seine Periodisierung der jüdischen Diasporageschichte in acht Perioden diese Fokussierung insbesondere für die hier in Rede stehende (frühe) Neuzeit zumindest auf den ersten Blick nicht erkennen läßt. Dies gilt vornehmlich dann, wenn man die bloßen Zahlen sieht: Auf die vierte Epoche, die die Zeit von 1348–1496 umfaßt, d. h. vom „Schwarzen Tod" bis zur Ausweisung der Juden aus Spanien und Portugal reicht, folgt die fünfte von 1496–1648, nämlich bis zum Untergang der ukrainischen Judenheit infolge der (Chmelnicki-)Verfolgungen und dem Beginn des Niedergangs der jüdischen Gemeinschaft in der Türkei und in Polen. Die sechste Epoche, 1648–1789, endet mit der Französischen Revolution, die siebte, 1789–1881, mit den Pogromen in Rußland.[70] Dieser Periodisierung liegen nun aber scheinbar keineswegs Überlegungen zu Konzepten der Abgrenzung von Mittelalter und Neuzeit zugrunde. Sie basiert vielmehr auf der Annahme von einander abwechselnden Perioden der Stabilität mit solchen der Krise[71], wobei die achte (und bislang letzte) Periode, 1881–1948, die vierte Krisenperiode, in die „Wiedererstehung Israels" (d. h. die Gründung des Staates Israel) mündet. Allerdings ist dies – so Dinur an anderer Stelle – zugleich „the end of the modern era in Jewish history". Dieses Ende liegt darin begründet, daß nunmehr ein neues großes Kapitel beginne, „with ,Israel in its Land' once more about to take the center of the stage in the nation's history".[72]

Dementsprechend ist die Frage der „Moderne" für Dinur weder eine der Aufklärung noch der Emanzipation der Juden oder anderer „neuzeitlicher" Errungenschaften[73]; folglich diskutiert er sie auch nur bedingt im Kontext europäischer Epochenkonzeptionen. Einziges oder jedenfalls letztlich entschei-

---

[69] Die Anfänge dieser seit 1958 erscheinenden überarbeiteten und erweiterten Serie geht bereits auf die Jahre 1919 bzw. 1926 zurück; vgl. *Myers*, Ben-Zion Dinaburg (wie Anm. 68), 137.
[70] Vgl. *Ben-Zion Dinur*, Yisra'el ba-Golah (Hebr.). Bd. 1. 2., verb. u. verm. Aufl. Tel Aviv o. J., 42–45 (hebräische Seitenzählung). Dort auch die konkrete Aufschlüsselung und Parallelisierung mit dem „allgemeinen (Geschichts-)Rahmen", auf deren Wiedergabe hier verzichtet wird. Erst nachträglich wurde ich der englischen Übersetzung gewahr, vgl. das Kapitel „Israel in Diaspora" in *Ben Zion Dinur*, Israel and the Diaspora. Philadelphia 1969/ 5279, 1–76, hier 70–74.
[71] Zu den drei Hauptkriterien: Status der Juden in den Ländern ihrer Zerstreuung, Handeln der jüdischen Gesamtheit, Weltbild und Handeln des individuellen Juden siehe *Dinur*, Yisra'el ba-Golah (wie Anm. 70), 38 f. sowie *Dinur*, Israel and the Diaspora (wie Anm. 70), 63–65.
[72] *Dinur*, Israel and the Diaspora (wie Anm. 70), 149.
[73] Vgl. das Kapitel „The Modern Period" in *Dinur*, Israel and the Diaspora (wie Anm. 70), 77–161.

dendes Kriterium ist für ihn die „Rebellion gegen das Exil" und die konkrete, nicht nur spirituelle Hinwendung, sondern auch der physische Aufbruch ins Land Israel.[74] Daher gilt ihm das Jahr 1700 als Wendepunkt jüdischer Geschichte, in dem das Fanal gesetzt wurde zu künftigen „mass migrations in search of national salvation": „Modern Jewish History begins with the immigration to Palestine of one thousand Jews led by Rabbi Judah the Pious in the year 1700."[75] Zugleich lassen Durchführung und Scheitern des Unternehmens die Umbruchsphase zwischen Mittelalter und Moderne erkennen: „Of no less importance were the causes of this immigration, the way in which it was organized, and the nature and consequences of its failure, all of them signs of the twilight of the Middle Ages and the dawn of the modern era."[76]

Bedenken wir, daß die moderne Ära jüdischer Geschichte für Dinur mit der Proklamation des Staates Israel 1948 endet, diese somit rund zweihundertfünfzig Jahre währt, und bedenken wir ferner die in dieser Zeit stattgefundenen ungeheuren Wandlungen, so scheint es gerechtfertigt, diese Formulierung als Indikator für die Auffassung Dinurs einer ersten Phase der Moderne, also quasi einer „frühen Neuzeit", anzusehen. Tatsächlich unterteilt er den Gesamtzeitraum in drei Perioden. Aber obwohl er immer wieder ausführlich die Bedeutung des „nationalen Kampfes" um die Besiedlung Palästinas[77] bzw. des „Landes Israel" hervorhebt, sind seine „turning points in the life and destiny of the Jewish nation in this period: the French Revolution and the First Emancipation of the Jews (1789); and the rise of modern anti-Semitism and the beginning of its unbridled onslaught on the Jews in Germany and tsarist Russia (1881)".[78] Dennoch sollte man sich von dieser scheinbaren teilweisen Rückkehr zu traditionellen an Dubnow erinnernde Formulierungen nicht täuschen lassen, denn die radikale Uminterpretation läßt sich deutlich schon an der Kurzcharakterisierung der Perioden ablesen: „The first period, from 1700 to 1789, may be summed up as the period of Jewish territorial settlement, social disintegration and cultural awakening."[79] „The second period, from 1789 to 1881, can be defined as the period of civic equality, national dissolution and historical identification."[80] „The third phase of modern Jewish history, from

---

[74] Obwohl sie – zumindest vordergründig – für seine Epocheneinteilung keine Rolle spielen (oder allenfalls sekundär bleiben), verkennt Dinur natürlich nicht, daß „Tremendous changes occurred, in the modern era, in all the lands where Jews lived, changes which not only affected the political regimes and administrative structures of the states in question as well as the civic status and cultural level of their peoples, but also revolutionized their whole social and economic order." Vgl. ebd. 95.
[75] Ebd. 90.
[76] Ebd.
[77] Diese Bezeichnung geht wohl eher auf den Übersetzer zurück.
[78] *Dinur,* Israel and the Diaspora (wie Anm. 70), 149.
[79] Ebd. 150.
[80] Ebd. 152.

1881 to 1947, may be defined as the period of political revolt, of the organization of the Jewish masses for self-defense, and of the strengthening of Jewish
nationalism."[81]

VI.

Nicht erst mit dem Aufkommen der sogenannten Neuen Historiker Israels und
der Krise der zionistischen Geschichtsschreibung ist diese Sicht auf die jüdische Geschichte massiv in die Kritik geraten. Aber auch die anderen historiographischen Ansätze werden zunehmend[82] kritisch auf ihre ideologischen
Prämissen hin hinterfragt. Zudem scheint die Zeit des „Großnarrativ als Form
jüdischer Geschichtsschreibung", das „die Gesamtheit der jüdischen Geschichte" darstellt, vorbei zu sein.[83] Längst hat eine Verschiebung von „einer
jüdischen Geschichte zu vielen jüdischen Geschichten" stattgefunden.

Wenn also nicht (mehr) ohne weiteres davon ausgegangen werden kann,
daß – im weitesten Sinne – regionale Ereignisse und Entwicklungen bestimmend wurden für den Geschichtsverlauf der Gesamtheit der Juden, stellt sich
unter anderem auch die eingangs bereits kurz berührte Frage nach den Kriterien für die Periodisierung jüdischer Geschichte in den einzelnen Ländern und
Staaten oder Kulturräumen neu. Aus der Fülle der inzwischen vorliegenden
„jüdischen Geschichten" seien nur zwei, drei Beispiele aus dem Bereich der
Geschichte der Juden in Deutschland bzw. der deutsch-jüdischen Geschichte
herausgegriffen.

Als einer der in diesem Gebiet lange einflußreichsten Sozialhistoriker, dessen vielfach bahnbrechende Thesen bei aller Wertschätzung inzwischen allerdings doch in manchen Punkten revidiert werden, ist zweifellos der aus Ungarn gebürtige, in Frankfurt am Main promovierte und 1935 nach Palästina
emigrierte israelische Gelehrte *Jacob Katz* (1904–1998) anzusehen. In seiner
Suche nach den eine Epochenwende bestimmenden Kriterien beschränkte er
sich jedoch nicht auf das „deutsche Judentum" im engeren Sinne, sondern bezog die aschkenasischen Juden in West und Ost mit ein. Trotz ähnlicher Vor-

---

[81] Ebd. 155 f.
[82] Allerdings hat bereits – wie oben gelegentlich angedeutet – jeder dieser Autoren seinen
bzw. seine Vorläufer mehr oder weniger scharf kritisiert.
[83] Vgl. *Michael Brenner*, Von einer jüdischen Geschichte zu vielen jüdischen Geschichten,
in: ders./David Myers (Hrsg.), Jüdische Geschichtsschreibung heute. Themen, Positionen,
Kontroversen. Ein Schloss Elmau-Symposion. München 2002, 17–35, hier 18. Andere
Aspekte derselben Problematik beleuchtet im selben Band der Beitrag von *Michael
A. Meyer*, Streitfragen in der zeitgenössischen jüdischen Historiographie, 36–43; wieder
andere gleichwohl in diesen Kontext gehörende Aspekte finden sich in dem Beitrag von
Shmuel Feiner, Eine traumatische Begegnung: Das jüdische Volk in der europäischen
Moderne, in: ebd. 105–122.

aussetzungen um 1700 seien die Entwicklungen in Ost und West im 18. Jahrhundert sehr verschieden, ja gegenläufig verlaufen, was sich insbesondere an den seiner Auffassung nach entscheidenden Faktoren – Haskala im Westen, Chassidismus im Osten – erweise. Diese hätten (selbstverständlich in Verbindung mit anderen Faktoren) bewirkt, daß die jeweilige jüdische Gesellschaft um 1800 völlig verschieden von derjenigen um 1700 gewesen sei. Obwohl sich die Umbruchphase nach ihm über ein ganzes Jahrhundert erstreckt, bezeichnet Katz dieses nicht etwa als „frühe Neuzeit" – in seinem berühmten zunächst 1958 auf Hebräisch erschienenen Buch „Tradition and Crisis. Jewish Society at the End of the Middle Ages", rechnete er es im Gegenteil noch ganz überwiegend dem späten Mittelalter zu[84] –, sondern verwendet in einem späten Aufsatz den Begriff Wendepunkt: „The Turning Point of Modern Jewish History: The Eighteenth Century".[85]

VII.

Anders als Katz sah der aus Rußland gebürtige, seit 1926 in Palästina lebende Sozialhistoriker *Asriel Schochat* (1906–1993) die Brüche in der traditionalen jüdischen Gesellschaft bereits um 1700. Nur der hebräische Titel „An der Epochenwende" seines 1960 publizierten, kürzlich in offenbar höchst problematischer deutscher Übersetzung unter dem Titel „Der Ursprung der jüdischen Aufklärung in Deutschland"[86] erschienenen Werkes läßt erkennen, daß es nach dem Verständnis des Autors in diesem Werk um eine Zeitenwende geht und nicht nur um die Anfänge irgendeines, wenn auch wichtigen Phänomens. Die von Schochat beschriebene Zeitspanne dauerte nur ein halbes Jahrhundert, von 1700 bis 1750, wobei er den Endpunkt mit dem Erscheinen der bereits oben im Kontext mit Graetzens Periodisierung genannten Zeitschrift

---

[84] Obwohl er auch hier bereits von „turning points" sprach, vgl. *Jacob Katz*, Tradition and Crisis. Jewish Society at the End of the Middle Ages. Transl. and with an afterword and bibliography by Bernard Dov Cooperman. New York 1993, 195–201. Siehe jetzt auch die auf der amerikanischen Ausgabe basierende deutsche Ausgabe mit dem allerdings „modernisierten" Untertitel: *Jacob Katz*, Tradition und Krise. Der Weg der jüdischen Gesellschaft in die Moderne. Mit ein. Vorw. v. Michael Brenner. München 2002.
[85] *Jacob Katz*, The Turning Point of Modern Jewish History: The Eighteenth Century, in: Ruth Kozodoy/David Sidorsky/Kalman Sultanik (Eds.), Vision Confronts Reality: Historical Perspectives on the Contemporary Jewish Agenda. (Herzl Yearbook, Vol. 9.) New York 1989, 40–55.
[86] *Asriel Schochat*, Der Ursprung der jüdischen Aufklärung in Deutschland. Aus dem Hebräischen v. Wolfgang Jeremias. (Campus Judaica, Bd. 14.) Frankfurt am Main/New York 2000; siehe die vernichtende Kritik der Übersetzung von *Michael Brocke*, Agfiah, Barodi, Panau, Wernort und Borskay in Engen? Wie man übersetzend Neues schafft, in: Kalonymos. Beiträge zur deutsch-jüdischen Geschichte aus dem Salomon Ludwig Steinheim-Institut 5, 2002, H. 1, 11–13.

„Qohelet Mussar", in der Moses Mendelssohn sein aufklärerisches Wirken begann[87], bezeichnet. Anders als für Graetz, der mit diesem Datum quasi die erste Periode der Moderne anbrechen sah, beschließt es für Schochat eine – wenn ich so sagen darf – „frühe neue Zeit", eine rund fünfzigjährige Periode sozialgeschichtlichen Wandels mit erheblicher Akkulturation an die nichtjüdische Umgebung, die die darauffolgende neue Zeit der jüdischen Aufklärung mit ihren weitreichenden Folgen vorbereitete und ermöglichte.

VIII.

Das einzige der hier genannten Werke, das die Bezeichnung „Neuzeit" bereits im Titel trägt, ist das vierbändige 1996/97 unter der Federführung des 1937 in Berlin geborenen und in Cincinnati lehrenden Historikers *Michael A. Meyer* erschienene Gemeinschaftswerk verschiedener Gelehrter aus den USA, Israel, Großbritannien und Deutschland „Deutsch-jüdische Geschichte in der Neuzeit". Dabei erstreckt sich die Neuzeit rund dreihundertfünfzig Jahre, von 1600 bis 1945. Wie schon die Bezeichnung „deutsch-jüdisch" nahe zu legen scheint, basiert das Werk auf der Auffassung, „daß die deutsch-jüdische Geschichte ein Bestandteil der Geschichte des jüdischen Volkes wie der der Deutschen ist". Man habe daher versucht, so Meyer in seinem Vorwort zu dem Gesamtwerk, „sie aus beiden Perspektiven zu schreiben".[88] Wie nach meinen bisherigen Ausführungen nicht anders zu erwarten, erwies sich neben der geographischen Eingrenzung die Periodisierung als schwieriges Problem: „Obwohl sich einiges für einen Beginn der Darstellung mit dem Ende des Dreißigjährigen Krieges im Jahre 1648" vorbringen ließe, wie andererseits manches auch für einen Einschnitt mit „der Ansiedlung von 50 aus Wien vertriebenen jüdischen Familien in der Mark Brandenburg im Jahre 1671" sprechen könnte, entschloß man sich, die „eigentliche Darstellung" – nach einem immerhin sechzigseitigen „Das jüdische Mittelalter" überschriebenen Prolog – mit dem Beginn des 17. Jahrhunderts unter der Bezeichnung „Frühe Neuzeit und Beginn der Moderne" einsetzen zu lassen. Diese z.B. gegenüber Schochat noch einmal um hundert Jahre vorgezogene Epochenwende findet ihre Begründung darin, daß damals „bedeutsame demographische und politische Entwicklungen (begannen), die nach und nach das jüdische Leben aus mittelalterlichen Zuständen in moderne überführen sollten".[89] Der Übergang von der Frühen Neuzeit zum Beginn der Moderne vollzieht sich dann – nach einem Kapitel „Der Zeitenwende entgegen" – konkret um die Mitte

---

[87] Siehe oben Anm. 30.
[88] *Michael A. Meyer* (Hrsg.), Deutsch-jüdische Geschichte der Neuzeit. 4 Bde. München 1996/97, hier zitiert nach der Taschenbuchausgabe München 2000, Bd. 1, 10.
[89] Ebd. 11.

des 18. Jahrhunderts mit der insbesondere von Mendelssohn verkörperten Haskala.

Daß Epochengrenzen keine Zäsuren im strikten Sinn sind und sein können, dürfte inzwischen *communis opinio* der (Geschichts-)Wissenschaft sein und wird auch hier allenthalben betont. Eher werden auf den Punkt gebrachte Akzentuierungen von als entscheidend angesehenen Entwicklungen gesetzt – wie sie z. B. deutlich die Unterteilung in den vier Bänden widerspiegelt: „Tradition und Aufklärung, 1600–1780"; „Emanzipation und Akkulturation, 1780–1871"; „Umstrittene Integration, 1871–1918"; „Aufbruch und Zerstörung, 1918–1945".

IX.

Auch in der deutschen Geschichtswissenschaft hat sich zumindest ansatzweise inzwischen die Erkenntnis durchgesetzt, daß die Geschichte der „jüdischen Minderheit" auch Teil der deutschen Geschichte ist.[90] Dem versucht die unter der Herausgeberschaft des Frankfurter Historikers Lothar Gall seit 1990 erscheinende, auf etwa hundert Bände angelegte „Enzyklopädie deutscher Geschichte" mit vier (inzwischen erschienenen) Bänden zur Geschichte der Juden in Deutschland Rechnung zu tragen – wenngleich diese Separatbehandlung zwiespältig bleibt, wenn andererseits in den übrigen Bänden Juden kaum je vorkommen.[91]

Der im Rahmen der Enzyklopädie unter der Rubrik Frühe Neuzeit erschienene Band des Darmstädter Historikers *Friedrich Battenberg* „Die Juden in Deutschland vom 16. bis zum Ende des 18. Jahrhunderts" paßt sich rein äußerlich in das für die Frühe Neuzeit vorgegebene Zeitraster ein. Zugleich modifiziert er es leicht, indem es eben nicht 1500–1800 heißt und bestimmte Aspekte am Anfang bzw. Ende des jeweiligen Jahrhunderts den Nachbarbänden – Michael Tochs „Die Juden im mittelalterlichen Reich" und Shulamit Volkovs „Die Juden in Deutschland 1780–1918" – überlassen werden. Darüber hinaus betont Battenberg, daß der „Übergang vom 15. zum 16. Jh. [...] für die jüdische Gesellschaft [...] nicht den Einschnitt (bildete), den er für die christliche Gesellschaft bedeutete. Eine Zäsur ist bei ihr erst auf das Ende des Dreißigjährigen Krieges zu setzen".[92] Schließlich nimmt er den Begriff Frühe

---

[90] Zur Problematik einer jüdischen Nationalgeschichte bzw. einem Kapitel in nationalen Historiographien siehe *Shulamit Volkov*, Jews Among the Nations: A Unique National Narrative or a Chapter in National Historiographies (Hebr.), in: Zion 61, 1996, 91–111 (English Summary VII–VIII).
[91] Vgl. dazu die Rezension von *Stefan Rohrbacher*, in: Frankfurter Judaistische Beiträge 26, 1999, 206–209.
[92] *J. Friedrich Battenberg*, Die Juden in Deutschland vom 16. bis zum Ende des 18. Jahrhunderts. (Enzyklopädie deutscher Geschichte, Bd. 60.) München 2001, 2.

Neuzeit für die jüdische Gesellschaft geradezu zurück, wenn er konstatiert: „Die 300 Jahre der Frühen Neuzeit lassen sich so in zwei voneinander abgehobene Epochen einteilen: Ein ‚verspätetes' Mittelalter bis 1650 und eine ‚Vormoderne' bis 1800, in der vieles von dem, was in der Frühen Neuzeit der christlichen Gesellschaft schon mit Renaissance und Reformation stattfand, nachgeholt und zusammengefasst wurde."[93]

X.

Die in Tel Aviv geborene und daselbst lehrende Historikerin *Shulamit Volkov* schließlich, die sich in zahlreichen Arbeiten immer wieder mit verschiedensten Aspekten der jüdischen Moderne auseinandersetzt, vermeidet in ihrem bereits genannten Enzyklopädieband die Verwendung eines Epochenbegriffs, denn für „die Neuere Geschichte der Juden in Deutschland gibt es keinen eindeutigen Anfang."[94] Dennoch ergibt sich für sie „durch ein Bündel von Ereignissen in den 1780er Jahren" – das Erscheinen von Christian Wilhelm Dohms „epochemachendem Werk" „Über die bürgerliche Verbesserung der Juden", das Toleranzpatent Josephs II., Moses Mendelssohns „Jerusalem oder die religiöse Macht und Judentum" sowie „eine Welle innerjüdischer intellektueller Aktivitäten und Ansätze zur gesellschaftlichen Integration" – „ein geeigneter Ausgangspunkt".[95] Der Schlußpunkt – eine Epochenwende? – wird nicht eigens thematisiert, ergibt sich aber aus der Jahreszahl 1918, Ende des Ersten Weltkriegs: Überschattung des deutsch-jüdischen Patriotismus durch Antisemitismus.[96]

Zahllos sind mittlerweile die Geschichte der Juden oder bestimmte Aspekte derselben thematisierende Bücher und Aufsätze, die die Bezeichnung Frühe Neuzeit (bzw. deren Äquivalente) im Titel tragen. Ihre Verwendung scheint sich durchgesetzt zu haben und ganz selbstverständlich geworden zu sein[97], aber ist sie deshalb auch eindeutig?

Auch wenn es nicht leicht fällt, ein Resümee der hier vorgestellten Periodisierungsansätze, geschweige denn der zahlreichen nicht berücksichtigten[98], zu ziehen, so kann die Antwort dennoch – unter Hintanstellung aller anderen

---

[93] Ebd.
[94] *Volkov,* Die Juden (wie Anm. 6), 3; zu einigen der in der Forschung erörterten Probleme der Periodisierung siehe ebd. 86 f.
[95] Ebd. 3.
[96] Vgl. ebd. 69.
[97] Im Februar 2002 wurde gar in einer Judaica-online-Liste nach dem treffendsten „Hebrew term for early modern period" gefahndet.
[98] Zu einigen siehe jetzt kursorisch in dem kürzlich erschienenen Band von *Battenberg,* Die Juden (wie Anm. 92), 59–61.

Aspekte[99] – wohl nur negativ sein. Zu weit liegen die Auffassungen auseinander – was für den einen Historiker[100] noch (spätes) Mittelalter ist, gilt dem anderen als Umbruchsphase oder bereits als erste Periode der Neuzeit usw. Es ließ sich deutlich verfolgen, wie die Kriterien für die Ziehung von Epochengrenzen ebenso wie auch für die Epochenbezeichnungen bzw. ihre Charakterisierungen mindestens so wesentlich vom ideologischen Standpunkt der jeweiligen Autoren wie vom jeweiligen Stand der (sozial-historischen) Forschung (und natürlich der Interpretation und Gewichtung ihrer Ergebnisse) mitbestimmt sind. Besonders deutlich ablesbar ist der ideologische Stellenwert für die Einteilung und Bewertung von Epochen beispielsweise an Jost und Dinur, die nicht nur zeitlich fast ein ganzes Jahrhundert trennt, zwischen deren deutsch-assimilatorischer Grundeinstellung einerseits und zionistischer Geschichtssicht andererseits vielmehr Welten liegen. Selbst wo Autoren gleiche oder ähnliche Epochengrenzen ziehen, können deren Bewertungen erheblich divergieren, wie dies z. B. für Jost und Graetz anhand des für Jost ein neues Zeitalter ankündigenden Regierungsantritts Friedrichs des Großen (1740) und des sich für Graetz 1750 mit der Mendelssohnschen Aufklärung verheißenden „Vorfrühlings"[101] einer neuen Epoche gezeigt wurde. Völlig verschieden ist auch die Einschätzung der mit der Jahreszahl 1492 (bzw. 1506) bezeichneten Zäsur etwa bei Jost und Dubnow (während sie beispielsweise für Baron keinerlei „epochale" Bedeutung hat): Markiert bei Jost die „Vertreibung der Juden aus Spanien und Portugal" in der „Geschichte der Juden in den Christl. Weltreichen"[102] den Endpunkt einer Periode, ohne daß da-

---

[99] Einer dieser Aspekte ist z. B. die Beobachtung, daß so gut wie alle Autoren in der einen oder anderen Weise Bezug nehmen auf Daten, Ereignisse bzw. Epochengrenzen der vermeintlich allgemeinen oder Welt- (bzw. europäischen) Geschichte, daß sie sich aber auf höchst unterschiedliche Weise an ihnen orientieren oder sich auf sie beziehen, etwa die ihrer Auffassung nach für die Geschichte der Juden relevanten spezifisch jüdischen Gesichtspunkte hervorheben oder auch ihnen ein anderes sich zur gleichen Zeit ereignendes – speziell Juden betreffendes – Geschehen „unterlegen".

[100] Der eingangs zitierten Maxime, Geschichte sei das nachträglich in das Chaos gewebte Muster, entsprechend, blieb die Frage nach der Einschätzung der jeweiligen Zeitgenossen (mit Ausnahme von Jost; siehe oben), also die Frage, ob und wenn ja wie diese Epochenzäsuren wahrnahmen, ausgeblendet. Auf der seinerzeitigen Tagung wurde der bedeutende Gelehrte und Bibelkommentator Yiṣḥaq Avravanel (1437–1508), der seiner Funktion als Finanzberater und Steuerpächter der sogenannten Katholischen Könige Isabella und Ferdinand zum Trotz 1492 ebenso wie zahllose namenlose Juden von der Ausweisung der Juden aus Spanien betroffen war, als Beispiel eines an der Kultur der Epochenwende zur Frühen Neuzeit teilhabenden Juden vorgestellt. Avravanel selbst war sich *dieser* Epochenwende wohl kaum bewußt, gleichwohl wähnte er sich an einer entscheidenden Epochenwende lebend: Er erwartete (bzw. berechnete) den Beginn einer neuen, der messianischen Zeit für das Jahr 1503, sah sich in diesem „Epochenbewußtsein" jedoch getäuscht.

[101] Siehe oben Anm. 30.

[102] Diese Formulierung läßt erkennen, daß sich Jost dessen bewußt war, daß für verschiedene geographische bzw. politische Räume unterschiedliche Periodisierungen vorzuneh-

mit jedoch zugleich der Aufbruch in eine qualitativ neue Zeit gegeben wäre, leitet sie dagegen bei Dubnow mit der durch sie ausgelösten Verschiebung der „Hegemonien" die erste Periode der Neuzeit, also quasi die „Frühe Neuzeit" ein. Andere setzen diese Epoche viel später an: So bricht sich etwa für Baron – bei aller Skepsis gegenüber zeitlich definierten Epochen – im 17. Jahrhundert oder eher noch seit der Mitte des 17. Jahrhunderts in einem allmählichen Prozeß eine neue Ära Bahn, für Dinur beginnt eine solche erste Phase der Moderne um 1700. Nach Katz ist – bezogen auf das aschkenasische Judentum – das gesamte 18. Jahrhundert der „Wendepunkt" moderner jüdischer Geschichte, dagegen stellt für Schochat die erste Hälfte des 18. Jahrhunderts so etwas wie eine „frühe neue Zeit" dar. Während schließlich die neue „Deutschjüdische Geschichte in der Neuzeit" die Zeitspanne von etwa 1600 bis zur Mitte des 18. Jahrhunderts als „Frühe Neuzeit" etikettiert, streitet der entsprechende unter der Rubrik Frühe Neuzeit erschienene Band der „Enzyklopädie deutscher Geschichte" den „Juden in Deutschland" eine solche Epoche ab und bevorzugt statt dessen die Charakterisierung als „‚verspätetes' Mittelalter bis 1650" und „‚Vormoderne' bis 1800".[103]

---

men sind. Dubnow hat Josts Ansatz offensichtlich übernommen und weitergeführt bzw. auf seine „Hegemonien" hin konkretisiert.
[103] Siehe oben Anm. 93.

Die lange Weile des Goldenen Zeitalters (I)

Konzepte von Epochenschwellen und Epochenbrüchen der spanischen Klassik zwischen Epochentypik und Transnationalität

Von

Friederike Hassauer

Cet obscur objet du désir: Die besterforschte spanische Epoche und die schlechtesterforschte spanische Epoche teilen beide ein und dasselbe Schicksal: die Existenzfrage. Gibt es sie überhaupt, diese obskuren Objekte der Begierde? Gibt es eine spanische Renaissance? Gibt es eine spanische Aufklärung?

Der Kasus der Renaissance soll hier im Zentrum stehen; der Kasus der Aufklärung wird wegen seiner strukturellen Ähnlichkeit zur Stützung der Argumentation herangezogen. Beide Kasus beanspruchen ihren Teil von Raum und Zeit dieser Reflexionen mit mehr Absichten als nur der, additiv noch einen weiteren, nämlich den sektorialen Beitrag der Hispanistik, beizusteuern zum bunten Fächer der Disziplinen im Blick auf die Frühe Neuzeit. Ich präsentiere hier vielmehr sogenannte „spanische Besonderheiten"[1] mit der Absicht, generalisierungsfähige Vorschläge und Anschlußstellen für eine inter- und transdisziplinäre Diskussion vorzulegen. Als Systematisierungsvorschlag möchte ich folgende drei theoretische und historische Perspektiven anbieten[2]: I. Epochenbegriffe in Zeiten der Kulturwissenschaften; II. Epochenbegriffe – das Beschreibungsmodell der Systemtheorie; III. Tradition und Innovation eines Epochenbegriffs in der Hispanistik – Bestandsaufnahme älterer und neuerer Beschreibungsmodelle zur Beantwortung der Frage: Gibt es eine spanische Renaissance?

---

[1] Zum Begriff des spanischen Sonderweges bietet einen guten Überblick: *Hans Hinterhäuser,* Vorwort, in: ders. (Hrsg.), Spanien und Europa. Texte zu ihrem Verhältnis, von der Aufklärung bis zur Gegenwart. München 1979, 9–27.
[2] Der nachfolgende Beitrag von Marlen Bidwell Steiner verfolgt die Fragestellung exemplarisch an den zwei Gattungen der Novelle – *novela cortesana* – und des Dramas – *comedia.*

I. Epochenbegriffe in Zeiten der Kulturwissenschaften

Aus kulturwissenschaftlicher Perspektive entsteht derzeit ein neuer Verarbeitungsdruck auch für die tradierte Verwaltung ebenso erhabener wie strittiger Problemtitel scheinbar fernab der _Cultural Studies,_ wie zum Beispiel dem des Epochenbegriffs. Dieser neue kulturwissenschaftliche Verarbeitungsdruck ist interdisziplinär und transdisziplinär; er erzeugt dadurch aber gleichzeitig auch neuen intradisziplinären Verarbeitungsdruck im Herzen der Einzelfächer. Die tradierte Problemverwaltung der Philologien war bislang dominant binnendisziplinär; allenfalls im alten wissenschaftsgeschichtlichen Vergleichsparadigma „komparatistisch" bzw. in „wechselseitiger Erhellung" der Künste und Wissenschaften[3] stehend. Was bedeutet das für das vorliegende Problem?

Der spanische _Siglo de Oro_ als Reprise des antiken ‚Goldenen Zeitalters‘ wird ebenso häufig wie falsch im Plural als „los siglos de oro" – ‚die goldenen Jahrhunderte‘ –, nämlich das 16. und das 17. Jahrhundert, bezeichnet[4]; es besteht laut literaturwissenschaftlicher Chaosverwaltung aus „Renaissance" (– ja/nein –) und, zum Teil folgend, zum Teil gleichzeitig, „Barock"[5]; überwölbt vom sowohl Epochenbegriff als auch literarische Wertung umfassenden Terminus „Klassik"[6]; nur in absoluten Ausnahmefällen der „Romantik" zugeordnet[7].

Strittig ist, ob es eine spanische Renaissance gebe – im Gegensatz zur Unstrittigkeit des spanischen Barock.[8] Strittig sind bekanntermaßen die Epochenbegriffe von „Renaissance" und „Barock" im Hiat mit „Frühe Neuzeit", „Early Modernity" etc. disziplinenübergreifend zwischen Geschichts- und Literaturwissenschaft, Kunst-, Architektur- und Musikgeschichte, Rechts-, Medizin- und Wirtschaftsgeschichte etc. – strittig sowohl in bezug auf normative oder deskriptive Epochentypik als auch in bezug auf Transnationalität und Transkulturalität.

---

[3] _Wolfgang Kayser,_ Das sprachliche Kunstwerk. Einführung in die Literaturwissenschaft. Bern 1948.
[4] _Juan Luis Alborg,_ Historia de la literatura española. Vol. 1: Edad Media y Renacimiento. 2. Aufl. Madrid 1970 versus _Francisco Rico,_ Temas y problemas del Renacimiento español, in: Francisco López Estrada, Historia y crítica de la literatura española. Vol. 2: Siglos de Oro: Renacimiento. Barcelona 1980, 1–28.
[5] Vgl. dazu _Alborg,_ Historia (wie Anm. 4), Vol. 1 bzw. _López Estrada,_ Historia (wie Anm. 4), Vol. 2.
[6] _Gero von Wilpert,_ Sachwörterbuch der Literatur. 7. Aufl. Stuttgart 1989, 455.
[7] _Wolfram Krömer,_ Die Begriffe „Romantik" und „Renaissance" (oder: Mit welchem Recht sprechen wir von einer Epoche der Renaissance oder einem Goldenen Zeitalter der spanischen Literatur?), in: ders. (Hrsg.), Spanien und Österreich in der Renaissance. (Innsbrucker Beiträge zur Kulturwissenschaft, Sonderh. 66.) Innsbruck 1989, 9–20.
[8] Vgl. dazu _Alborg,_ Historia (wie Anm. 4), Vol. 1 bzw. _López Estrada,_ Historia (wie Anm. 4), Vol. 2.

Strittig ist darüber hinaus die nicht nur nationalphilologisch innerspanische Tradition der Hispanistik, epochale Zusammenhänge generell schwach zu entwickeln; statt dessen Einzelautoren wie Einzelwerke als Monumente – „Klassiker" – isoliert zu erforschen, jenseits von historischer und gattungsgeschichtlicher Einbettung. Strittig ist des weiteren die zusätzliche Verzerrung einer disproportional breiten Erforschung dieses „klassischen" *Siglo de Oro* gegenüber anderen Epochen, Autoren und Werken[9] – bis hin zum lange Zeit als „siglo desconocido" eingestuften ‚unbekannten' 18. Jahrhundert, an das freilich gleichermaßen wie an die Renaissance die Existenzfrage gerichtet wurde: „Gibt es eine spanische Aufklärung?"[10]

Strittig steht weiterhin der These vom Sonderweg der Literatur des *Siglo de Oro* im besonderen und der spanischen Literatur überhaupt die These ihrer Einbettung in die europäische Weltliteratur entgegen; überwölbt von der dritten These des „Sowohl – Als auch"; zu historisieren ist der „spanische Sonderweg" als sinnvolles Konzept nur für die Moderne im engeren Sinn; „für Epochen eines sei es von der Ecclesia, sei es von einem weltlichen humanitas-Ideal regulierten, transnationalen Bildungshorizont" ist das Konzept des „spanischen Sonderwegs" dagegen – so Küpper – „anachronistisch".[11] Auch über Andersartigkeit versus Anschlußfähigkeit der spanischen Literaturgeschichtsschreibung und Literaturwissenschaft im Konzert der internationalen Philologien ist zu streiten.

Strittigkeiten überall – hier wäre Komparatistik in den vergangenen Dezennien gefragt gewesen, hier hat sie versagt. Bleibt festzuhalten, daß wissenschaftsgeschichtlich dieses Fach Komparatistik in seiner disziplinären Schwäche wissenschaftsorganisatorisches Abbild der wissenschaftssystematischen Schwäche seiner Methode ist: eines gänzlich beliebigen und beschaulichen ungesteuerten Vergleichens. „Comparaison n'est pas raison": Das kulturwissenschaftliche Paradigma stellt demgegenüber neu strukturierte Vergleichszwänge und Systematisierungszwänge her; das kulturwissenschaftliche Paradigma fordert transkulturelle und transnationale Problem-Modellierungen in transdisziplinärer Zusammenarbeit; das kulturwissenschaftliche Paradigma schafft Bedarf, neue Reichweiten und Erklärungsmächtigkeiten für Konzepte zu liefern[12] – so auch dem der Epochenbegriffe –, deren Ungenügen

---

[9] *Judith Braun*, Spanische Renaissance. Untersuchungen zu einer Kontinuität des „Pluralen" in der spanischen Literatur. (Europäische Hochschulschriften, Rh. 24: Ibero-romanische Sprachen und Literaturen, Bd. 18.) Frankfurt am Main/Wien 1994, 13.
[10] *Juan Luis Alborg*, Historia de la literatura española. Vol. 3: Siglo XVIII. Madrid 1993, 11 und 13.
[11] *Joachim Küpper*, Diskurs-Renovatio bei Lope de Vega und Calderón. Untersuchungen zum spanischen Barockdrama. Mit einer Skizze zur Evolution der Diskurse in Mittelalter, Renaissance und Manierismus. Tübingen 1990, 23 Anm. 3 sowie 26.
[12] *Christina Lutter/Markus Reisenleitner,* Cultural Studies. Eine Einführung. Wien 1998.

erst unter dem neuen Problemtitel *culture/s* mit neuer Schärfe sichtbar gemacht wurde[13].

II. Epochenbegriffe – das Beschreibungsmodell der Systemtheorie

Während das kulturwissenschaftliche Paradigma vor allem den transkulturel-
len, transnationalen und transdisziplinären Vergleichsdruck auf das Ungenügen der Epochenbegrifflichkeit verschärft, so hatte zuvor – relativ weniger
sichtbar – das den *Cultural Studies* zeitlich vorgängige Paradigma der Systemtheorie – gemeint ist die soziologische Systemtheorie Niklas Luhmanns –
die ungenügende Systematizität von Epochenbegrifflichkeit und die Unzu-
länglichkeiten ihres Theoriedesigns sichtbar gemacht.[14]

Luhmann schlägt im ersten Schritt eine Kombination von soziokultureller
Evolutionstheorie mit den traditionellen Phasenmodellen historischer Entwicklung vor, wie wir sie aus der Theorie der Epochensequenzen kennen.[15]
Evolutionstheorie ist demnach mit Strukturveränderungen befaßt, das heißt:
mit evolutionären Sequenzen; Epocheneinteilungen und Epochenmodelle liegen dagegen auf der Ebene des Beobachters[16], sind somit Teil der Selbstbeschreibung von Gesellschaften[17]. Diskontinuierliche und ungeplante Strukturänderungen[18] sowie entsprechende morphogenetische Veränderungen können nun unterschieden werden von den vielleicht ganz andersartigen Modi
ihrer Wahrnehmung als Epochen. Dabei haben diese selbstvergewissernden
Selbstbeschreibungen in Form von Epochengliederungen ihrerseits wieder
eine soziale Funktion als rückgekoppelte „Verstärkereffekte" im gesellschaftlichen Kommunikationsprozeß: Epochenmodelle gehen so via gesellschaftliche Kommunikation wieder als modellierende „Faktoren in den Geschichtsverlauf" ein[19]; denn sie entwickeln erfolgreiche kulturelle Semantiken von
Zäsuren, Neuheitsqualität etc.[20].

Dieses Theorieangebot Luhmanns eröffnet neue Beschreibungsmöglich-
keiten. Zum einen entlastet die Differenzierung von Struktur- und Formen-

---

[13] Vgl. das Vorwort in: *Wolf-Dieter Stempel/Karlheinz Stierle (Hrsg.), Die Pluralität der
Welten. Aspekte der Renaissance in der Romania*. München 1987, 7.
[14] *Niklas Luhmann*, Das Problem der Epochenbildung und die Evolutionstheorie, in: Hans-
Ulrich Gumbrecht/Ursula Link-Heer (Hrsg.), Epochenschwellen und Epochenstrukturen
im Diskurs der Literatur- und Sprachhistorie. Frankfurt am Main 1985, 11–34.
[15] Ebd. 19.
[16] Ebd. 17.
[17] Ebd. 26.
[18] Ebd. 16 ff.
[19] Ebd. 26.
[20] Ebd. 25.

wandel einerseits versus Epochenmodellierung andererseits die Historiographie vom Zwang der Herstellung – der narrativen Herstellung – linear-kausaler Zusammenhänge; favorisiert wird statt dessen nun die Beschreibung diskontinuierlicher und non-intentionaler Wechsel in Gemengelagen; unterscheidbar werden zudem „wahrgenommene" von „nicht wahrgenommenen" Strukturänderungen. Somit wird ein wesentlich eleganteres und wesentlich besser operationalisierbares Verfahren geboten, um eine stets gebetsmühlenhaft beschworene „Gleichzeitigkeit des Ungleichzeitigen" zu fassen, bei der sowohl „alles im Fluß" ist als auch „alles mit allem" zusammenhängt.

Ich ziehe daraus für das Renaissance-Problem in Spanien folgende Konsequenz: Das *objet du désir*, die vielfach schmerzlichst vermißte linear „,steigende Rinascimentalität' in chronologischer Folge"[21] läßt sich weder in der Reihe der Texte noch im allgemeinen Geschichtsverlauf des *Siglo de Oro* fixieren; ebensowenig lassen sich die im jüngeren Forschungsverlauf unzweifelhaft konstatierten „Inseln [...] ,rinascimentaler Werke' in Spanien" zusammen mit den ebenso unzweifelhaft konstatierten nicht-rinascimentalen Elementen „zu einem Ganzen integrieren".[22] In Anwendung des Luhmannschen Vorschlags plädiere ich daher dafür, derartige Phänomene der Simultaneität von Epochen und Kulturen nicht nur in diesem besonderen Fall, sondern prinzipiell als „Kopräsenz" zu bezeichnen statt den etablierten hispanistischen Terminus der „Koexistenz" zu wählen, unter anderem als eingebürgerte Übersetzung von *convivencia* (,Zusammenleben'). Subjektfreie Kopräsenz wird somit programmatisch unterscheidbar von subjekthaltiger Koexistenz/*convivencia*, deren Kehrseite *clash* ist – „clashes of cultures/clashes of epochs".[23] Subjektfreie Kopräsenz ist also eine Beschreibungsebene des Typs „Beobachtung zweiter Ordnung"; subjekthaltige Wahrnehmung von Koexistenz/*convivencia* versus *clash* wird dagegen als „Beobachtung erster Ordnung" auf die Ebene historischer Selbstbeschreibung verwiesen.

Einen zweiten Schritt des konzeptionellen Angebots – und damit ein zweites Versprechen auf Beschreibungsvorteile – macht Luhmann, wenn er die bisherige Kombination von Evolutionstheorie und Theorie historischer Phasenmodelle erweitert um den dritten Faktor der Systemtheorie. Die Erklärung für Strukturänderungen „höheren Ranges", das heißt „mit größerer Breitenwirkung" gegenüber Strukturänderungen „minderen Ranges", also „mit geringerer Breitenwirkung", liefert die Evolutionstheorie mit dem Distinktionsbegriff der „evolutionären Errungenschaft".[24] Solche „hochzentralisierten" evolutionären Errungenschaften, von denen nahezu alles andere abhänge,

---

[21] *Braun*, Spanische Renaissance (wie Anm. 9), 17.
[22] Ebd. 14.
[23] Begriff nach *Samuel P. Huntington*, The Clash of Civilizations and the Remaking of World Order. 7. Auf. New York 1996.
[24] *Luhmann*, Das Problem (wie Anm. 14), 17.

führen zu herausgehobenen „Sattelzeiten" und ermöglichen damit die Wahrnehmung von „Epochentrennungen" und „Epochensequenzen".[25] Unter sy-
stemtheoretischer Perspektive einer Theorie der Gesellschaft als selbstrefe-
rentiellem Kommunikationssystem[26] gelten als solche herausgehobenen
„evolutionären Errungenschaften mit hohem Zentralisierungsgrad" nur zwei
Arten von Strukturveränderung: Verbreitungsmedien der Kommunikation
(Oralität – Literalität; Manuskriptschriftlichkeit – Druckschriftlichkeit –
EDV; Ikonizität – Foto – Film – *visual turn*; *acoustic turn*; etc.); Formen der
Systemdifferenzierung: segmentär – stratifikatorisch – funktional. Je nach
Entscheidung – für Verbreitungstechniken oder für Systemdifferenzierung –
„kommt man [...] zu verschiedenen Epocheneinteilungen".[27] In jedem der
beiden Fälle ist evolutionstheoretisch *nicht* von einem Nacheinander verschiedener Formen auszugehen: „Vielmehr", so Luhmann, „wird durch jede
nachfolgende Errungenschaft die Gesamtgesellschaft unter Einschluß ihrer
schon älteren Möglichkeiten rekonstruiert." – „Parallellauf von Diskontinuität und Diskontinuität"[28] heißt also erneut: Kopräsenz – Kopräsenz von älte-
ren und neueren Möglichkeiten. „Im Ergebnis", so Luhmann, „entsteht daraus
ein Bild von sich überlagernden Sequenzen; und die interessanteren For-
schungsfragen beträfen dann Probleme der wechselseitigen Bedingung, der
evolutionären Überleitung, der Vorentwicklungen (*preadaptive advances*),
des Bereithaltens von noch ungenutzten Möglichkeiten und der Vollendung
im Sinne des Erreichens der für eine Form maximalen Komplexität"[29] – und
das scheinen mir für alle historisch arbeitenden Disziplinen faszinierende Perspektiven, ihre Geschichten zu schreiben.

Als Anwendungsperspektive zum Renaissanceproblem in Spanien ließe
sich daher formulieren: Während die Geschichte der Verbreitungstechniken
uneingeschränkt transkulturelle und transnationale Reichweite hat, ist in der
Geschichte der Systemdifferenzierungen nur ein einziger Fall des Übergangs
von stratifikatorischer zu funktionaler Differenzierung bekannt: „Europa in
der beginnenden Neuzeit".[30] Aus evolutionstheoretischer Periodisierung erstreckt sich diese Strukturveränderung vom 12. bis zum 18. Jahrhundert in
Form einer „Übergangsgesellschaft"; bewußt und reaktiv wird die europäische Gesellschaft laut Luhmann gegenüber ihrer neuen Form dagegen erst in
der zweiten Hälfte des 18. Jahrhunderts – hier läge also die beobachterspezi-
fische Epochenschwelle.

---

[25] Ebd. 19.
[26] Ebd.
[27] Ebd. 20.
[28] Ebd.
[29] Ebd.
[30] Ebd. 24.

Spaniens Position in der Frühen Neuzeit ließe sich daher zwischen Luhmann und traditioneller Historiographie wie folgt resümieren: *Nicht* nach den traditionellen geschichtswissenschaftlichen Kriterien, sondern *nur* nach den evolutions- und systemtheoretischen Kriterien von Verbreitungstechniken und Systemdifferenzierung hat das Spanien des Spätmittelalters und der Katholischen Könige (letztes Drittel 15., erste Jahre des 16. Jahrhunderts) einen Entwicklungsvorlauf vor dem übrigen Europa[31]; dieser endet freilich rasant und ist im 18. Jahrhundert in einen *retraso* (‚Verspätung') so gravierender Art umgeschlagen, daß die Frage entsteht, ob Spanien am Modernisierungsschub der europäischen Aufklärung überhaupt teilhat. „Gibt es eine spanische Aufklärung?" ist daher die Fortschreibung der Voltaireschen Kritik an der *leyenda negra* – der ‚schwarzen Legende' der Greuel der Inquisition und der Konquistadoren, ist die Fortschreibung von Masson de Morvilliers zeitgleich vernichtender Frage: „Mais que doit-on à l'Espagne?"[32] Für unseren Untersuchungszeitraum selbst, die unmittelbar an die *Reyes Católicos* anschließende Periode des nahezu kompletten 16. und des 17. Jahrhunderts, liefert die traditionelle Historiographie eine Triade:

(1) Blüte der Künste in der Abfolge Renaissance (inclusive Humanismus und Erasmismus)/Barock für die *Siglo de Oro* genannte Periode; wobei die „Celestina" die Renaissance, Lope de Vega und Calderón prototypisch barocke Literatur repräsentieren[33];

(2) *Decadencia* der Wirtschaft – das heißt: Scheinblüte und Zerrüttung, unter anderem im Bereich der Staatsfinanzen etc. – in einer von der Sozialgeschichte als *España moderna* bezeichneten Periode[34]; parallel also je eine „lange Weile" künstlerischer Blüte und ökonomischer Dekadenz.

(3) In der Politik dagegen die „Kurzweil" einer Weltherrschaft zwischen Aufstieg und Fall unter Karl V. und Philipp II.: Die Personalunion zwischen Spanien und Portugal symbolisiert ebenso wie der Bau des Escorial den Höhepunkt der Macht *im* Land; die Übernahme des spanischen Hofzeremoniells symbolisiert den Höhepunkt der Macht in Europa ebenso wie die *conquista* den in der Neuen Welt. Mit der Peripetie des Untergangs der Armada setzt dagegen jäh die *decadencia* einer ereignis- und politikgeschichtlich „Anfang der Neuzeit"[35]/„Frühe Neuzeit" genannten Periode ein, so daß „Blüte der Künste"

---

[31] *Hans-Ulrich Gumbrecht*, Eine Geschichte der spanischen Literatur. Bd. 1. Frankfurt am Main 1990, 175–293.

[32] Encyclopédie Geografique, hier zit. nach *Rico*, Temas (wie Anm. 4), 1.

[33] *Juan Luis Alborg*, Historia de la literatura española. Vol. 2: Época barroca. 2. Aufl. Madrid 1993, 28 f.

[34] *Jean-Paul Le Flem*, Los Aspectos económicos de la España Moderna, in: Manuel Tuñón de Lara (Ed.), Historia de España. Vol. 5: La Frustración de un Imperio (1476–1714). Barcelona 1984, 11–135.

[35] Vgl. dazu: Der große Ploetz. Die Daten-Enzyklopädie der Weltgeschichte. Daten, Fakten, Zusammenhänge. 32., neubearb. Ausg. Freiburg im Breisgau 1998.

und „Niedergang der Wirklichkeit" einander paradigmatisch gegenüberge-
stellt werden können: „período áureo español en su literatura [...] pero en
medio de una decadencia general".[36]

III. Tradition und Innovation eines Epochenbegriffs in der Hispanistik

*Bestandsaufnahme älterer und neuerer Beschreibungsmodelle zur
Beantwortung der Frage: Gibt es eine spanische Renaissance?*

1. Die erste – alte – Antwort: Nein!

Die Frage „Gibt es eine spanische Renaissance?" wurde 1927 von Victor
Klemperer gestellt und negativ beantwortet. Nein, in Spanien gibt es *keine*
Renaissance – das war eine breit durchgesetzte Forschungsmeinung –, wenn
Renaissance zweierlei bedeutet: den radikalen Bruch mit dem Mittelalter so-
wie die humanistische Säkularisierung des Lebens („pagane Renaissance").[37]

2. Die innerhispanistische Gegenreaktion: Und es gibt sie doch!

„El Renacimiento español no sólo estuvo a la altura de sus más brillantes
manifestaciones en otros países, sino que todavía los sobrepujó en muchos
aspectos".[38] Diese Renaissance liegt folgerichtig um ein Jahrhundert später
als die italienische[39] und weist folgenden Ablauf auf:

14. Jahrhundert	„primeros destellos (,Aufblitzen') del espíriture-nacentista"
die ersten beiden Drittel des 15. Jahrhunderts	„auténtico prerrenacimiento español"
letztes Drittel des 15., erste Jahre des 16. Jahrhunderts	„período de preparación, [...] momento inicial" gesamtes 16. Jahrhundert „El Renacimiento cubre [...] la totalidad del siglo XVI [...]"

darin zwei Perioden: die beiden Jahrhunderthälften in Koinzidenz mit den Regierungszeiten Karls V. und Philipps II.:
– erster *período*: universalistisch, vitalistisch („Primero Renacimiento Español": *renacimiento pagano*)
– zweiter *período*: nationalistisch, Mystik, Gegenreform („Se-
gundo Renacimiento Español": *renacimiento cristiano*)

[36] *Alborg*, Historia (wie Anm. 4), Vol. 1, 29.
[37] Ebd. 625.
[38] Ebd. 626.
[39] Ebd. 27.

letztes Drittel 16. Jahr- hundert	Ende der Renaissance („advenimiento del bar- rocco": „nacionalización del mundo renacentis- ta, [...] su fusión con las nuevas actitudes espi- rituáles traídas por la Contrarreforma") Ende der Öffnung Spaniens auf Italien; Schließung und Isolierung.[40]

Die Apologie „Und es gibt sie doch!" basiert auf der Etablierung einer literarischen Wertung unter dem Kriterium „Originalität" bzw. „Spezifizität" der spanischen Renaissance: „Besonderheit", „síntesis peculiarísima".[41] Hieraus entsteht zum einen das Gegenkonzept einer spezifisch „christlichen Renaissance" in Spanien, basierend auf der Annahme einer „fusión" von mittelalterlichem Gedankengut in die Renaissance[42] oder gar das Konzept eines spanischen Sonderweges, nach dem der *Siglo de Oro* „eine direkte Fortsetzung der mittelalterlichen Tradition" sei[43]. Es entsteht zum anderen das Gegenkonzept des „Populären", „Lokalen" und „Hispanischen" der spanischen Literatur: die vielzitierten „spanischen Besonderheiten" auf metahistorischer Ebene („pecularidades") – zusammengefaßt in den folgenden Charakteristika bzw. Nationalcharakteristika[44]: Nüchternheit, Spontaneität, Improvisation; Pragmatismus, Vitalismus, kein *L'Art pour l'Art*; Realismus; moralische Austerität; Synthese und Originalität.

Kommentar (1): Die Verwendung der Termini „L'Art pour l'Art" und „Realismus" – in Analogie „Aufklärung" – zeugt von einer fatalen Vermischung des historischen Eigennamens mit dem metahistorischen Begriff.

Kommentar (2): Wir sehen direkt in den analytischen Abgrund, wenn es einerseits Ästhetizismus in der „spanischen Besonderheit" nicht geben soll, wenn andererseits übereinstimmend der einflußreiche spanische Literaturbarock in seiner manieristischen Komponente als erste ästhetizistische Phase der europäischen Literatur bewertet[45] und als mit „Klassik" alternierender Manierismus definiert wird[46].

Innerliterarisch bestehen die metahistorischen „spanischen Besonderheiten" nach dieser Auffassung in einem unregelmäßigem Metrum und ametrischem Vers (statt dessen Assonanz); in kollektiver Autorschaft (*colectivismo/ colaboración*); in Themenübernahmen und Themenfortschreibungen; d. h. zusammenfassend in einer hohen Intertextualität und Schwäche der Autor-

---

[40] Das Ablaufschema nach ebd. 27 ff.
[41] Ebd. 626.
[42] Ebd.
[43] *Küpper*, Diskurs-Renovatio (wie Anm. 11), 26.
[44] Hier stellvertretend nach *Alborg*, Historia (wie Anm. 4), Vol. 1, 14–26.
[45] *Küpper*, Diskurs-Renovatio (wie Anm. 11), 11.
[46] Ebd. 14.

position. Auf internationaler hispanistischer Ebene lautet das Ergebnis der Debatte „Gibt es eine spanische Renaissance" folglich: Spanien hat eine *andere* Renaissance. Auf innerspanischer Ebene lautet es zudem: Die Kränkung des Zweifels ist erst gesühnt mit dem Erweis einer *besseren* spanischen Renaissance.

Offensichtlich gehören die metahistorischen Kriterien von nationalcharakterisierender Literaturgeschichtsschreibung, wenn auch bis heute virulent, einer vergangenen wissenschaftsgeschichtlichen Epoche an; die Debatte hat aber dennoch zu einer die Hispanistik übergreifenden Frage beigetragen:

3. Übergang von essentialistischen/substantialistischen zu konstruktivistischen Epochenbegriffen. Das Konzept der „spanischen Varianten" zu den großen Perioden der europäischen Literaturen anderer Länder hat ebenso zu diesem Paradigmenwechsel geführt wie das Konzept der zeitlichen „Koinzidenz" der spanischen Variante mit bzw. ihrer „Asynchronie" zu den anderen Ländern.[47] Warum?

3.1. Übergang von normativen zu deskriptiven Epochenbegriffen

Die Gleichsetzung einer mononationalen „italienischen Renaissance", der „französischen Aufklärung", der „französischen Klassik" mit dem Normtyp der Epoche überhaupt wurde ersetzt durch die deskriptive Würdigung der anderen nationalen Varietäten. Mit Bourdieu wäre dies als Definitionskampf und Wertungskampf im Feld zu beschreiben, um die neue Dignität der Varietäten als Thema zu etablieren – Paradefall: die spanische Aufklärung. Das deskriptive Modell ermöglicht zugleich eine Lösung von traditionellen Einfluß-Modellen.

3.2. Kritik an der unzureichenden Systematizität des jeweiligen Epochenbegriffs:

Für den Fall der Renaissance:

(1) Das ältere Renaissance-Konzept basierte auf der Übertragung des Stilparadigmas Malerei/Bildende Kunst/Architektur auf Literatur/Text. Diese Übertragung hat sich angesichts der Eigengesetzlichkeit unterschiedlicher Medien als nicht tauglich erwiesen, um über ikonischen, symbolischen und diskursiven Zeichensystemen sowie rhetorischen Merkmalskatalogen[48] die zwei Leitfragen epochenzentrierter Literarhistorie befriedigend zu beantworten: die nach der „historischen Einheit des Textfundus" und die nach der „historischen Situierung der Texte"[49].

(2) Das ältere Renaissance-Konzept basierte darüber hinaus auf einer Leitvorstellung der Wiedergeburt antiker Einfachheit. Diese wurde abgelöst von ei-

---

[47] *Alborg*, Historia (wie Anm. 4), Vol. 1, 27.
[48] *Küpper*, Diskurs-Renovatio (wie Anm. 11), 9 ff.
[49] Ebd. 7.

nem neueren Epochenverständnis der „Pluralität"[50], „Heterogenität", „Koexistenz"; basiert auf die epistemologische Umstellung von mittelalterlicher kosmologischer Providenz auf frühneuzeitliche Kontingenz[51].

Als diskursiver Effekt solcher neuerer Überlegungen wurde somit erstens eine zuvor stillschweigend vorausgesetzte Essentialität und Substantialität „der" Renaissance brüchig; sichtbar gemacht wurde statt dessen die Konstruktivität von Epochenbegriffen, die die Abhängigkeit ihrer Ergebnisse – Typisierungen, Periodisierungen – abhängig wußte von den eigenen Setzungen und Voraussetzungen.

Zum Zweiten erfolgt vielfach in der Konsequenz ein Abgehen von linear-kausalen Erklärungs- und Darstellungsmodellen; narrativ vergegenwärtigte Abfolgemodelle traten zugunsten der *thick descriptions* von Simultaneitäten/Koexistenz – besser „Kopräsenz" – zurück. Dies bedeutete zugleich, Bilder von höherer Komplexität und Diffusität zu zeigen angesichts des hohen Preises, der bislang für die nun verlorene „Schärfe" subkomplexer Epochengliederungen zu zahlen war[52]; ein Befund, der auch die Karriere von Begriffen wie dem der „Gemengelage" erklären kann.

Übrig bleibt dann das Problem der Anwendung solcher Überlegungen auf den Bereich der Hispanistik als einem besonders problematischen Forschungsfeld. In unserem Fall: das bislang ungelöste Problem der „rinascimentalen Inseln" bei Verzicht auf Deutungsmuster „steigender Rinascimentalität" im Kontext kohärent beschreibbar zu machen. Auf der Metaebene der Methodologie und Theorie der Epochenbegrifflichkeit stehen diese und ähnliche Überlegungen für die Herausforderung, den Beschreibungsvorteil der Erfassung diffuser simultaner Gemengelagen mit ihren Varietäten nicht zu bezahlen mit dem Nachteil einer Auflösung kohärenter Epochendistinktionen.

4. Ich stelle zum Schluß einen erfolgreichen und überzeugenden Vorschlag vor, der 1990 von Joachim Küpper für das vorliegende Problem präsentiert wurde.

Unter Rückgriff auf Foucault werden hier Mittelalter und Renaissance gemeinsam der Episteme des analogischen Denkens zugeordnet, während erst in der zweiten Hälfte des 17. Jahrhunderts die neue Episteme des rationalistischen Ordnungswissens, die Episteme der Taxonomie, greift. Von hier aus wird ein neuer Blick auf die Epochenproblematik möglich. Auszugehen ist demnach von einer „Kontinuität der *Form* des analogischen Diskurses"[53]

---

50 *Braun*, Spanische Renaissance (wie Anm. 9), 14 ff.
51 Ebd. 13–16.
52 Vgl. dazu *Stempel/Stierle*, Die Pluralität (wie Anm. 13), sowie *Hans-Ulrich Gumbrecht/ Ursula Link-Heer* (Hrsg.), Epochenschwellen und Epochenstrukturen im Diskurs der Literatur- und Sprachhistorie. Frankfurt am Main 1985.
53 *Küpper*, Diskurs-Renovatio (wie Anm. 11), 20.

über die Epochengrenze Mittelalter/Renaissance hinweg. Die Semiotik dieses
Analogismus als eine Reduktion der Vielheit auf die Ähnlichkeit des Einen,
also auf die Offenbarung der Schrift, war freilich unter den Bedingungen des
mittelalterlichen *ordo* der Providenz eine „geschlossene" Welt; in der Renaissance wird nun dagegen der Analogismus unter den Bedingungen der Kontingenz „offene" Welt, wird „chaotisiertes Terrain" ohne „ordnungsgebende Raster": „die Renaissance ist eine Epoche unbewältigter Vielheit, eine Epoche
geistiger Potentialitäten".[54]

Im 16. Jahrhundert geht der so in einer ersten Stufe „chaotisierte analogi-
sche Diskurs in die zweite Auflösungsstufe über, den Manierismus." Der Manierismus basiert zwar auf dem analogischen Diskurs, setzt ihn aber anders
ein – autoreflexiv: „Die manieristische Rede ist ein geistreiches *Spiel* mit der
Analogie, ein Diskurs der überraschendsten, [...] entlegensten [...] Gleichset-
zungen, [...] Pointen, [...] Äquivokationen und Oppositionen rein virtueller
Natur".[55] Als Kriterium von Epochendistinktion ist daher nun neben dem
diskurstheoretischen und diskurshistorischen Instrumentarium zusätzlich ein
weiteres Instrumentarium zu benennen: das der Bedeutungstheorie und der
Geschichte der Signifikation. Nicht „the message" interessiert, sondern „the
medium"; nicht die außersprachliche Referenzhaftigkeit von Sprache interessiert – das Signifikat, sondern das Sprachspiel, das „freie Spiel der Signifikan-
ten". Damit wird die Aufmerksamkeit auf die Sprachlichkeit, das heißt: auf
die Rhetorizität von Bedeutungsproduktion gelenkt; referentielle wird zugunsten von autoreferentieller Sprachverwendung ersetzt.

Diese autoreferentielle Wende des chaotisierten Diskurses zurück auf sich
selbst markiert nach Küpper den Literaturbarock, die erste Hälfte des
16. Jahrhunderts in Spanien. Sein epochendistinktiver Verzicht besteht nach
der jahrhundertelangen Periode diskursiver Ordnungslosigkeit nun im Verzicht auf „sinnvolle Rede-über-die-Welt"; statt dessen werden die analogischen Formen ästhetisch – das heißt: ästhetizistisch/manieristisch funktionali-
siert.[56] Geschlossen wird nach Küpper diese manieristische erste Hälfte durch
den Einschnitt der Jahrhundertmitte. Die Gegenreformation markiert mit ihrer
Wiederherstellung von Welterklärung über patristisches und scholastisches
Wissen eine „Diskurs-Renovatio". Die zuerst chaotisierten und dann ludifi-
zierten Diskurse werden nun in jene Ordnung zurückgestellt, „aus der sie einst
entlassen worden waren".[57] Das rinascimentale Substrat bleibt spürbar, wird
aber orthodox-analogisch überformt. Insofern sind die Texte eben *nicht* direkte Fortschreibung der mittelalterlichen Tradition und auch *nicht* „Gegen-
Renaissance". Die Diskurs-Renovatio ist eine nicht nur spanische, aber in die-

---

[54] Ebd. 21.
[55] Ebd.
[56] Ebd.
[57] Ebd. 22.

ser Stärke vor allem spanische Antwort auf die Chaotisierung: „Die abgestufte Intensität der restaurativen Welle in den einzelnen Nationaldiskursen reflektiert die mehr oder weniger großen, nunmehr nicht diskursiven, sondern realen, machtpolitischen Zugriffsmöglichkeiten der Ecclesia auf die Definition und Durchsetzung verbindlicher Sprachregelungsmuster".[58]

Der spanischen Antwort gegenüberzustellen ist nun freilich die „neue" cartesianische Episteme des rationalistischen Ordnungswissens als die *andere* Reaktion auf den diskursiven Ordnungsverlust. Ihr Taxonomismus gründet mit der *idea clara et distincta* Opposition auf menschliche Logik dort, wo der Analogismus distinkte Opposition in Ähnlichkeitsbeziehungen zusammenfallen ließ und diese Ähnlichkeiten auf die gottgegebene Ähnlichkeit fundierte.[59] Damit steht ein „Programm der Restitution" und „Re-Integration" des Barock gegen den cartesianischen Bruch der Episteme. Die beiden Programme fallen im nationalsprachlichen Diskurs Spanien versus Frankreich auseinander. Spanien verschreibt sich mit dem Barock der prämodernen Rede über Welt, indem es zugleich Wiederaufnahme des Mittelalterlichen und Bewältigung des Renascimentalen unter das Signum der „Renovatio" stellt. In Frankreich stirbt dagegen im Zeichen der siegreichen neuen Taxonomie der auf analogischer Basis entstandene manieristische Diskurs schnell ab und weicht einer erfolgreichen neuen klassizistischen Ordnungsästhetik.

Mit Vorschlägen dieses Typs scheint mir der systemtheoretischen Forderung Rechnung getragen, Kopräsenz, Rekombination und Diskontinuität befriedigend voneinander zu unterscheiden bei der Antwort auf die Frage nach der Epochengliederung des *Siglo de Oro*.

---

[58] Ebd. 22 ff.
[59] Ebd. 23.

Die lange Weile des Goldenen Zeitalters (II)

Mythos · Epochen · Diskurs – Parameter nationaler Sinnstiftung

Von

Marlen Bidwell-Steiner

Dieser Beitrag soll dokumentieren, welchen Nutzen Strukturierungsleistungen, wie sie Friederike Hassauer im vorangegangenen Artikel anbietet, für die Literaturwissenschaften darstellen. Ihre Thesen in bezug auf „spanische Besonderheiten"[1] möchte ich im Anschluß auf die Ebene der Textformationen herunterdeklinieren, um damit jene großen Metagebäude auf der Mikroebene zu legitimieren: eine Argumentation, die in stillschweigender Voraussetzung derartiger Interdependenzen durchaus dem analogen Denken der Frühen Neuzeit verpflichtet ist.

In diesem Sinne untersuche ich zwei Gattungen auf ihre Erklärungsmacht für die von Friederike Hassauer konstatierte epochale Kopräsenz: die *novela cortesana* und die *comedia*. Wie lassen sich diese beiden spanischen Termini ins Deutsche übertragen? Alle mir bekannten Versuche verfehlen zumindest *einen* Aspekt des originalsprachlichen Bedeutungsfeldes: Die in der deutschsprachigen Hispanistik etablierten Bezeichnungen konnotieren im Fall der „Novelle" Goethes Diktum der „unerhörten Begebenheit"[2] und die für die deutsche Novelle der Romantik typische Konfrontation zwischen Individuum und Gesellschaft. „Ehrdrama" wiederum unterschlägt den Aspekt der Gattungsmischung, also das komische Moment, das den spanischen Terminus – durchaus auch irreführend – dominiert.

Somit besteht ein erster operativer Schritt der folgenden Ausführungen darin, die semantischen Verschiebungen von „Novelle" zur *novela corta* und von „Ehrdrama" zur *comedia* zu verdeutlichen. Verschiebungen, die Joachim Küpper für die *comedia* prägnant als „Diskursrenovatio"[3] beschreibt. Seiner detaillierten Analyse ist auf diskurstheoretischer Ebene kaum mehr etwas hinzuzufügen. Ich folge daher im wesentlichen seinen Thesen, verschiebe dabei aber die Beobachterperspektive, indem ich – und damit ist der zweite opera-

---

[1] Vgl. den Beitrag von *Friederike Hassauer*, Die lange Weile des Goldenen Zeitalters (I): Konzepte von Epochenschwellen und Epochenbrüchen der spanischen Klassik zwischen Epochentypik und Transnationalität, in diesem Band.

[2] *Johann Peter Eckermann*, Gespräche mit Goethe in den letzten Jahren seines Lebens. Hrsg. v. Otto Schönberger. Stuttgart 1994, 234.

[3] *Joachim Küpper*, Diskurs-Renovatio bei Lope de Vega und Calderón. Untersuchungen zum spanischen Barockdrama. Mit einer Skizze zur Evolution der Diskurse in Mittelalter, Renaissance und Manierismus. Tübingen 1990.

tive Schritt meiner Intervention benannt – seinen „foucaultinischen" Blick mit
dem von Friederike Hassauer vorgestellten Potential der Systemtheorie[4]
kontrastiere, um die Hintergründe der postulierten diskursiven Verwerfungen
offenzulegen. Dadurch soll die Epochisierung der spanischen Frühen Neuzeit
sowohl in ihrem gesamteuropäischen Kontext als auch in ihrer *hispaneidad*
faßbar werden.

I. Die Diskurse der *novela cortesana* und der *comedia* zwischen Kontinuität und Wandel

Gerade die laufende Diskussion zur Überwindung des Nationalstaates in Zeiten der Globalisierung schärft den Blick dafür, daß das vornationalstaatliche
Europa von Interkulturalität und Intertextualität geprägt war. Es besteht also
zwischen Spanien und Resteuropa seit der medialen Verbreitung verschrifte-
ter Literatur ein reger Austausch, wobei der diachrone Befund vor allem innerhalb der Mittelmeerkulturen einen Kreislauf der Distribution ergibt. Zunächst werden sowohl klassisch lateinische und griechische Texte als auch
arabisches Erzählgut verstärkt über Spanien vermittelt und geraten so über
den provenzalischen Filter nach Italien. Ohne diese Tradierungslinie wäre die
paradigmatische italienische Renaissance nicht denkbar. Namentlich die sich
konstituierende Gattung der Novelle verbindet klassische Literaturkonzepte
mit orientalischen Erzählformen, um das mit der Renaissance als Aufbruch
empfundene Lebensgefühl adäquat zu kommunizieren, so die einhellige Meinung der romanistischen Forschung, wie sie etwa Hans-Jörg Neuschäfer in
seinem Standardwerk „Boccaccio und der Beginn der Novelle"[5] vertritt. Er
entwickelt in einem Verfahren des Strukturvergleichs die These, daß die Innovation der Gattung in der Verarbeitung bzw. Widerspiegelung einer Kontin-
genzerfahrung gründe. Die Novelle folgt nämlich weder rein didaktischen
Ansprüchen (*exempla*) noch bietet sie nur derbe Unterhaltung (*fabliaux*), sie
inkorporiert vielmehr beides und macht etwas Neues daraus, indem sie dieses
Spannungsverhältnis auslotet und oftmals auch einen unbewältigten Rest aus-
hält. Nun ist es aber keineswegs so, daß sämtliche nachfolgenden Novellen
denselben Grad an Komplexität erreichen, es scheint vielmehr, daß die Novelle nach Boccaccio sich wieder dem Frivolen zuneigt und in der Folge zwischen diesen beiden Polen changiert.[6] In diesem Sinne analysiert beispiels-

---

[4] *Niklas Luhmann*, Das Problem der Epochenbildung und die Evolutionstheorie, in: Hans-
Ulrich Gumbrecht/Ursula Link-Heer (Hrsg.), Epochenschwellen und Epochenstrukturen
im Diskurs der Literatur- und Sprachhistorie. Frankfurt am Main 1985, 11–34.
[5] *Hans-Jörg Neuschäfer*, Boccaccio und der Beginn der Novelle. Strukturen der Kurz-
erzählung auf der Schwelle zwischen Mittelalter und Neuzeit. München 1969, 9.
[6] Einen guten komparatistischen Überblick über die romanische Novelle in der Frühen

weise Karlheinz Stierle die Form des Exemplums in seiner historischen Entwicklung von der Antike und dem Mittelalter über die Novelle Boccaccios bis hin zu den Essais von Montaigne.[7]

Damit ist der vorhin postulierte Kreislauf weitergezeichnet: Denn die kreative Produktion der italienischen Renaissance wird in Frankreich und Spanien heftig rezipiert und den jeweils eigenen kulturellen Bedürfnissen adaptiert. Was in Stierles Analyse leider ausgespart bleibt, ist die strukturelle Nähe der romanischen Novelle zum Drama, die neben der *novela cortesana* einen alternativen Gegenpol zur evolutiven Weiterentwicklung der Gattung zum Essai bildet. Beide Pole, der *Essai* einerseits, *novela cortesana* und *comedia* andererseits, greifen den Renaissance-Diskurs auf und verändern ihn gleichzeitig. Hier spiegelt sich auf der Gattungsebene, was Friederike Hassauer in bezug auf die zwei epistemologischen Optionen genannt hat, die bunte Vielfalt der Kontingenz zu restrukturieren: Die spanische Antwort besteht im ludischen Ausreizen immer neuer Variationen, Relationen und Analogien zwischen Kosmologie und Gesellschaft, zwischen Makrokosmos und Mikrokosmos, zwischen Sein und Schein. Aus meiner Sicht weise ich daher auch die Postulierung einer *l'Art pour l'Art*- Bewegung für Barock oder Manierismus zurück, da dies die Bedeutung und damit die Deutung der überbordenden Rhetorik und Stilistik der Frühen Neuzeit verfehlt: Wie etwa aus Baltasár Graciáns „Agudeza y Arte de Ingenio"[8], einem der bedeutendsten frühneuzeitlichen spanischen Werke zur Ästhetik, hervorgeht, gründet die Emphase auf Rhetorik ja nicht auf absoluter Abweisung von Erkenntnis schlechthin, sondern auf der Prämisse einer verborgenen und nur schrittweise zugänglichen Entsprechung zwischen Sinn und sprachlichem Sinnspiel. Die der *comedia* inhärente Ambivalenz und Mimikry trägt also immer das spielerische Besetzen von gesellschaftlichen Freiräumen und ethischen „Nullpositionen"[9] mit, das auch die Renaissance-Novelle kennzeichnet. Ihre Selbstanzeigesignale von meta- und paratextuellen Markern verweisen diese subversiven Elemente aber wieder an den Rand einer prinzipiell bejahten Ordnung. Die spanische Novelle entwickelt eine noch signifikantere Ökonomie von Sanktionen, die

Neuzeit bietet: *José Luis Alonso Hernández/Martin Gosman/ Rinaldo Rinaldi* (Eds.), La Nouvelle Romane (Italia – France – España). Amsterdam 1993.

[7] *Karheinz Stierle*, Geschichte als Exemplum – Exemplum als Geschichte. Zur Pragmantik und Poetik narrativer Texte, in: Reinhart Koselleck/Wolf Dietrich Stempel (Hrsg.), Geschichte – Ereignis und Erzählung. (Poetik und Hermeneutik, Bd. 6.) München 1973, 347–375, hier 352.

[8] *Baltasar Gracián*, Agudeza y arte de ingenio. Ed. por Eucharisto Correa Calderón. Madrid 1969.

[9] Der Begriff bezeichnet das Vakuum zwischen Norm und Praxis, das kasuistischen Erörterungen Raum schafft, und stammt von: *Alfonso de Toro*, Von den Ähnlichkeiten und Differenzen. Ehre und Drama des 16. und 17. Jahrhunderts in Italien und Spanien. Frankfurt am Main 1993, 140.

eng mit der Verabsolutierung aller wesentlichen Gesellschaftsbereiche zusammenhängt.

Wenn Neuschäfer die Kontingenzbewältigung als für die Novelle konstitutiv setzt, so gilt dies freilich auch für den Roman. Während dieser aber eine Subjekterfahrung verarbeitet, lebt die Novelle der Frühen Neuzeit von Typen. Diese sind, wie Neuschäfer analysiert, durchaus mehrpolig. Die in ihnen inszenierten Widersprüchlichkeiten und Brüche betreffen aber eine für die konkrete historische Wirklichkeit allgemeine Erfahrung, nicht eine individuelle Besonderheit. In der italienischen Renaissancenovelle werden unterschiedliche Kasus verhandelt, ohne daß der gattungsimmanente Diskurs eindeutig mit einer bestimmten ethischen oder politischen Haltung korrelieren würde. Zwar wird Norm und Abweichung von der Norm reflektiert, die angebotenen Konfliktauflösungen zeigen jedoch keine klare Tendenz zu Systemstützung oder Systemabwehr, also auch nicht den romantischen Kampf von Subjekt versus Gesellschaft, sondern legen vielmehr die Problembereiche einer sich zum Pluralismus entwickelnden urbanen Gesellschaft offen. Damit verbunden ist ein inhaltliches Element, das oft irreführend als Realismus bezeichnet wurde: Folgt man Wolfgang Isers Trias von Fiktivem, Imaginären und Realen[10], so neigt sich die Fiktionskurve der Novelle eher dem Realen als dem Imaginären zu: Über die Fiktion verständigt sich hier eine Gesellschaft ihrer ins Wanken geratenden Wertvorstellungen. Aus diesem Grund zeigt die Gattungskonvention des *Siglo de Oro* wieder Affinität zum mittelalterlichen *Exemplum*.[11]

Wie Lasperas in seiner umfassenden Arbeit zur spanischen Novelle des *Siglo de Oro* darlegt, favorisieren schon die ersten spanischen Übersetzungen der italienischen Novellensammlungen den Begriff *exemplo* für *novella*, wobei auch ersterer Begriff eine Umsemantisierung erfährt: „L'exemplum intervient dans la nouvelle en la soumettant à une moralisation étroite qu'elle ne possède pas initialment".[12] Die nachfolgende Bezeichnung *novela cortesana* macht indes deutlich, daß die Pluralität auf soziopolitischer Ebene zurückgenommen wird: Die Novelle im spanischen Kontext transportiert den höfischen Wertekanon. Deshalb verweist das Epitheton *cortesana* keineswegs bloß auf ein höfisches Liebesideal, sondern auf die Tendenz der Gattung, *compañera del estado* zu sein.[13]

---

[10] Begriffe nach *Wolfgang Iser*, Das Fiktive und das Imaginäre. Perspektiven literarischer Anthropologie. Frankfurt am Main 1993.
[11] *Walter Pabst*, Novellentheorie und Novellendichtung. Zur Geschichte ihrer Antinomie in den romanischen Literaturen. 2. Aufl. Heidelberg 1967, 161–163.
[12] *Jean Michel Lasperas*, La nouvelle en Espagne au siècle d'or. Montpellier 1986, 149.
[13] Das Zitat stammt von *Antonio Nebrija*, Gramática (sobre la lengua) castellana (1492). Es handelt sich dabei um die erste Grammatik Spaniens und zugleich Europas. Der vielzitierte Ausspruch bezieht sich auf die Sprache im allgemeinen, nicht eine spezielle Gattung oder einen speziellen Sprechakt.

Als exemplarisch läßt sich auch die Struktur der *comedia* wahrnehmen. Ähnlich wie die *novela cortesana* geht es bei der überaus beliebten Gattung nicht um mimetisch getreue Abbildungen von Wirklichkeit, vielmehr werden die Obsessionen und Wertvorstellungen der sich neu formierenden spanischen Nation verhandelt. Von der für den spanischen Raum typischen Nähe der beiden Gattungen zueinander zeugt die „Celestina" (1502), deren theoretische Zuordnung uneindeutig bleibt, was meiner Meinung nach nicht zuletzt mit ihrer Nähe zum genuinen Renaissance-Diskurs zusammenhängt. Innerhalb der Romanistik herrscht noch immer ein Richtungsstreit, ob das vor allem aufgrund der Figur der Kupplerin europaweit rezipierte Werk in seiner Polarität eine *novela dialogada* oder die erste *comedia* sei. Die Ambivalenz zwischen Werthaltung und Sinnesfreude korrespondiert also auffällig mit der Gattungsmischung und dokumentiert die für die Renaissance typische prinzipielle Offenheit des Diskurses, und zwar sowohl in struktureller als auch in inhaltlicher Hinsicht. Sie läßt sich damit dem Befund Küppers subsumieren, wonach die Renaissance „ein Zeitraum der Kontinuität der Formen des analogischen Diskurses bei gleichzeitiger Auflösung der Einbindung in die ordnungsgebende Superstruktur, und damit des Verfalls der spezifisch weltmodellierenden Funktion dieses Diskurses" sei.[14]

Zwar lassen sich für Spanien noch etliche Novellenbeispiele anführen, die diese wildwüchsige Vielfalt aufweisen, die also die These von der „Epoche geistiger Potentialitäten"[15] bestätigen, die laut Küpper die Renaissance charakterisieren. Doch spätestens ab der zweiten Hälfte des 16. Jahrhunderts – gleichzeitig mit der beginnenden Blütezeit der *comedia* – setzt sich im Diskurs der Novelle das durch, was er als *Diskursrenovatio* bezeichnet. Was ist damit gemeint? „Die Einordnung der Texte als direkte Fortschreibung einer mittelalterlichen Tradition ist nicht weniger problematisch als ihre aktualisierende Deutung. Die Dramen greifen vielmehr Stoffe, Anschauungsschemata und singuläre Modellierungsverfahren, die repräsentativ sind für den Renaissance-Diskurs im hier verstandenen Sinn, systematisch auf, um sie einer neuerlichen orthodox-analogischen Überformung zu unterziehen, wobei das rinascimentale Substrat als solches spürbar bleibt. Dies macht den Reiz der Stücke aus und erklärt teilweise die Deutungskontroversen."[16]

Tatsächlich reflektiert die Handlung von *novela cortesana* und *comedia* in Spanien ab der zweiten Hälfte des 16. Jahrhundert das Verhältnis von Individuum und Gesellschaft unter der Prämisse einer allumspannenden Ordnung, zu deren Steuerung die Theorie des freien Willens, des *libre albedrío*, beitra-

---

[14] *Küpper*, Diskurs-Renovatio (wie Anm. 3), 20.
[15] Ebd.
[16] Ebd. 22.

gen soll. Eine Ordnung, die über die Hauptepisteme des *Siglo de Oro*, den *honor/honra* und die *limpieza de sangre* verhandelt wird.

II. Soziale Hintergründe dieser epistemischen Veränderungen

Die Tendenz zum Moralisieren soll im folgenden unter der Leitperspektive der Systemtheorie auf seine soziokulturellen Bedingungen hinterfragt werden. Auch im restlichen Europa läßt sich eine restaurative Stimmung feststellen, auch in Resteuropa werden unter dem tridentinischen Einfluß Fragen der Ethik restriktiver erörtert, auch in Resteuropa wird der Ehrbegriff hinterfragt. Doch nirgendwo sonst werden diese Fragen derart dominant, ja obsessiv wie im Musterland der Gegenreformation.

„In Spanien finden wir [...] eine andere Situation als in Italien vor. Hier existiert eine theoretische Basis für die Diskussion über Ehre, die nicht nur von Platons, Aristoteles' und Ciceros Schriften, sondern auch von einer eigenen, aus dem Mittelalter stammenden, aber noch lebendigen, juristischen Ehrentradition sowie von einer übermächtigen katholischen Moraltheologie und dem Problem der Blutreinheit geprägt ist", erläutert Alfonso de Toro.[17]

Gibt es ihn also doch, den spanischen Sonderweg? Und wenn ja, warum? Meiner Meinung nach verdankt sich die spanische Besonderheit – ich bleibe bewußt noch etwas vage – der strukturellen Veränderung der spanischen Gesellschaft. Die Systemtheorie lehrt uns – wie im übrigen auch die Bourdieusche Feldtheorie[18] – daß sich beim Wegfall eines Elementes die Dynamik des Gesamtsystems nachhaltig verschiebt.

Die rinascimentalen Inseln, die für Spanien konstatiert wurden, knüpfen tatsächlich an eine lange Tradition der Kopräsenz dreier Kulturen an, die etwa in so groß angelegten Projekten wie der „Biblia Políglota" (1502) ihren materiellen Ausdruck fand. Dabei darf nicht außer acht gelassen werden, daß eine beträchtliche Anzahl der Protagonisten einer spanischen Renaissance *conversos* und *moriscos*, also zum christlichen Glauben konvertierte Juden und Mauren, waren, als Beispiele möchte ich hier nur die bekanntesten nennen: Fray Luis de León, Antonio Nebrija, Teresa de Ávila, Juan Luis Vives. Die *reconquista* und die anschließende Etablierung des spanisch-christlichen Großreiches tilgte dieses Element aus ihrer Gesellschaft, zuerst symbolisch, dann real (Judenpogrome) und programmatisch (*estatutos de la limpieza de sangre*).[19]

---

[17] *De Toro*, Von den Ähnlichkeiten (wie Anm. 9), 86.
[18] Vgl. dazu *Pierre Bourdieu*, Les règles de l'art. Genèse et structure du champ littéraire. Paris 1992.
[19] Es kam in Spanien mehrfach zu Pogromen, etwa 1391 und 1499; letzterer zog nicht nur eine Reihe von Konversionen nach sich, sondern auch den *sentencia-estatuto*, einen Vor-

Damit ging die spanische Kultur nicht nur eines ungeheuren geistigen Potentials verlustig, sondern mußte dementsprechend die „Pluralität der Welten"[20] zugunsten eines christlichen Rigorismus abwehren.

Womit wir bei einem weiteren Theorem Luhmanns wären: „dem Verstärkereffekt selbstvergewissernder Selbstbeschreibungen"[21], wie sie Epochendefinitionen wie die des *Siglo de Oro* darstellen. Denn mit Abschluß der *reconquista* äußert sich der Legitimationsdruck der *reyes católicos* im Ringen um eine nationale Identität, die sich vor allem in Abgrenzung zu den im Land verbliebenen *conversos* und *moriscos* modelliert. Und genau das ist der Kontext für das dominante Epistem in *novela cortesana* und *comedia*: die *limpieza de sangre*. Darunter verstehen nämlich einige Theologen explizit die Reinheit gegenüber den Andersgläubigen: „La sensualidad reina en los que non son babtizados, y el pecado tiene allí su imperio y su silla [...]"[22] Diese Atmosphäre des Argwohns und der Diskriminierung unterlegt auch die *comedias*, in denen der Terminus *judío* nicht selten als Synonym für ‚unehrenhaft' fungiert. Vielfach reicht dazu auch der Subtext wie etwa in Calderóns *Médico de su Honra*, dessen Engführung der zweifelhaften Intervention des Uxorzids und eines traditionell von Ungläubigen ausgeübten und deshalb in der spanischen Frühen Neuzeit keineswegs hochgeschätzten Berufstandes für die Zeitgenossen mühelos entschlüsselbar war.[23]

Castellano viejo, limpio de sangre stehen also äquivalent für Ehre und zementieren für Generationen eine „tradición mitómana del casticismo".[24] Der Ehrbegriff knüpft darüber hinaus an Konzepte der Rittertugenden an, womit ein scheinbar bruchloser Nationalmythos von den Kreuzzügen zur *reconquista* und der missionarischen Eroberung der Neuen Welt hergestellt wird, die ihren paradigmatischen Ausdruck in den *miles Christi*[25] findet. Diese nationale Identitätsbildung hat wohl auch wesentlich zum Epitheton *Siglo de Oro* beigetragen, das deshalb auch so instrumentalisierbar für die unterschiedlichsten Periodisierungen wird, weil der Terminus eine romantisierende Selbstbestimmung aus einer bruchlos imaginierten heroischen Vergangenheit im Mittelalter zu einer Blütezeit in der Konstituierung der Nation suggeriert –

läufer der späteren Statuten der Blutreinheit, mit denen schrittweise *conversos* aus den offiziellen Stellen verbannt wurden.
[20] Begriff nach: *Wolf-Dieter Stempel/Karlheinz Stierle (Hrsg.), Die Pluralität der Welten. Aspekte der Renaissance in der Romania.* München 1987.
[21] *Luhmann, Das Problem* (wie Anm. 4), 25 f.
[22] *Bartolomé Carranza de Miranda,* Catecismo Cristiano (1559). Vol. 2. Madrid 1972, 154.
[23] *Pedro Calderón de la Barca,* El Médico de su Honra (1637). Madrid 1981, 145.
[24] *Carlos Blanco Aguinaga/Julio Rodríguez Puertolas/Iris M. Zavala,* Historia Social de la Literatura Española. Madrid 1978, 292.
[25] Vielgebräuchlicher Topos, etwa in: *Teresa de Ávila,* Las Moradas del Castillo Interior (1588). Ed. por Efrén de la Madre de Dios e Otger Steggink. Madrid 1962.

ein Kontext, den Machthaber oftmals bewußt bespielen. So meint etwa Horst Pietschmann, daß der „Rückgriff auf die universale Kaiseridee und Zielsetzungen wie die Verteidigung der Religion gegen innere und äußere Feinde, die Bekämpfung von Türken und anderen Ungläubigen oder die Bekehrung von Heiden"[26] Karl V. als Legitimationsmittel für die Hoheit über ein fragiles Großreich angeraten wurde. Angesichts dieser Resistenz, dieses Phänomens der *longue durée*, der ‚langen Weile', verliert die Frage der terminologischen Einführung des *Siglo de Oro* an Bedeutung, wenngleich Jean-Marc Pelorson resümiert, daß die Bezeichnung gegen Ende des 17. Jahrhunderts bereits vereinzelt für die „gerade vergangene Vergangenheit" gebräuchlich ist.[27]

Abschließend halte ich also fest, daß in Spanien ab dem 16. Jahrhundert eine, wie Luhmann es nennt, „Klumpenbildung" in Gang kommt, die auf die Entwicklung des Landes derart weitreichende Folgen hat, daß ich durchaus von einer „Sattelzeit"[28], einer Epochenschwelle, sprechen würde, da das Land im Mythos seiner nationalen Identität versinkt. Verloren geht dabei, daß dieser Mythos sowohl epistemologisch als auch ästhetisch der italienischen Renaissance und deren Spätform des Manierismus geschuldet ist. Verloren geht darüber hinaus aber auch, daß trotz der zunehmenden Isolation Spaniens diese diskursive Überformung, die im spanischen Barock zur vollen Entfaltung kommt, wiederum ebenfalls weitere evolutive Verarbeitungsstufen in der französischen Klassik und vor allem auch in der deutschen Romantik finden.

---

[26] *Horst Pietschmann*, Von der Gründung der spanischen Monarchie bis zum Ausgang des Ancien Régime, in: Walther L. Bernecker/Horst Pietschmann, Geschichte Spaniens. Stuttgart/Berlin/Köln 1993, 81.
[27] *Marc Pelorson*, Aspectos Ideológicos, in: Manuel Tuñón de Lara (Ed.), Historia de España. Vol. 5: La Frustración de un Imperio (1476–1714). Barcelona 1984, 263–357, hier 295–301.
[28] *Luhmann*, Das Problem (wie Anm. 4), 19.

Formen historischen Verständnisses in der Türkei

Politische und wirtschaftliche Krisen in der „Frühen Neuzeit"[*]

Von

Suraiya Faroqhi

In dieser Arbeit geht es darum, einige wichtige Eigenschaften der heutigen türkischen Historiographie anhand ihrer Diskussion des Problems von „Epochen" und „Umbrüchen" herauszuarbeiten. Im Mittelpunkt steht die Frage, ob es in der türkischen Historiographie die Vorstellung gibt, daß irgendwann im 15. oder frühen 16. Jahrhundert eine Epoche begann, in der sich in politischer, wirtschaftlicher oder kultureller Hinsicht grundlegend Neues anbahnte. Im angelsächsischen und auch im deutschen Kontext verwendet man für diese Periode den Ausdruck „Frühmoderne"; die türkische Fachterminologie benützt für diese Zeit den Terminus „Yeniçağ Tarihi".

Wir werden die Frage auf drei Ebenen behandeln: Zunächst wenden wir uns Gesamtdarstellungen der osmanischen Geschichte zu, um die dort üblichen Periodisierungen in Augenschein zu nehmen. In einem zweiten und – meiner Ansicht nach – wichtigeren Arbeitsgang werden wir dann versuchen, die wichtigsten „Krisen" und „Wendepunkte" herauszuarbeiten, die türkische Historiker in der osmanischen Geschichte ausgemacht haben.[1] In einem dritten Durchlauf werden wir schließlich auf die politisch-wirtschaftlichen, aber auch kulturellen Kriterien eingehen, die meiner Meinung nach diesen an „Krisen" und „Wendepunkten" orientierten Gliederungen zugrunde liegen. Dabei ist nicht zu vermeiden, daß dieser letzte Teil subjektiver ausfällt als die beiden vorhergehenden. Eine solche Behandlung wird es uns ermöglichen, über die

---

[*] In der Türkei gibt es neben den Publikationen in der Landessprache auch eine nicht unbedeutende Anzahl von englischsprachigen Büchern und Aufsätzen. Diese Situation erklärt, warum die hier zitierte Literatur zweisprachig ist. Auch ist es nicht immer leicht zu bestimmen, wer zur „türkischen" Historiographie gehört, da viele Autoren/innen türkischer Herkunft in den USA oder auch in den Ländern der Europäischen Union leben und oft die Staatsangehörigkeit ihrer Wahlheimat besitzen. Im folgenden werde ich dem Prinzip des türkischen „Who is Who" (Günümüz Türkiyesinde Kim Kimdir. Who's Who in Turkey. 7. Aufl. Istanbul 2000) folgen; in diesem Werk werden alle Autoren, gleich welcher Staatsangehörigkeit, miteinbezogen, die eine längere Verbindung zur Türkei aufweisen.

[1] Genaugenommen ist die Trennung zwischen „türkischer" und „nicht-türkischer" Historiographie künstlich, gerade was die in dieser Studie angeschnittenen Fragen betrifft. Man kann nämlich nicht behaupten, daß es zwischen diesen beiden Kategorien von Historikern/innen in bezug auf Periodisierung grundlegende Meinungsunterschiede gebe.

jedenfalls im türkischen Kontext mehr formalen Zäsuren zu Beginn und zu Ende der „frühen Neuzeit" hinauszugehen und etwas über den Ablauf und die Triebfedern der osmanischen Geschichte auszusagen, wie sie heute von Historikern/innen gesehen werden.

Über die „Neuzeit"

In der ersten Hälfte des 20. Jahrhunderts gab es einen intellektuellen Kontakt türkischer Historiker hauptsächlich mit der französischen Geschichtsschreibung, und dieser Sachverhalt hat auch die Terminologie geprägt. In der französischen Fachliteratur zwischen den Weltkriegen, aber zum Teil noch weit darüber hinaus, wurde bekanntlich die europäische Geschichte seit der Renaissance und der Reformation aufgeteilt in die „époque moderne" und die „époque contemporaine", wobei die Französische Revolution die Grenze bildete. Dieses Verständnis dominiert spätestens seit den vierziger Jahren des 20. Jahrhunderts die Handbücher wie auch den Lehrbetrieb in der Türkei. In türkischen Schulen und Universitäten ist es dementsprechend üblich, zwischen „Ortaçağ" (‚Mittelalter'), dem bereits kurz erwähnten „Yeniçağ" (‚Neuzeit') sowie „Yakınçağ" (‚gegenwartsnahe Epoche') zu unterscheiden.[2] In der vorliegenden Studie wird folglich der Ausdruck „Neuzeit" im Sinne des hier zu diskutierenden Terminus „frühe Neuzeit" benutzt werden.

Ein sehr begrenztes Interesse an Periodisierungsfragen

Insgesamt spielen Periodisierungsfragen im engeren Wortsinn in der türkischen historischen Diskussion eine eher untergeordnete Rolle. Hauptsächlich müssen sich die Verfasser/innen von und die Mitarbeiter/innen an Gesamtdarstellungen der osmanischen Geschichte mit dieser Problematik befassen, und die Zahl solcher Publikationen ist nicht besonders groß.[3] Monographien, für

---

[2] Dies sind auch die Spezialgebiete, in die sich Habilitanden/innen des historischen Feldes einfügen müssen, wenn sie sich um die Dozentur bewerben. Neben den oben angegebenen Gebieten gibt es noch „Eskiçağ Tarihi" (‚Geschichte des Altertums'), „Türkiye Cumhuriyeti Tarihi" (‚Geschichte der Republik Türkei'), „Genel Türk Tarihi" (‚Allgemeine türkische Geschichte' bezeichnet die Geschichte der Turkvölker außerhalb der Türkei und des Osmanischen Reiches) sowie „Osmanlı Müesseseleri ve Medeniyeti Tarihi" (‚Geschichte der osmanischen Institutionen sowie der Kultur').

[3] Die hier zugrundegelegten Texte sind: *T. Yılmaz Öztuna*, Başlangıcından Zamanımıza kadar Türkiye Tarihi. 12 Bde. Bd. 1: Türklerden önce Anadolu ve Anadolu'ya Gelmeden önce Türkler. Bd. 2: Selçuklular ve Anadolu Beylikleri. Bd. 3: İstanbul'un Fethine kadar Osmanlı İmparatorluğu. Bd. 4: Fatih Sultan Mehmed ve İkinci Bâyezid 1453–1512. Bd. 5: Yavuz Sultan Selim ve Kanuni Sultan Süleyman. Bd. 6: Kanuni Sultan Süleyman ve Zaman 1566'ya kadar. Bd. 7: XVI. Asrın Sonu, 1566–1595. Bd. 8: XVII. Asır. Bd. 9:

die die Periodisierungsfrage meist von sehr untergeordneter Bedeutung ist, sind für den Fortgang der Forschung meist viel wichtiger als Langzeit- und Gesamtdarstellungen. Natürlich gibt es Ausnahmen, aber im ganzen bestätigen sie die Regel.

Unter diesen Ausnahmen bilden diejenigen Autoren, die mit dem Konzept des „Weltsystems" arbeiten, zweifellos die wichtigste Kategorie.[4] Für Immanuel Wallerstein, Murat Çizakça, Huricihan Islamoğlu, Reşat Kasaba und Şevket Pamuk hat zu bestimmten Zeiten ihrer wissenschaftlichen Karriere die Frage, wann das Osmanische Reich als „Peripherie" an die „europäische Weltwirtschaft" angeschlossen wurde, eine zentrale Rolle gespielt. Mit anderen Worten ausgedrückt ist es dabei um die Frage gegangen, wann das osmanische Territorium aufhörte als eine mehr oder weniger sich selbst genügende Einheit zu funktionieren und zu einem Markt für europäische Fertigwaren und Lieferanten von Nahrungsmitteln und Rohstoffen reduziert wurde. Wenn man ein solches Datum bestimmen könnte, würde es sicherlich, auch über den engeren Kreis der Anhänger des Weltsystemkonzepts hinaus, als ein Hauptscharnier zwischen zwei grundverschiedenen Perioden der osmanischen Geschichte gelten.

Jedoch hat sich im Laufe der Diskussion herausgestellt, daß man nicht ohne weiteres von einem einheitlichen Zeitpunkt ausgehen kann, zu dem diese „Inkorporierung" geschehen sein muß. In vielen Fällen erscheinen das späte 18. und das frühe 19. Jahrhundert als brauchbare *cut-off points*. Aber man kann

XVII. Asrın Sonları. Bd. 10: 1683–1703. Bd. 11: XVIII. Asır. Bd. 12: XIX.–XX. Asırlar. Istanbul 1963–1967; *İsmail Hakkı Uzunçarşılı*, Osmanlı Tarihi. 4 Bde. Bd. 1: Anadolu Selçukluları ve Anadolu Beylikleri hakkında bir Mukaddime ile Osmanlı Devleti'nin Kuruluşundan Istanbul'un Fethine kadar. Bd. 2: Istanbul'un Fethinden Kanunî Sultan Süleyman'ın Ölümüne kadar. Bd. 3/1: II Selim'in Tahta Çıkışından 1699 Karlofça Andlaşmasına kadar. Bd. 3/2: XVI. Yüzyıl Ortalarından XVII. Yüzyıl Sonuna kadar. Bd. 4/1: Karlofça Anlaşmasından XVIII. Yüzyılın Sonuna kadar. Bd. 4/2: XVIII. Yüzyıl. Ndr. Ankara 1977–1983; für das 19. Jahrhundert, das uns hier nur mehr am Rande betrifft, wurde die Serie fortgesetzt von *Enver Ziya Karal*; *Sina Akşin* (Hrsg.), Türkiye Tarihi. Bd. 1: Osmanlı Devletine kadar Türkler. Bd. 2: Osmanlı Devleti 1300–1600. Bd. 3: Osmanlı Devleti 1600–1908. Bd. 4: Çağdaş Türkiye 1908–1980. Bd. 5: Bügünkü Türkiye 1980–1995. Istanbul 1990–1995; *Yaşar Yücel/Ali Sevim*, Türkiye Tarihi. Bd. 1: Fetihten Osmanlılara Kadar (1018–1300). Bd. 2: Osmanlı Dönemi (1300–1566). Bd. 3: Osmanlı Dönemi (1566–1730). Bd. 4: Osmanlı Dönemi (1730–1861). Ankara 1991/92. Ein fünfter Band, der zur Kultur- und Institutionsgeschichte behandeln soll, lag mir noch nicht vor; *Ekmeleddin İhsanoğlu* (Hrsg.), Osmanlı Devleti ve Medeniyeti Tarihi. 2 Bde. Istanbul 1994–1998.
[4] *Immanuel Wallerstein*, The Modern World-System. 3 Vols. New York 1974–1989. Für die Zusammenarbeit mit türkischen Forschern/innen siehe *Immanuel Wallerstein/Hale Decdeli/Reşat Kasaba*, The Incorporation of the Ottoman Empire into the World Economy, in: Huri Islamoğlu-Inan (Ed.), The Ottoman Empire and the World Economy. Cambridge/ Paris 1987, 88–100. Von Islamoğlu-Inan selbst vgl. den Beitrag: *Huri Islamoğlu-Inan*, Introduction: „Oriental Despotism" in World System Perspective, in: ebd. 1–26. Von *Murat Çizakça*, Price History and the Bursa Silk Industry: A Study in Ottoman Industrial Decline, 1550–1650, in: ebd. 247–261 und von *Şevket Pamuk*, Commodity Production for World Markets and Relations of Production in Ottoman Agriculture, in: ebd. 178–202.

sich durchaus auf den Standpunkt stellen, daß in einigen Regionen mit starkem Außenhandel der Inkorporationsprozeß bereits bedeutend früher in Gang gekommen sei. Diese Vielschichtigkeit erklärt vielleicht auch, warum bei der Diskussion um die „Inkorporation" die Frage nach der Periodisierung weniger oft diskutiert worden ist, als man sonst vielleicht hätte erwarten können.

Wendepunkte der Geschichte: Die Eroberung Konstantinopels/Istanbuls

In der türkischen Sekundärliteratur grenzt man gern die „Moderne" von einem Mittelalter ab, das nicht selten mit der Eroberung Istanbuls durch die Osmanen 1453 sein Ende findet.[5] Diese Epochengrenze stellt eine Variation der in der europäischen Historiographie üblichen dar (1492 – Columbus landet in der Karibik). Für den Ablauf der osmanischen Geschichte wird der Eroberung und Neugestaltung Istanbuls oft eine ähnliche Schlüsselposition zugewiesen, wie sie die Entdeckung Amerikas in der europäischen Geschichtsschreibung besitzt.[6] Diese Auffassung der türkischen Historiker/innen ist bekanntlich für die Spezialisten der europäischen frühen Neuzeit nichts Ungewohntes. Schließlich betrachteten die Zeitgenossen im christlichen Europa die Eroberung Konstantinopels/Istanbuls ebenfalls als ein welthistorisches Ereignis, wenn auch im Sinne einer Katastrophe. Und wenn man einen Blick auf die neuere Literatur wirft, so sehen auch heute viele Vertreter der west- und mitteleuropäischen Historiographie die osmanische Eroberung Konstantinopels und das Ende des byzantinischen Kaiserreiches als ein Schlüsseldatum an.[7]

Allerdings gibt es unter türkischen Historikern/innen mittlerweile verschiedene Sichtweisen und Akzente, was die Bedeutung der osmanischen Erobe-

---

[5] Unter der Überschrift „mittelalterliche Geschichte" werden folgende Themen behandelt: Reich der Seldschuken in Anatolien (12.–13. Jahrhundert), ilkhanidisch-mongolische Oberherrschaft über Anatolien (spätes 13. bis frühes 14. Jahrhundert), Epoche der anatolischen Kleinfürstentümer (14.–15. Jahrhundert).

[6] Daß der zweite Band von Uzunçarşılıs Gesamtdarstellung mit der Eroberung Istanbuls beginnt, und diese Epochengrenze auch sonst beliebt ist, hat sicherlich neben den „ideologischen" auch praktische Gründe: Die osmanischen Quellen, die narrativen wie die archivalischen, beginnen erst seit der Epoche Mehmeds II. reichlicher zu fließen. Auch für Öztuna bildet 1453 die Grenze zwischen seinem dritten und vierten Band. Dagegen sind gerade in der modernen Sekundärliteratur auch Arbeiten vorhanden, die 1453 keineswegs als Eckdatum betrachten. So fassen Yücel und Sevim die gesamte formative Periode (1300–1566) in einem einzigen Band zusammen, so daß 1453 zwar „die Mitte" einer Periode, aber keine Epochengrenze bildet. Auch Feridun Emecen ist in Bd. 1 der von İhsanoğlu herausgegebenen Osmanlı Devleti ve Medeniyeti Tarihi über dieses Datum hinweggegangen und führt seine Darstellung von den Anfängen bis 1774 in einem Zug durch. Ähnlich verfährt Sina Akşin, der für seinen Bd. 2 eine Zeitspanne von 1300–1600 zugrunde legt.

[7] Siehe etwa Bodo Guthmüller/Wilhelm Kühlmann (Hrsg.), Europa und die Türken in der Renaissance. Tübingen 2000, und die dort zitierte, überaus reichhaltige Literatur.

rung Istanbuls anbelangt. Für nationalistisch denkende Historiker sind dieses Ereignis und die darauf folgende Islamisierung und Türkisierung der Stadt eine Großtat Mehmeds II., des Eroberers (Fatih). Diese Auffassung spiegelt sich auch in der „Denkmalslandschaft" des heutigen Istanbul. So errichtete man vor knapp zwanzig Jahren ein großes und ziemlich bombastisches Reiterdenkmal dieses Sultans in unmittelbarer Nähe des Gebäudes der Istanbuler Stadtverwaltung. Mehmed der Eroberer ist der einzige osmanische Herrscher, dem in Istanbul eine solche Ehrung zuteil geworden ist.

Andererseits betrachten Autor/innen, die der „Feldzugs- und Sieges" (*sefer ve zafer*)-Ideologie distanziert oder ablehnend gegenüberstehen, die Eroberung Istanbuls in gewissem Sinn als ein Ereignis der Stadtgeschichte. Diese Historiker/innen interessieren sich für den Umbau der ehemaligen byzantinischen Kaisermetropole zur Hauptstadt der Sultane; dabei spielt das islamische Gepräge eine wichtige, aber keineswegs ausschließliche Rolle.[8] Wirtschaftliche Faktoren, besonders die Förderung des Handels, werden besonders betont. So besitzt das Jahr 1453 in dieser historiographischen Tradition neben der „globalen" auch eine als besonders wichtig empfundene „lokale" Bedeutung. Schließlich ist Istanbul zwar nicht die politische, wohl aber die wirtschaftliche und kulturelle Hauptstadt der heutigen Türkei, und die Frage, wie es dazu gekommen ist, ist für zeitgenössische Historiker/innen noch immer relevant.

Wendepunkte der Geschichte: Eine Epochengrenze um 1800 – oder vielleicht doch lieber um 1600?

Schwieriger liegen die Dinge bei der Abgrenzung der Neuzeit gegenüber denjenigen Epochen, die ihr folgen sollten. Der einflußreiche Historiker Ismail Hakkı Uzunçarşılı, dessen mehrbändige osmanische Geschichte, in den vierziger Jahren verfaßt, bis in die Gegenwart hinein mehrere Auflagen erlebt hat, setzt eine erste Grenze im Jahre 1566, dem Todesjahr Süleymans des Prächtigen. Das Gleiche tut Yılmaz Öztuna, dessen sechster Band mit diesem selben Jahr endet, darin gefolgt von Yaşar Yücel und Ali Sevim, deren zweiter Band,

---

[8] *Halil Inalcik*, The Policy of Mehmed II toward the Greek Population of Istanbul and the Byzantine Buildings of the City, in: Dumbarton Oaks Papers 24, 1970, 231–249; *Gülru Necipoğlu*, Architecture, Ceremonial and Power. The Topkap Palace in the Fifteenth and Sixteenth Centuries. Cambridge, Mass. 1991; *Gülru Necipoğlu*, The Life of an Imperial Monument. Hagia Sophia after Byzantium, in: Robert Mark/Ahmet S. Çakmak (Eds.), Hagia Sophia from the Age of Justinian to the Present. Cambridge 1992, 195–225. Vergleiche auch das gerade publizierte Werk von *Theocharis Stavridis*, The Sultan of Vezirs. The Life and Times of the Ottoman Grand Vezir Mahmud Paşa Angelovic. Leiden 2001, sowie die kurz vor dem Erscheinen stehende einschlägige Arbeit von *Çiğdem Kafesçioğlu*.

die „klassische" Periode der osmanischen Geschichte behandelnd, ebenfalls 1566 als eine Epochengrenze benützt. Diese Wahl ist zweifellos dadurch bedingt, daß die rasche Expansion des osmanischen Reiches um die Mitte des 16. Jahrhunderts zu Ende ging, obwohl gegenüber Staaten wie Polen oder Venedig die Zeit der bedeutenden Eroberungen noch keineswegs vorüber war (Zypern 1570–1573, Kreta 1645–1649, Kamieniec-Podolski 1672). Für Uzunçarşılı folgt dann eine Epoche, die er mit dem Frieden von Küçük Kaynarca 1774 beendet. Bei der Wahl dieses Jahres als Epochengrenze kann übrigens der Autor durchaus auf die Zustimmung von Historikern einer nachfolgenden Generation rechnen, denn auch Emecen und İhsanoğlu haben Küçük Kaynarca als eine „große" Wasserscheide gewählt. Desgleichen sehen Historiker, die eher auf wirtschaftliche Aspekte blicken, dieses Jahr bzw. den russisch-osmanischen Krieg von 1768–1774 insgesamt als ein „Scharnierdatum" an. In den letzten dreißig Jahren ist nämlich deutlich geworden, daß dieser Krieg den Übergang von einem Zeitalter der wirtschaftlichen Expansion zu einer langen Depressionsperiode gebildet hat, die sich bis weit ins 19. Jahrhundert hinzog.[9]

Uzunçarşılı hat, als wahrer Spezialist der „frühen Neuzeit", sein Werk nicht über das Ende des 18. Jahrhunderts hinausgeführt. Die letzten dreißig Jahre, die in seinem Werk behandelt werden, stehen im Zeichen der Militärreformen, für die insbesondere Sultan Selim III. (r. 1789–1807) bekannt geworden ist; dieser hatte, wenn auch ohne Erfolg, versucht, die Janitscharen durch eine moderne Truppe zu ersetzen. Eine Epochengrenze am Ende des 18. Jahrhunderts ist eigentlich, außer durch den „Zwang der runden Zahlen", nicht begründbar. Aber für Historiker/innen der osmanischen Politik ließe es sich durchaus vertreten, etwa 1789, eben die Thronbesteigung Selims III., oder auch 1808 (Thronbesteigung des neo-absolutistischen Reformators Mahmuds II.) als Abschlußtermin für die „frühe Neuzeit" zu wählen.[10]

Jedoch besteht unter heutigen türkischen Historiker/innen durchaus kein Konsens darüber, daß um 1800 ein Epochenabschluß anzunehmen ist. Das von Sina Akşin zwischen 1990 und 1995 herausgegebene Sammelwerk über

---

[9] *Mehmet Genç*, XVIII. Yüzyılda Osmanlı Ekonomisi ve Savaş, in: Yapıt, Toplumsal Araştırmalar Dergisi 49, H. 4, 1984, 51–61; 50, H. 5, 1984, 86–93. In französischer Übersetzung: L'économie ottomane et la guerre au XVIIIᵉ siècle, in: Turcica 27, 1995, 177–196; *Katsumi Fukasawa*, Toilerie et commerce du Levant d'Alep à Marseille. Paris 1987; *André Raymond*, Artisans et commerçants au Caire, au XVIIIᵉ siècle. 2 Vols. Damaskus 1973/74.
[10] Yücel und Sevim sind für ihre Epochengrenze noch weiter zurückgegangen, nämlich auf das Jahr 1730. Vermutlich liegt dieser Entscheidung die Überlegung zugrunde, daß in diesem Jahr mit dem Sturz Ahmeds III. und seines Großwesirs eine kurze Epoche des künstlerischen und intellektuellen Kontaktes des osmanischen Oberschicht mit Frankreich zu Ende ging. Für eine andere Gliederung hat sich Öztuna entschieden; dieser hat seinem vorletzten Band ein „langes" 18. Jahrhundert zugrunde gelegt, das von der Thronbesteigung Ahmeds III. (1703) bis zu dem Staatsumbau des mittleren 19. Jahrhunderts reicht.

die osmanische und türkische Geschichte, das seitdem eine zweite Auflage erlebt hat, enthält einen ersten Band „Vorosmanische Türken", gefolgt von einem zweiten mit dem Titel: „Der Osmanenstaat 1300–1600". Ein dritter Band heißt: „Der Osmanenstaat 1600–1908".[11] Es gibt also keine Epochengrenze gegen Ende des 18. Jahrhunderts. Aber auch die in der Forschung öfters anzutreffende Tendenz, die Versuche staatlichen Umbaus im mittleren 19. Jahrhundert als eine „Wendezeit" anzusehen, ist vermieden worden.[12] Der Osmanenstaat nach dem Ende der großen Expansionsperiode, als Sultan und Bürokratie in wechselnden Konstellationen das Reich gemeinsam beherrschten, wird hier demgemäß als ein einheitlicher Zeitblock betrachtet.

Wendepunkte der Geschichte: Die Epoche zwischen 1700 und 1830

Die heutige Forschung ist nur noch mit vielen Einschränkungen dazu geneigt, „den Anfang vom Ende" des Osmanischen Reiches in die Jahre um 1600 zu verlegen, wie das noch in der letzten Generation nicht selten war. Diese Tendenzwende hat unter anderem damit zu tun, daß in der Mitte des 18. Jahrhunderts (etwa zwischen 1718 und 1768) in vielen Wirtschaftszweigen nochmals ein beträchtliches Wachstum erfolgte.[13] Diese Konjunktur ist seinerzeit von

---

[11] *Akşin* (Hrsg.), Türkiye Tarihi (wie Anm. 3). Die beiden letzten Bände betreffen die moderne Türkei: Bd. 4: Çağdaş Türkiye 1908–1980; Bd. 5: Bügünkü Türkiye 1980–1995.
[12] Für die staatlichen Neuordnungen (Tanzimat) gibt es in der Forschung mehrere „Eckdaten": 1839 als der Zeitpunkt, zu dem der frisch inthronisierte Sultan Abdülmecid seinen Untertanen die Sicherheit von Leben, Besitz und Ehre versprach; 1856, weil in diesem Jahr die rechtliche Gleichstellung von Muslimen und Nichtmuslimen erfolgte; und schließlich ist 1876 zu nennen, weil in diesem Jahr erstmals eine Verfassung promulgiert wurde, wenn diese auch nur auf kurze Zeit Gültigkeit besaß. – Ungewöhnlich ist an der von Akşin betreuten Serie außerdem die Zusammenfassung der „jungtürkischen" Epoche, des „Interregnums" 1918–1923 und der Geschichte der Republik bis zum Militärputsch von 1980 in einem einzigen Zeitalter. Dahinter stehen sicherlich Überlegungen von der Art, wie sie Eric Jan Zürcher zu einer ähnlichen Periodisierung veranlaßt haben: *Eric Jan Zürcher*, Turkey. A Modern History. London/New York 1993, 4. Zwar kam es in den ersten Jahren nach Gründung der Republik zu einer grimmigen Auseinandersetzung zwischen Mustafa Kemal (später Atatürk) und seinen ehemaligen Bundesgenossen aus dem „Komitee für Einheit und Fortschritt". Doch waren viele der verantwortlichen Persönlichkeiten der frühen Republik ehemalige Jungtürken, und deren Organisationen spielten eine Schlüsselrolle in der Abwehr der griechischen Besetzung 1920–1922. – Die Neigung, den endgültigen Bruch mit der osmanischen Vergangenheit weit nach 1923 anzusetzen, findet sich auch bei *Çağlar Keyder*, State and Class in Turkey. A Study in Capitalist Development. London/New York 1987. Nur bevorzugt Keyder 1950 als Epochenschluß, und zwar wegen der Abwahl der ursprünglichen Staatspartei durch eine Opposition, in der kommerzielle Interessen eine bedeutende Rolle spielten.
[13] *Mehmet Genç*, Ottoman Industry in the Eighteenth Century. General Framework. Characteristics and Main Trends, in: Donald Quataert (Ed.), Manufacturing in the Ottoman Empire and Turkey 1500–1950. Albany 1994, 59–86.

Mehmet Genç durch mühevolle Arbeit an den äußerst schwierigen Steuer-
pacht-Dokumenten des 18. Jahrhunderts festgestellt worden. Arbeiten über
die arabischen Provinzen haben seine für die osmanischen „Kernlande" gemachten Aussagen mehrfach bestätigt. Bemerkenswert ist es besonders, daß
es sich bei der wirtschaftlichen Expansion des mittleren 18. Jahrhunderts
nicht nur um eine Hochkonjunktur im Handel, sondern auch um eine Blütezeit
für das Gewerbe gehandelt hat. Daß das Aufleben vieler Handwerkszweige
hier von besonderer Bedeutung ist, ergibt sich aus der Überlegung, daß ein
Wachstum des Kommerzes allein sehr wohl mit einer Anbindung der osmanischen Wirtschaft an die europäisch bestimmte Weltwirtschaft zu vereinbaren
wäre. Schließlich hat die im 19. Jahrhundert erfolgte „Inkorporierung" genau
ein solches Ansteigen des Handels zur Folge gehabt. Aber eine Blüte etwa des
Textilgewerbes, wie sie um die Mitte des 18. Jahrhunderts in vielen osmanischen Zentren bezeugt ist, läßt sich kaum in ein solches Modell der frühen
„Inkorporierung" einfügen.

Man könnte die Jahre um 1830, als das mittlerweile frühindustrielle England zur vorherrschenden Macht im Mittelmeer geworden war, als den Beginn
einer weiteren neuen Epoche betrachten. Aus der Sicht von Wirtschaftshisto-
rikern/innen gesehen, ist es von Wichtigkeit, daß jetzt osmanische Hand-
werksprodukte zum ersten Mal dem Konkurrenzdruck maschinell produzier-
ter Waren in großem Maßstab ausgesetzt waren. Aber auch auf politischem
Gebiet waren die Jahre um 1830 eine Zeit schwerwiegenden Machtverlustes;
Sultan Mahmud II. (r. 1808–1839) konnte sich seines ägyptischen Statthalters
Muhammad Ali nur dadurch erwehren, daß er die Hilfe der englischen Krone
und schließlich sogar des Zaren in Anspruch nahm.[14] Die Einmischung europäischer Politiker in die inneren Angelegenheiten des Osmanischen Reiches
war schon im 18. Jahrhundert gelegentlich vorgekommen; aber jetzt nahm sie
massive Formen an.[15]

Wendepunkte der Geschichte: Von der Tanzimat-Epoche zu Abdülhamid und den Jungtürken

Auf diese Krise reagierte die osmanische Oberschicht mit einer Serie von
Maßnahmen, die als „Tanzimat" in die Fachliteratur eingegangen sind. Mit
diesem Ausdruck, der etwa mit „Ordnung" oder „Organisation" zu übersetzen
wäre, bezeichnet man in der türkischen Historiographie die Epoche zwischen

[14] *Engin Akarlı,* Provincial Power Magnates in Ottoman Bilad al-Sham and Egypt, 1740–
1840, in: Abdeljelil Temimi (Ed.), La vie sociale dans le provinces arabes à l'époque ottomane. Vol. 3. Zaghouan 1988, 41–56.
[15] *Ali Ihsan Bağış,* Osmanlı Ticaretinde Gayri Müslimler, Kapitülasyonlar, Beratlı Tüccar-
lar ve Hayriye Tüccarları (1750–1839). Ankara 1983.

1839 und 1878. Um das Reich zu retten, das damals immerhin noch von Albanien bis zum Euphrat reichte, sollte einerseits die Verwaltung leistungsfähiger gemacht werden. Andererseits war beabsichtigt, die nichtmuslimischen Minderheiten durch rechtliche Besserstellung von nationalistischen Projekten abzubringen bzw. schon im Vorfeld von solchen Bestrebungen abzuhalten. Zugleich sollte dieser Umbau die europäischen Großmächte, besonders die englische Regierung, davon überzeugen, daß das Osmanische Reich durchaus in der Lage war, sich aus eigener Kraft zu einem modernen Staat umzubilden. Denn falls eine Entwicklung in dieser Richtung gewährleistet schien, konnte womöglich verhindert werden, daß das Osmanenreich unter den europäischen Großmächten und ihren Klientelstaaten auf dem Balkan aufgeteilt wurde. So erhoffte man es sich zumindest in Istanbuler Regierungskreisen.

Dieser Versuch des grundlegenden Umbaus von Staat und Gesellschaft hatte allerdings nicht die erwünschten Auswirkungen. Einerseits waren die nationalen Bestrebungen der Balkanvölker bereits nicht mehr zu verhindern. Schlimmer noch, der bulgarische Aufstand und seine brutale Repression durch osmanische irreguläre Truppen (die sogenannten Bulgarengreuel 1875/ 76) endeten mit dem Verlust der britischen Unterstützung, die bis dahin von osmanischen Politikern als ein relativ verläßliches Aktivum einkalkuliert worden war. Überdies wirkte die „Neuheit" des Staatsumbaus, ganz besonders sicher wegen seiner Erfolglosigkeit im außenpolitischen Bereich, delegitimierend für die osmanische Oberschicht in den Augen der muslimischen Untertanen.[16] Diese sahen sich ohnehin gegenüber den Nichtmuslimen als wirtschaftlich benachteiligt an und fühlten sich nun auch politisch zurückgesetzt, ein Zustand, der einmal mit dem im Türkischen sehr griffigen Stichwort von der „Verfremdung der [politischen] Ordnung" (düzenin yabancılaşması) beschrieben worden ist.[17]

Wenn trotz alledem die Epoche der „Tanzimat" in der türkischen Historiographie nicht allein als eine Zeit der Katastrophen gilt, so hat das mit der Tatsache zu tun, daß die Rationalisierung des Staatsaufbaus in dieser Epoche oft als eine Vorbedingung für das Entstehen eines türkischen Nationalstaats angesehen worden ist.[18] Neuere Forschungen haben außerdem sichtbar gemacht, daß der „Modernisierungsschub" mit der Errichtung des neoabsolutistischen Regimes von Abdülhamid II. (r. 1878–1909) keineswegs zu Ende war.[19] Ganz

---

[16] *Şerif Mardin*, Freedom in an Ottoman Perspective, in: Metin Heper/Ahmet Evin (Eds.), State, Democracy and the Military. Turkey in the 1980s. Berlin/New York 1988, 23–36.
[17] *Idris Küçükömer*, Düzenin Yabancılaşması Batılılaşma. Istanbul 1969.
[18] Deshalb bildeten die 100. und 150. Jahrestage der Tanzimat jeweils den Anlaß zu einem großen Sammelband, der der Erforschung wie auch dem Gedenken gewidmet war: Tanzimatın 100üncü Yıldönümü Münasebetiyle. Istanbul 1940, und *Hakkı Dursun Yıldız* (Hrsg.), Gülhane Hatt-ı Humayunu. 150. Yılında Tanzimat. Ankara 1992.
[19] *Selim Deringil*, The Well-Protected Domains. Ideology and the Legitimation of Power in the Ottoman Empire, 1876–1909. London 1998; *Selçuk Akşin Somel*, The Modernization

im Gegenteil, der Sultan war sich der Tatsache bewußt, daß neue Techniken wie Telegraphen, Photographie oder Eisenbahnen wichtig für die Herrschaftsfestigung sein konnten und daß zur Handhabung dieser Technologien ein ausgebildetes Personal zur Verfügung stehen mußte. So kam es auch zu einer Expansion des Erziehungswesens. Betont man diese Faktoren, so ist es durchaus vertretbar, die Jahre des Tanzimat und die Regierungszeit Abdülhamids als eine einzige Epoche zu betrachten.

Unter diesem Blickwinkel endet dann das Osmanische Reich „alten Stils" mit dem jungtürkischen Aufstand 1908 und der Absetzung Abdülhamids 1909. Dies erscheint besonders dann sinnvoll, wenn, wie jüngst unternommen, die Ereignisse von 1908 nicht als ein bloßer Militäraufstand, sondern als eine wirkliche Revolution begriffen werden.[20] Nur gab es keine Atempause, in der sich das neuerrichtete konstitutionelle Regime hätte festigen können. Die Annexion Bosnien-Herzegowinas durch Österreich-Ungarn noch im Jahre 1908, die Besetzung Tripolitaniens durch Italien (1911), die Balkankriege (von 1912 an) und schließlich der Erste Weltkrieg bildeten einen Kontext, in dem von einem *rule of law* nicht die Rede sein konnte. Vielmehr waren die Bedingungen günstig für Militärputsche, Fraktionskämpfe innerhalb der politischen Klasse, Grundsatzentscheidungen durch in der Verfassung nicht vorgesehene Komitees und schließlich massive Repression, besonders, aber nicht nur, der Armenier.

Wendepunkte der Geschichte: Das Osmanische Reich und die Republik Türkei

Die bisher angesprochenen Zeiteinteilungen beziehen sich auf die osmanische Geschichte, die mit der Ausrufung der Republik 1923 zu Ende ging. Die mittlerweile fast achtzig Jahre republikanischer Geschichte bilden nach türkischem Verständnis zumeist ein eigenes Fachgebiet, das lange Zeit mit der osmanischen Geschichte weniger Beziehungen unterhielt als etwa mit der Politikwissenschaft. Zwar hat sich diese Situation, wie ein Blick auf neuere Publikationen zeigt, in den letzten Jahren etwas geändert.[21] Vielleicht hängt das zum Teil zusammen mit der Distanzierung vieler Historiker/innen, aus dem

---

of Public Education in the Ottoman Empire. Islamization, Autocracy and Discipline. Leiden 2001.

[20] *Aykut Kansu*, The Revolution of 1908 in Turkey. Leiden 1997.

[21] Sicherlich trägt die Memoirenliteratur, die in den letzten fünfzehn Jahren eine Hochkonjunktur erlebt, einiges bei zu der Abwertung von 1923 als Epochengrenze. Denn oft steht in solchen Büchern die Familiengeschichte im Vordergrund, und gerade in diesem Bereich sind neben den Brüchen, die das Jahr 1923 in nicht wenigen Fällen mit sich brachte, auch die Kontinuitäten zwischen spätosmanischer Epoche und früher Republik deutlich zu erkennen.

konservativ-religiösen wie auch aus dem liberal-demokratischen Lager, von der autoritären Modernisierung der frühen Republik. Angesichts solcher Hinterfragung ist man weniger als früher dazu geneigt, 1923 als das „Scharnierdatum" der jüngeren Vergangenheit zu betrachten.

Aber trotz alledem fördert die Quellenlage immer noch die Trennung zwischen osmanischer und republikanischer Geschichte. Sind doch gerade für die letzten Jahrzehnte des Osmanischen Reiches im Staatsarchiv in Istanbul zahlreiche Materialien vorhanden, die zur Zeit zügig katalogisiert und den Historikern/innen zugänglich gemacht werden. Dagegen sind die öffentlichen Archive der republikanischen Epoche noch zum größten Teil verschlossen, so daß die Forscher/innen weitgehend auf ausländische Archive und publiziertes Material angewiesen sind.

Interpretationen zur Epochengliederung: die Kongruenz von Politik und Wirtschaft

Sucht man nun aus den verschiedenen Gliederungsmöglichkeiten der osmanischen politischen Geschichte nach einer möglichst „problemlosen" und „pflegeleichten", so bietet sich die Abfolge von „Gründungsphase" (bis 1453), „Expansion" (1453–1575), „Krisen und Stabilisierungen" (1575–1768), „neuerliche Krise" (1768–etwa 1830) und „Kontraktion" (etwa 1830–1918) geradezu an.[22] Die leichte Handhabbarkeit einer solchen Gliederung liegt meiner Meinung nach darin begründet, daß die Ausdehnung, Stagnation bzw. Kontraktion des Osmanenreiches auf der Karte leicht nachzuzeichnen sind, also empirisch nachprüfbare Kriterien für die Periodisierung vorliegen. Auch die politisch-militärischen Krisen der Jahre um 1600 sowie des späten 18. und frühen 19. Jahrhunderts sind in vielen Primärquellen bezeugt, so daß es immerhin über ihre Existenz keinen ernsthaften Zweifel gibt.

Bemerkenswerterweise kommt man auch, wenn man die wirtschaftliche Entwicklung als Grundlage für die Zeiteinteilung benützt, zu einem gar nicht so unähnlichen Bild.[23] Über die früheste Epoche, bis etwa 1450, lassen sich

---

[22] So habe ich es selbst auch gehalten, als ich dazu „verdonnert" wurde, die gesamte osmanische Geschichte auf 128 Seiten zu behandeln: *Suraiya Faroqhi*, Geschichte des Osmanischen Reiches. München 2000. Die Periode der „Kontraktion" könnte man noch in zwei Unterabschnitte einteilen, mit 1908/09 als Zäsur.

[23] Dies ist jedenfalls die Erfahrung der Historikergruppe gewesen, die vor einigen Jahren unter der Federführung von Halil Inalcık und Donald Quataert eine Wirtschafts- und Sozialgeschichte des Osmanischen Reiches zwischen etwa 1300 und 1914 erarbeitet hat: *Halil Inalcık/Donald Quataert* (Eds.), An Economic and Social History of the Ottoman Empire, 1300–1914. Cambridge 1994. Als zweibändige Paperback-Ausgabe erschienen 1997; hierin bildet Inalcıks eigene Arbeit den Bd. 1. Die Abgrenzung der Epochen entspricht hier politischen und nicht ökonomischen Kriterien. Diese sind aus dem rein praktischen Grund

nur sehr wenige, meist auf venezianischen oder genuesischen Quellen beru-
hende Aussagen machen: diese Lage erklärt auch, warum einschlägige Gesamtdarstellungen erst um 1450 herum voll einsetzen.[24] Die große Geldent-
wertung der Jahre um 1585, für Wirtschaftshistoriker ein bedeutender Einschnitt, war zwar keineswegs die erste Devaluation, die das Osmanische
Reich gekannt hatte, aber sie hatte gravierende politische Konsequenzen. Unter anderem führte die verringerte Kaufkraft der osmanischen Silbermünzen
zu schweren Militärrevolten, und von diesem Zeitpunkt an verbreitete sich
vor allem in der Oberschicht die Meinung, jetzt habe das Reich seinen Höhepunkt überschritten.[25]

Aber auch für die Epoche nach 1768–1774, die auf den verlorenen Krieg
mit Rußland folgte, haben wir bereits eine Kongruenz beobachtet zwischen
der Zeiteinteilung nach politischen Kriterien und einer Epochengrenze, die
nach wirtschaftlichen Gesichtspunkten bestimmt worden ist. Desgleichen
kann man für die Jahre um 1830, als englische Importwaren das einheimische
Gewerbe schwer in Mitleidenschaft zogen, Muhammad Ali von Ägypten
seine Truppen bis nach Westanatolien vorrücken ließ und der Zerfall des Osmanischen Reiches unmittelbar bevorzustehen schien, von einer wirtschaftlichen wie von einer politischen Krise sprechen.[26] Und da selbst bei großzügi-
gem Bemessen der „frühen Neuzeit" die Mitte des 19. Jahrhunderts wohl als
ihr Ende gelten kann, ist es nicht verfehlt, für die Jahrhunderte, die diese Epoche umfaßt, von einer relativ gut begründbaren politisch-ökonomischen Zeiteinteilung auszugehen. Aber jeder Dogmatismus ist fehl am Platze; die Untersuchung bisher wenig behandelter Fragen kann in Zukunft eine völlig andere
Periodisierung ergeben.

Interpretationen zur Epochengliederung: Die Bedeutung von kulturellen Momenten

Die weitgehende Konvergenz von wirtschaftlichen und politischen Epochengrenzen hat in der Vergangenheit nicht selten den Anlaß dafür gebildet, daß
nun auch die Kulturgeschichte über diesen selben „vereinheitlichenden"

gewählt worden, daß man den Autoren möglichst jeweils etwa ein Jahrhundert zur Bearbeitung übergeben wollte.
[24] So hat es auch Inalcık in seiner Gesamtdarstellung gehalten (wie Anm. 23).
[25] *Cemal Kafadar*, Les troubles monétaires de la fin du XVIe siècle et la conscience ottomane du déclin, in: Annales. Économies, Sociétés, Civilisations 43, 1991, 381–400.
[26] Allerdings wird man nach der Arbeit von *Donald Quataert*, Ottoman Manufacturing in
the Age of the Industrial Revolution. Cambridge 1993, nicht mehr unbesehen annehmen,
daß die osmanischen Gewerbe vor der Konkurrenz der Industriewaren einfach vom Markt
verschwanden. Aber fast immer mußten sich bei der Anpassung an den Markt die Arbeiter/
innen mit einer Minderung ihres ohnehin bescheidenen Lebensstandards abfinden.

Kamm geschoren wurde. Die Gleichsetzung von politischer und kultureller Blütezeit wurde übrigens auch dadurch begünstigt, daß die Aktivität des sehr langlebigen Architekten Sinan (ca. 1490–1588), dem wir die Şehzade- und Süleymaniye-Komplexe in Istanbul sowie die Selimiye in Edirne verdanken, fast die gesamte Epoche größter osmanischer Machtentfaltung im 16. Jahrhundert umspannt. Aber mehr unterschwellig war bei so manchen Historikern wohl auch die Vorstellung am Werke, daß ein mächtiger Staat alles vermag, die Erzeugung von Kunst mit eingeschlossen.

Neuere Forschungen haben jedoch dazu geführt, daß man die Aktivitäten von Sinans Schülern, insbesondere des Architekten der Sultan Ahmed-Moschee Mehmed Ağa, heute nicht mehr als ein einfaches Nachspiel zum Lebenswerk Sinans betrachtet, und damit ist die Gleichsetzung von politischer Macht und künstlerischer Hochleistung bereits etwas in Frage gestellt. Auch haben die Malerei und Architektur des 18. Jahrhunderts, weniger imposant als ihre Vorgänger aus der Zeit Sinans, aber dafür oft sehr elegant, durch die Arbeit einiger engagierter Kunsthistorikerinnen in den letzten Jahren eine Neubewertung erfahren.[27] Schließlich haben Historiker/innen, die ein Interesse an der Entfaltung des Subjektiven in der Literatur entwickelt haben, die Bedeutung des späteren 17. sowie des 18. Jahrhunderts in dieser Hinsicht aufgezeigt.[28] Die simple Gleichsetzung von politischer Expansion und kultureller Blüte, in meinen Augen schon lange ein Ärgernis, hat sich also in der neueren Literatur deutlich überlebt.

Im Bereich der Kulturgeschichte würde es demnach sicher keinen Anstoß erregen, wenn man im späteren 17. sowie besonders im frühen 18. Jahrhundert eine deutliche Zäsur ansetzt. Aber noch viel offensichtlicher wäre eine zweite solche Bruchstelle, die meiner Ansicht nach in der zweiten Hälfte des 19. Jahrhunderts zu suchen ist. Zwischen 1850 und 1875 erschienen die ersten Erzählwerke, die man als Romane bezeichnen kann, und diese Form sollte im 20. Jahrhundert, besonders in der republikanischen Periode, zu *der* dominanten Form literarischen Ausdrucks in der Türkei werden. In derselben Zeit hielt die Photographie, zuerst von Ausländern und Nichtmuslimen betrieben, bald aber auch von Muslimen besonders der Ober- und Mittelschichten hochgeschätzt, Einzug ins osmanische Kulturleben. In Istanbul fanden Theater, auch solche mit literarischen Ansprüchen, zunehmend ihr Publikum, und das Gleiche galt für öffentliche Konzerte. Mit dem sich in derselben Epoche entfalten-

---

[27] *Ayda Arel*, Yüzyılda Istanbul Mimarisinde Batılılaşma Süreci. Istanbul 1975, 18; *Tülay Artan*, Architecture as a Theatre of Life: Profile of the Eighteenth-Century Bosporus. Unveröffentlichte PhD Dissertation Massachusetts Institute of Technology Cambridge, Mass. 1988; *Gül Irepoğlu*, Levni, Nakış, Şiir, Renk. Ankara 1999; *Esin Atıl*, Levni and the Surname. The Story of an Eighteenth-Century Ottoman Festival. Istanbul 1999.
[28] *Cemal Kafadar*, Self and Others: the Diary of a Dervish in Seventeenth-Century Istanbul and First-Person Narratives in Ottoman Literature, in: Studia Islamica 69, 1989, 121–150.

den Pressewesen wurde es Privatpersonen möglich, Verlage zu gründen und den Druck von Büchern zu finanzieren, was in älterer Zeit nur mit Unterstützung von Mäzenen und Institutionen möglich gewesen war.[29] Mit nur geringer Übertreibung kann man behaupten, die Grundlagen des heutigen Kulturlebens der Türkei seien in Istanbul zwischen 1870 und 1912 gelegt worden.

Diese kulturellen Neuheiten sind in der türkischen Sekundärliteratur durchaus gewürdigt worden; aber zumeist handelt es sich bei den einschlägigen Werken um Monographien, die jeweils ein bestimmtes Teilgebiet des Kulturlebens behandeln. Dagegen ist eine Würdigung des späteren 19. Jahrhunderts in seiner Gesamtheit, als einer Zeit des fundamentalen kulturellen Umbruchs, meines Wissens nach ziemlich selten. Wahrscheinlich läßt sich dieses Ausweichen zum Teil dadurch erklären, daß es nicht so ganz leicht ist, laut und deutlich zu sagen, die Anfänge des heutigen türkischen Kulturlebens seien in einer noch immer häufig als „Verfallszeit" verschrieenen Epoche zu suchen. Aber vielleicht sind diese Konzentration auf die Monographie und die Scheu vor dem Gesamtbild auch zeitgebundene Phänomene; wie wir schon gesehen haben, ist gerade in der Geschichte des späten Osmanischen Reiches jetzt vieles im Fluß.

Zum Abschluß

Faßt man nun unsere Befunde in dürren Worten zusammen, so läßt sich kaum bestreiten, daß für die türkische Geschichtsschreibung die Periodisierungsfrage im engeren Sinne, und insbesondere die Suche nach einem angemessenen „Anfang und Ende" für die (frühe) Neuzeit eine vergleichsweise marginale Frage darstellt. Sicherlich kommt den Jahren zwischen 1450 und etwa 1575 eine besondere Bedeutung zu, aber eben als dem Zeitalter der „Floreszenz" des Osmanischen Reiches, und nicht wegen einer etwaigen Teilnahme an der kulturübergreifenden Entwicklung eines neuen Welt- und Menschenbildes. Allerdings gilt letztere Behauptung seit etwa 1985 nicht mehr ganz ohne Einschränkungen: So hat sich Aptullah Kuran über die Affinitäten im Design zwischen Palladio und Mimar Sinan gewundert, obwohl ein direkter Kontakt zwischen diesen beiden bedeutenden Zeitgenossen mit ziemlicher Si-

---

[29] Zur Photographie: *Gilbert Beaugé/Engin Çizgen*, Images d'empire. Aux origines de la photographie en Turquie. Türkiye'de Fotoğrafın öncüleri. Istanbul o. J. [wohl 1992/93]; zur Stadtplanung: *Zeynep Çelik*, The Remaking of Istanbul. Portrait of an Ottoman City in the Nineteenth Century. Seattle/London 1986; zum frühen Roman: *Ahmet Ö. Evin*, Origins and Development of the Turkish Novel. Minneapolis 1983; zum literarischen Theater: *Metin And*, Tanzimat ve İstibdat Döneminde Türk Tiyatrosu 1839–1908. Ankara 1972; zur Geschichte einer frühen Ingenieursschule, die auch Bücher drucken ließ: *Kemal Beydilli*, Türk Bilim ve Matbaacılık Tarihinde Mühendishâne. Mühendishâne Matbaası ve Kütüphânesi (1776–1826). Istanbul 1995.

cherheit auszuschließen ist.[30] Insgesamt nimmt man heute an, daß gerade im Bereich der höfischen visuellen Kultur die Grenzen zwischen dem Osmanenreich und Italien durchlässiger waren, als früher behauptet worden ist. Aber weitergehende Aussagen verbieten sich wegen des durchgehenden Mangels an Quellen.

Andererseits geht das Bemühen von türkischen Historikern/innen hauptsächlich dahin, einer Charakterisierung der Krisen und Umbrüche näherzukommen, die den Lauf der osmanischen Geschichte bestimmt haben. Im Zuge dieser Bemühungen versucht man, zumindest unterschwellig, auch zu erklären, warum im Osmanischen Reich ein autochthoner Kapitalismus nicht aufgekommen ist.[31]

Aber das bedeutet nicht, daß bei der Periodisierung einzig und allein inner-osmanische Kriterien zugrundegelegt werden. In der Untersuchung der politischen, gesellschaftlichen und wirtschaftlichen Krisen des Osmanischen Reiches, die eine bis ins späte 19. Jahrhundert zurückreichende Tradition besitzt, spielt die Frage der Beziehungen nach Europa oft eine bedeutende Rolle. Allerdings geht es nicht so sehr um die Abstraktion der Periodisierung in Mittelalter, Neuzeit oder „gegenwartsnahe Epoche", sondern um die konkreten Umstände, die jeweils einen Umschwung in der politischen und wirtschaftlichen Gesamtkonjunktur zur Folge hatten. An allen diesen Umschwüngen waren europäische Staaten und Gesellschaften, im Sinne von Königen, aber auch von Kaufleuten, irgendwie beteiligt. Im Jahre 1453 traten sie als besiegte Gegner in Erscheinung und am Ende des 16. und zu Beginn des 17. Jahrhunderts als zunehmend präsente, silberimportierende und getreideschmuggelnde Kaufleute. In der Krisenzeit der napoleonischen Kriege und der Anbindung an den englischen und auch kontinentaleuropäischen Markt im frühen 19. Jahrhundert erschienen europäische Staaten und Kaufleute als siegreiche Gegner, problematische Bundesgenossen und wirtschaftlich zunehmend überlegene Handelskontrahenten. In den politischen und kulturellen Umbrüchen des mittleren und späten 19. Jahrhunderts bildeten schließlich die Aktivitäten europäischer Staaten und Firmen den Hintergrund, vor dem die osmanische Oberschicht einen tiefgreifenden politischen Umbau riskierte, um wenigstens einen Teil des Reiches zu erhalten. Spätestens seit 1453, aber auch schon früher, war das Osmanische Reich ein Akteur in der europäischen Politik, und diese Tatsache ist in der Behandlung von „Krisen und Umbrüchen" durch die neuere türkische Historiographie fast immer gegenwärtig.

---

[30] *Aptullah Kuran*, Sinan, the Grand Old Master of Ottoman Architecture. Washington/ Istanbul 1987, 246. Kuran weist darauf hin, daß, während es im 18. Jahrhundert üblich wurde, daß künstlerische Anregungen aus Europa von Osmanen aufgenommen wurden und nicht umgekehrt, im 16. Jahrhundert die „Einflüsse" noch wechselseitig sein konnten.
[31] *Fatma Müge Göçek*, Rise of the Bourgeoisie, Demise of Empire. Ottoman Westernization and Social Change. New York/Oxford 1996.

Durchweg legen gerade die intellektuell anspruchsvollsten Vertreter der türkischen Historiographie einen starken Akzent auf wirtschaftliche Dynamik. Demgegenüber spielt die politische Geschichte zwar im Lehrbetrieb eine beherrschende Rolle. Aber auf der intellektuellen Ebene hat sie hauptsächlich dort neue Anstöße gegeben, wo sie sich nicht auf die frühe Neuzeit, sondern auf das 19. Jahrhundert bezieht. Für diese spätere, gut dokumentierte Epoche ist es sogar möglich, auf Veränderungen in der politischen Kultur einzugehen.[32] Die Wendung zur Mikrohistorie, zum Subjektiven, zur „Mentalitätsgeschichte", die wir aus der nordamerikanischen und europäischen Historiographie seit den achtziger Jahren kennen, ist im türkischen Kontext zwar nicht ganz unbeachtet geblieben, spielt aber doch eine vergleichsweise sekundäre Rolle.[33] Dies hat wahrscheinlich mit der Tatsache zu tun, daß auch heute ökonomische Probleme so akute Auswirkungen auf das Alltagsleben der Menschen haben, daß man nicht einfach von ihnen abstrahieren kann. Wie so manches andere, ist vielleicht das Absehen von den wirtschaftlichen Gegebenheiten ein Luxus der reichen Länder.

---

[32] Das ist etwa die Leistung von *Şevket Mardin*, The Genesis of Young Ottoman Thought. A Study in the Modernization of Turkish Political Ideas. Princeton 1962, und *ders.*, Super Westernization in Urban Life in the Ottoman Empire in the Last Quarter of the Nineteenth Century, in: Peter Benedict/Erol Tümertekin/Fatma Mansur (Eds.), Turkey. Geographic and Social Perspectives. Leiden 1974, 403–446. Eine andere wichtige Arbeit zur politischen Kultur des 19. Jahrhunderts stammt von *Ilber Ortaylı*, İmparatorluğun en Uzun Yüzyılı. Istanbul 1983.

[33] Mikrohistorie und das „subjektive Moment" treten jedoch deutlich hervor im Werk von Cemal Kafadar. Vgl. etwa *Cemal Kafadar*, Mütereddit bir Mutasavvıf: Üsküplü Asiye Hatun'un Rüya Defteri 1641–43, in: Topkapı Sarayı Yıllığı 5, 1992, 168–222.

Selbstdarstellungen aus Bilâd ash-Shâm

Überlegungen zur Innovation in der arabischen autobiographischen Literatur im 16. und 17. Jahrhundert

Von

Ralf Elger

Es wäre ein verwegenes Unternehmen, im Rahmen einer Untersuchung zur arabischen Literaturgeschichte zwischen den Jahren 1500 und 1800 sowie der Literatur aus Bilâd ash-Shâm (das heutige Syrien, Libanon, Palästina und Jordanien) im besonderen ohne weiteres den Begriff „Frühe Neuzeit" zu verwenden. Er existiert in dem Fach der Arabistik als etablierter Terminus nämlich nicht, und es ist fraglich, ob sich daran in der nächsten Zeit etwas ändern wird. Denn in den letzten etwa zehn Jahren wurde in einer heftigen Debatte der Versuch einer Einführung europäischer Epochenbegriffe in die islamische, darunter auch die arabische Kulturgeschichte von mehreren Seiten zurückgewiesen.

Der Versuch, unternommen von Reinhard Schulze ab Beginn der 1990er Jahre[1], ging von plausiblen Erwägungen aus, welche auch die Kritiker nicht in Frage stellten. Normalerweise wurde und wird teilweise noch bei der Betrachtung arabischer Kultur wie folgt periodisiert: Die Blütezeit reicht vom 7. Jahrhundert bis etwa zum 14. Jahrhundert. Darauf folgt eine lange Phase der Stagnation bis zum Ende des 18. Jahrhunderts, wonach dann die Moderne unter europäischem Einfluß im 19. Jahrhundert beginnt. Eine derartige Sicht wird auch von arabischen Forschern vertreten, welche, von einer nationalistischen Position her argumentierend, die meist als türkisch bezeichnete Fremdherrschaft, vor allem die der Mamluken (1250–1516) und Osmanen (1516–1918), für kulturelle Blockaden in arabischen Gesellschaften verantwortlich machen. Erst mit der arabischen „Renaissance" (*nahda*) seit dem 19. Jahrhundert habe wieder ein Aufschwung eingesetzt.[2]

Solche negativen Bestimmungen der arabischen Kulturgeschichte zwischen 1500 und 1800 waren überaus unbefriedigend, sprachen sie doch eine Generalverurteilung der quantitativ bedeutenden Produktion arabischer Autoren mehrerer Jahrhunderte aus. Hunderte von Handschriften in Bibliotheken des Vorderen Orients und des Westens wurden lange Zeit nicht erforscht, da ein starker Konsens der Forscher darüber bestand, daß sich dies nicht lohnen

---

[1] *Reinhard Schulze*, Das islamische achtzehnte Jahrhundert. Versuch einer historiographischen Kritik, in: Die Welt des Islams 30, 1990, 140–162.
[2] Kritisch dazu *Muhammad at-Tanûkhî*, Al-ittijâhât ash-shi'riyya fî bilâd ash-Shâm fî l-'asr al-'uthmânî. Damaskus 1993, 5.

würde. Auch die in jüngerer Zeit zunehmende Edition und Auswertung des Materials in arabischen Ländern dient weniger dem Ziel, darin einen Ausdruck der spezifischen kulturellen Eigenschaften der Epoche zu finden, sondern will die Texte vorzugsweise als Quellen für geographische, volkskundliche oder auch sozialgeschichtliche Faktensuche nutzbar machen.

Schulze wollte mit einer neuen Sinngebung der Zeit zwischen 1500 und 1800 durch konstruktive Epochenbegriffe das überkommene und ideologisch verdächtige Paradigma von der arabischen Dekadenz überwinden und so die Basis zur intensiven Erforschung des bisher mißachteten Materials schaffen. Zunächst schlug er den Begriff der „islamischen Aufklärung" für das 18. Jahrhundert[3], später auch „Barock" und „Rokoko"[4] vor, was jedoch bei den allermeisten Beteiligten an der sich daraus entwickelnden Debatte keinen Anklang fand. Zum einen kritisierte man, daß Schulze sich auf relativ wenig Quellen stützte, die er noch dazu gelegentlich falsch bzw. überinterpretierte; zum anderen konnte ihm der Vorwurf gemacht werden, daß er die Erforschung der in Frage stehenden Epoche nicht beförderte, sondern behinderte, da er keine neuen Perspektiven für eine bessere Interpretation des vorhandenen Quellenmaterials eröffnete und letzten Endes in eurozentristischer Weise die Besonderheiten der islamischen Kulturgeschichte gegenüber der europäischen einebnete.[5]

Ohne Bezug auf diese Debatte entwickelte Eric Geoffroy ähnliche Überlegungen wie Schulze, ließ aber größere Vorsicht walten. Er setzt in seiner Arbeit über die islamische Mystik in Ägypten und Syrien (gemeint ist Bilâd ash-Shâm) die Jahre von 1460 bis 1470 als Anfang des Niedergangs der mamlukischen Herrschaft und als Beginn einer allgemeinen Krise an, in der sich „kulturelle und spirituelle Phänomene zu besonderer Intensität steigerten". In den folgenden Jahren sei der „Höhepunkt der mittelalterlichen islamischen Kultur" erreicht worden, „tout en annonçant l'évolution de celle-ci durant la période pré-moderne".[6] An anderer Stelle äußert Geoffroy den gleichen Gedanken noch einmal, als er auf die Debatte um den Beginn des „Kulturverfalls im Islam" und die Rolle des bedeutenden ägyptischen Gelehrten as-Suyûtî († 1505) dabei eingeht. Gilt as-Suyûtî manchen Historikern als Modell der „damaligen kulturellen Lethargie", so sieht Geoffroy an ihm moderne

[3] *Reinhard Schulze*, Was ist die islamische Aufklärung?, in: Die Welt des Islams 36, 1996, 276–325.
[4] *Reinhard Schulze*, Die islamische Welt in der Neuzeit (16.–19. Jahrhundert), in: Albrecht Noth/Jürgen Paul (Hrsg.), Der islamische Orient. Grundzüge seiner Geschichte. Würzburg 1998, 333–403.
[5] Vgl. zur Kritik an Schulze: *Gottfried Hagen/Tilman Seidensticker*, Reinhard Schulzes Hypothese einer islamischen Aufklärung. Kritik einer historiographischen Kritik, in: Zeitschrift der Deutschen Morgenländischen Gesellschaft 148, 1998, 83–110.
[6] *Eric Geoffroy*, Le soufisme en Egypte et en Syrie sous les derniers Mamelouks et les premiers Ottomans. Orientations spirituelles et enjeux culturels. Damaskus 1995, 73.

Aspekte, sein teilweises Autodidaktentum und sein Bestreben, verschiedene Öffentlichkeiten mit seiner weit gespannten literarischen Produktion anzusprechen. „On peut parler à son égard de savant ‚post-médiéval' ", faßt er seine Überlegungen zusammen.[7] Geoffroy scheint durchaus ein Epochenkonzept wie „Frühe Neuzeit" im Sinn zu haben. Allerdings entwickelt er dieses in seinem Buch nicht weiter, betrachtet die erwähnten Ansätze offenbar als noch vage Hypothesen, was angesichts des wenig fortgeschrittenen Forschungsstands nicht verwunderlich ist.

Ohne Epochenbegriffe zu reflektieren, arbeitet der syrische Forscher Abdul-Karim Rafeq. Er beschreibt die ersten drei Jahrhunderte osmanischer Herrschaft in Bilâd ash-Shâm (16.–18. Jahrhundert) als eine Zeit, in der sich ein prononciert arabisch-muslimisches Selbstbewußtsein herauskristallisierte. Ein Anlaß dafür sei die Politik der osmanischen Herrschaft gewesen, unter welcher etliche Gesetze erlassen worden seien, die arabische Gelehrte als sharî'a-widrig kritisiert hätten. Nach Rafeq entstand somit ein doppelter Konflikt: staatliches Herrschaftsstreben versus islamisches Recht, osmanisch-türkische Dominanz versus syrisch-arabische Identität. Trotz dieser Spannungen war es keine krisenhafte Zeit für Bilâd ash-Shâm, erklärt Rafeq: „It is significant in this respect that these very centuries did not witness communal unrest of the type that plagued geographical Syria around the middle of the 19th century."[8] Rafeq weist auf das – angeblich – grundsätzlich friedliche Zusammenleben von Muslimen und Nichtmuslimen in der Region hin, das erst im 19. Jahrhundert durch europäische Interventionen gestört worden sei. Offenbar steht dahinter die Idee, daß in einer Zeit, in der das Arabertum zu sich selbst findet – und sei es aufgrund von Bedrängnis durch Fremdherrschaft –, die arabischen Gesellschaften politisch und sozial ausbalanciert sind. Zwar erscheint mir Rafeqs Betonung der syrischen Rechtschaffenheit und Toleranz in der Zeit vom 16. bis zum 18. Jahrhundert sehr problematisch – es fällt nicht schwer, Beispiele gegen die These des friedlichen Zusammenlebens von Angehörigen verschiedener Religionen zu finden[9] –, aber seine Auffassung, daß die osmanische Herrschaft nicht zum „arabischen Verfall" führte, ist sicher richtig[10].

---

[7] Ebd. 85 f.
[8] *Abdul-Karim Rafeq*, Social Groups, Identity and Loyalty, and Historical Writing in Ottoman and Post-Ottoman Syria, in: Dominique Chevaillier (Ed.), Les Arabes et l'histoire créatrice. Paris 1995, 79–93, 87.
[9] Siehe etwa die antichristlichen Anekdoten bei *Hafîz ad-Dîn al-Qudsî*, Isfâr al-asfâr waibkâr al-afkâr. Ms. Staatsbibliothek Berlin (*Wilhelm Ahlwardt*, Verzeichnis der arabischen Handschriften der Königlichen Bibliothek zu Berlin. Bd. 1–10, Berlin 1887–1899, Nr. 6134).
[10] Gleiches gilt für die syrische Historikerin Lailâ as-Sabbâgh, die ihre Werke zum 16. und 17. Jahrhundert vorzugsweise in Arabisch publizierte, u. a.: *Lailâ as-Sabbâgh*, Min a'lâm al-fikr al-'arabî fî l-'asr al-'uthmânî al-awwal. Muhammad al-Amîn al-Muhibbî al-mu'ar-

Das läßt sich besonders gut an einigen autobiographischen Texten verdeutlichen, welche Hinweise auf eine große literarische Kreativität arabischer Intellektueller aus Bilâd ash-Shâm geben. Dieses bisher kaum bekannte und untersuchte Material, teilweise Reiseberichte, teilweise umfassende Lebensbeschreibungen, scheint mir innovativen Charakter zu haben und dürfte zumindest literaturgeschichtlich eine „neue Zeit" anzeigen. Aufgrund des mangelhaften Forschungsstandes kann meine Betrachtung der Texte keine ausgereiften Ergebnisse zur Frage einer vorderorientalischen Frühen Neuzeit hervorbringen. Es geht mir vielmehr darum, Elemente eines Forschungsprogramms zur literaturgeschichtlichen Periodisierung im Vorderen Orient zur Diskussion zu stellen, die als Teilstücke für umfassende, auch politik-, sozial- und kulturgeschichtliche Aspekte berücksichtigende Periodisierungsprojekte dienen können.

Zwar ist es nicht immer sinnvoll, kulturgeschichtliche Periodisierungen aufgrund von Daten der politischen Geschichte und der Dynastiengeschichte vorzunehmen, aber für die Geschichte von Bilâd ash-Shâm stellte doch der Übergang von der mamlukischen zur osmanischen Herrschaft im Jahre 1516 eine beachtliche, etliche Bereiche der Gesellschaft betreffende Zäsur dar. Das Datum spielt auch in der arabistischen Literaturgeschichte eine gewisse Rolle, in der Abgrenzung von „mamlukischer" und „osmanischer" Poesie.[11] Im allgemeinen ist dies kaum inhaltlich begründet, im Bereich der „politischen" Poesie war der Herrscherwechsel aber durchaus bedeutsam, und in begrenztem Umfang ist die dynastiegeschichtliche Sichtweise auch für die Betrachtung anderer Gattungen brauchbar.

Eine Folge des Herrscherwechsels bestand nämlich darin, daß angehende Gelehrte aus Bilâd ash-Shâm zur Förderung ihrer Karrieren als Lehrer oder als Jurist sich Patrone unter den Funktionären und Gelehrten in der neuen Hauptstadt Istanbul sichern mußten. Teilweise war dazu eine Reise dorthin notwendig, um direkt bei den Entscheidungsträgern vorzusprechen. Daraus wiederum entstand eine neue Form von Reisebericht, die Beschreibung einer Reise nach Istanbul, welche dem Zweck der Arbeitsuche diente.[12] Zwar war das Reisen für Gelehrte auch vorher schon wichtig – Kairo als intellektuelles Zentrum und Hauptstadt des Mamlukenreiches zog viele Intellektuelle aus Bilâd ash-Shâm an –, jedoch produzierten sie, soweit für das 14. und 15. Jahrhundert bekannt ist, keine Reiseberichte. Möglicherweise löste die Reise in

rikh wa-kitâbuhû „Khulâsat al-athar fî a'yân al-qarn al-hâdî 'ashar" (1061–1111/1651–1699). Damaskus 1986. Vgl. zur Arbeitsweise von Rafeq und as-Sabbâgh: *Ulrike Freitag,* Geschichtsschreibung in Syrien 1920–1990. Zwischen Wissenschaft und Ideologie. Hamburg 1991, 328–344.

[11] *At-Tanûkhî,* Al-ittijâhât ash-shi'riyya (wie Anm. 2).

[12] Vgl. dazu *Ignaz Krachkowski,* Istoria arabskoi geograficheskoi literatury. Moskau 1957. Übers. in das Arabische von Salâh ad-Dîn Hâshim unter dem Titel: Târîkh al-adab al-jughrâfî al-'arabî. Beirut 1987, 751 f.

das anders als Kairo nicht von arabischer Kultur dominierte Istanbul eine Art Kulturschock aus, der die Reisenden dazu trieb, ihre Erfahrungen literarisch zu verarbeiten.

Literaturhistorisch bedeutsamer ist aber, daß die bisher aufgefundenen Istanbul-Berichte nicht allein der Reisebeschreibung, sondern auch der Abhandlung eines zentralen Themas dienen. So reflektiert der Reisebericht des angehenden Juristen Muhibb ad-Dîn aus Hama (1542–1610) im wesentlichen die Frage, welche Kompetenzen ein Richter (Kadi) besitzen muß. Der Reisende betont immer wieder, daß die hervorragende Beherrschung der arabischen Sprache, ja sogar die Fähigkeit zur Dichtung und Dichtungskritik, ein ganz wesentliches Kriterium darstellen.[13] Den Hintergrund bildet der Umstand, daß im osmanischen Justizsystem auch Gelehrte nicht-arabischen Ursprungs Kadiposten in den arabischen Provinzen des Reiches erlangten. Sie wurden teilweise den Arabern vorgezogen, obwohl sie meist nicht deren sprachliche Kompetenz vorweisen konnten. Muhibb ad-Dîns Text, der sich dagegen wendet, kann als kultur- bzw. sozialkritische Abhandlung im Gewand des Reiseberichts angesehen werden. Dadurch vor allem erscheint mir der Reisebericht innovativ zu sein, eine Abweichung von der Tradition der „vorosmanischen" Reiseliteratur.[14]

Deutlichere Kritik am Osmanischen Reich findet sich in arabischen Texten des 17. Jahrhunderts. Das späte 16. und das frühe 17. Jahrhundert gelten in der Forschung traditionell als Zeit der Krisen sowohl in der osmanischen Geschichte im allgemeinen als auch in der Geschichte von Bilâd ash-Shâm im besonderen. Zahlreiche Traktate der Zeit befassen sich mit dem Niedergang des Osmanenreiches und versuchen, Lösungen seiner vielfältigen Probleme zu zeigen.[15] Der Umbruch begann aus der Sicht von Zeitgenossen nach dem Tod Sultan Sulaimans II. (1520–1566) und mündete dann mit der „Haremsherrschaft" ab 1579 in einen beschleunigten Verfall. Anfang des 17. Jahrhunderts stand das Osmanische Reich in dem „langen Krieg" gegen Österreich, der 1606 mit dem Frieden von Zsitva Torok und einem auf zwanzig Jahre festgelegten Waffenstillstand endete. Ein Ergebnis des Konflikts bestand darin, daß der Sultan die Europäer erstmals als gleichwertige Verhandlungspartner

---

[13] *Muhibb ad-Dîn al-Hamawî*, Hâdî al-azân an-najdiyya ilâ d-diyâr al-misriyya; Bawâdi' ad-dumû' al-'andaniyya bi-wâdî ad-diyâr ar-rûmiyya. Die erste Reise ist ediert von 'Adnân Bakhît, al-Karak 1993. Beide Reisen zusammen finden sich in dem im ersten Teil lückenhaften Ms. Assad-Bibliothek, Damaskus, Nr. 8387.

[14] Deutlich sind etwa die Unterschiede zu den „Klassikern" der arabischen Reiseliteratur, Ibn Jubair († 1217) und Ibn Battûta († 1377). Andere „Istanbul-Berichte", die dem Text von al-Hamawî ähneln, stammen von: *Badr ad-Dîn al-Ghazzî* († 1577), Al-matâli' al-badriyya fî l-manâzil ar-rûmiyya. Ms. British Library, or. 3621; *Ibrâhîm al-Khiyârî* († 1672), Tuhfat al-udabâ' wa-silwat al-ghurabâ'. Bagdad 1969–1980.

[15] *Douglas A. Howard*, Ottoman Historiography and the Literature of „Decline" of the Sixteenth and Seventeenth Centuries, in: Journal of Asian Studies 22, 1988, 52–77.

anerkennen mußte, ein frühes Zeichen der Umkehr von der expansiven osmanischen Europapolitik hin zu einer immer defensiveren Rolle des Reiches. Dazu kam, daß das Osmanische Reich seit 1585 unter einer schweren Finanzkrise litt. Inflation führte zu realen Einkommensverlusten der Funktionäre und Militärs, es brachen mehrere Aufstände unter den Truppen aus. Auch lokale Machthaber stellten sich gegen die Zentralregierung, was ebenfalls heftige Kämpfe und Zerstörungen mit sich brachte. Die Revolte des Gouverneurs von Aleppo, 'Alî Pasha Jânbulâd, wurde zwar 1607 niedergeschlagen, im Libanon aber konnte Fakhr ad-Dîn al-Ma'n zwischen 1591 und 1635 ein relativ stabiles Regime etablieren, wobei er zwar nicht mit dem Sultan brach, aber doch den osmanischen Einfluß stark zurückdrängte und sogar eine eigene Außenpolitik mit Europa (Bündnis mit den Medici 1608) betrieb.

Nun stellte die Etablierung von halbautonomen Herrschaftsgebieten nicht unbedingt eine Katastrophe für das Reich dar, denn es gehörte durchaus zur normalen politischen Strategie der Sultane, lokale Machtzentren zu dulden, solange ihnen Steuern zuflossen und eine grundsätzliche Loyalität erklärt wurde. Arabische Beobachter aber beklagten die negativen Folgen der von den Lokalfürsten geführten Kämpfe. Einen sehr düsteren Ausblick auf die libanesische Situation gibt etwa der Damaszener Literat Yahyâ al-Mahâsinî († 1643) in einem der ersten Reiseberichte der Zeit, die nicht eine Reise nach Istanbul zum Thema haben. Yahyâ beschreibt auf seinem Weg von Damaskus nach Tripolis/Libanon im Jahre 1638 die Verwüstungen, welche die Feldzüge Fakhr ad-Dîns hinterlassen hatten, unter anderem die Zerstörung der Orte 'Akkâr (1618), Hauptsitz seines Rivalen, des Gouverneurs Yûsuf Pasha Saifâ, sowie Baalbek (1623).[16]

Mehrfach stellt al-Mahâsinî Vergleiche zwischen den zerstörten Städten im Libanon und der christlichen Eroberung des islamischen Spaniens an. Der Rückblick auf al-Andalus scheint ein neues Thema der Literaten von Damaskus gewesen zu sein, das aufgrund der endgültigen Vertreibung der Moriscos aus Spanien 1609, welche in den arabischen Ländern ein starkes Echo auslöste, an Aktualität gewann.[17] Wichtig für die Damaszener war insbesondere, daß ihnen mit dem gebürtigen Maghrebiner Ahmad al-Maqqarî (1578–1631) ein ausgesprochener Experte historische Nachrichten über al-Andalus zu erzählen wußte. Al-Maqqarî wurde nach eigenen Angaben nach seinem Besuch in Damaskus im Jahre 1627 von einem seiner dortigen Freunde gebeten, ein Buch über al-Andalus zu schreiben. Er kam dem Wunsch nach und verfaßte „Nafh at-tîb min ghusn al-Andalus ar-ratîb wa-dhikr wazîrihâ Lisân ad-Dîn b.

---

[16] *Ralf Elger*, Der Raum als Zeichen göttlicher Macht und des Wirkens der Zeit im Libanon-Reisebericht al-manâzil al-mahâsiniyya fî r-rihla at-tarâbulusiyya des Yahyâ al-Mahâsinî (st. 1053/1643), in: Roxane Haag-Higuchi/Christian Szyska (Hrsg.), Erzählter Raum in Literaturen der islamischen Welt. Wiesbaden 2001, 69–80.

[17] *Abdeljelil Temimi*, Etudes d'histoire morisque. Zaghouan 1993.

al-Khatîb" („Der Hauch des Guten von dem fruchtbaren Zweig Andalusiens und der Bericht über dessen Minister Lisân ad-Dîn b. al-Khatîb"). Der erste Teil dieses riesigen Werkes enthält eine Darstellung der Geschichte des islamischen Andalusien. Der ganze zweite Teil, mehr als 1500 Seiten, ist der Biographie des bedeutenden Politikers und Dichters Lisân ad-Dîn b. al-Khatîb (1314–1375) gewidmet, der sich große Verdienste um die Verteidigung des Landes gegen die Christen erworben hatte, aber auf Betreiben früherer Freunde und Protegés hingerichtet wurde.

Zwar beklagt al-Maqqarî das bittere Ende des Andalusiers, hebt aber doch auch die positiven Aspekte seines Lebens hervor. Er war einer,

„den man aufsucht, wenn es darum geht, das Gute und das Schlechte auseinander zu halten. Er wirkte als Führer und Politiker. Er zog die Fahnen der Gerechtigkeit auf und steckte das Schwert der Rache ein. Er trieb die Zwietracht zurück, die ihren Mund zum Schrei der Rache aufriß. Im weit entfernten Andalus war die Zeit des Niedergangs nahe. Man wagte es, die Könige zu töten, betrieb Wegelagerei und verhinderte das Reisen. Denn die Leidenschaften der Betrüger neigen zum Spalten und die Glieder der Ehrlichen sind in Sorge und brennen. Die Hände der Schlechten sind ausgestreckt, und die Schwerter der Prüfung dürsten nach Blut. [...] Der (ungläubige) Feind nahm die Chance wahr, tötete und stahl Hab und Gut. Er wollte das Wohlleben der Muslime beenden, auch wenn er Verträge des Friedens in manchen Situationen abschloß. [...] Da flickte Lisân ad-Dîn das (zerrissene) Kleid von al-Andalus. Er bezwang den Unglauben, der seinen Mund geöffnet hatte. Er krempelte die Ärmel auf und arbeitete mit Wort und Tat für die Verteidigung, bis der Sieg leuchtete. Die Wege wurden wieder sicher durch den Eifer."[18]

Ibn al-Khatîb erreichte das, was die vorderorientalischen Literaten des 17. Jahrhunderts auch von ihren Herrschenden erwarteten, die Aufrechterhaltung von Frieden und Gerechtigkeit im Inneren sowie den effektiven Kampf gegen die ungläubigen Feinde. Nicht von ungefähr wurde er deshalb so geschätzt. Wie al-Maqqari berichtet, „zogen die Damaszener Ibn al-Khatîb allen anderen vor, so daß er zum Leitbegriff ihres Zusammenschlusses wurde".[19]

Eine Frage ist nun, ob das Damaszener Interesse an al-Andalus im Zusammenhang mit einer Abgrenzung der Araber gegen die türkischen Osmanen bzw. mit der Erhebung von arabischen Herrschaftsansprüchen stand – immerhin war ja al-Andalus ein weitgehend arabisches Land gewesen. Zwar mag die Andalusienbegeisterung durchaus eine Rolle in den Reflexionen über das Arabertum durch Gelehrte aus Bilâd ash-Shâm gespielt haben, wie sie schon bei dem Istanbul-Reisenden Muhibb ad-Dîn erkennbar sind[20] und später in Texten von Najm ad-Dîn al-Ghazzî († 1651), 'Abd al-Ghanî al-Nâbulusî

---

[18] *Ahmad b. Muhammad al-Maqqarî*, Nafh at-tîb min ghusn al-Andalus ar-ratîb. Hrsg. v. Ihsân 'Abbâs. Beirut 1968, Bd. 1, 78 f.
[19] Ebd. Bd. 1, 69.
[20] *Rafeq*, Social Groups (wie Anm. 8), 83, nennt als frühes Dokument arabischer Selbstvergewisserung noch die „Nasâ'ih sharîfa wa-mawâ'iz zarîfa" von 'Alî 'Alawân al-Hamawî († 1530), einem Lehrer von Muhibb ad-Dîn.

(† 1731)[21] und Mustafâ al-Bakrî († 1749)[22] auftauchen. Jedoch erscheint dieses Arabertum weitgehend religiös und sprachlich bestimmt gewesen zu sein, während Folgerungen für die Gestaltung der Herrschaftsverhältnisse kaum gezogen wurden. Ein Argument für den Vorzug der Araber lautete: Sie waren die ersten, denen die göttliche Offenbarung des Koran zuteil wurde, und verdienen deswegen besonderes Ansehen unter den Muslimen. Weiter hieß es: Da die Offenbarung in arabischer Sprache herabgesandte wurde, ist das Arabische allen anderen Sprachen überlegen. Allerdings, so argumentiert al-Bakrî, wird ein Nichtaraber, der das Arabische zu beherrschen lernt, selber Araber.[23] Die Wiederherstellung eines arabischen Reiches, wie es noch bis 1258 zumindest theoretisch unter der 'abbâsidischen Herrschaft bestanden hatte, oder auch die Gründung eines neuen arabischen Staates in Bilâd ash-Shâm schwebte den arabischen Intellektuellen des 16.–18. Jahrhunderts offenbar nicht vor. Sie akzeptierten grundsätzlich die bestehende Situation, verlangten aber von ihrer Herrschaft die Erfüllung der Pflichten des islamischen Rechts.

Von zentraler Bedeutung war dabei die Pflicht zum Kampf gegen die Ungläubigen, welche ein Text des Jerusalemers Hafîz ad-Dîn al-Qudsî († 1645/ 46) hervorhebt. Auch hierbei handelt es sich um einen Istanbul-Reisebericht, auch al-Qudsî beschreibt seine Suche nach einem Posten als Gelehrter:

„Ich sah, daß die Leute, die vorankommen sollten, zurückbleiben und andere, die es nicht wert sind, aufsteigen. Der Grund dafür lag darin, daß die zweiten sich bei den Mächtigen einschmeichelten, so wie es diese merkwürdige Zeit verlangt. [...] Da überkam mich menschlicher Neid (al-ghaira al-insâniyya). Ich wollte auch weiterkommen und erkannte deutlich, daß ich dies nur erreichen würde, wenn ich nach Istanbul ginge und mich im Palast einfände. [...] Ich vertraute auf Gott und reiste von Jerusalem am 21. des Monats Rabî' I im Jahre 1013 ab [also im Jahre 1604, R. E.]."[24]

Al-Qudsî begibt sich zunächst nach Kairo und besteigt dann ein Schiff von Alexandria nach Istanbul. Die ausführliche Beschreibung dieser Seereise dient ihm vor allem dazu, die Gefahren durch christliche Angriffe sowie die unzureichenden Maßnahmen der muslimischen Herrschenden dagegen abzuhandeln. Herrschaftskritik ist hier nicht allein als anti-türkische Polemik angelegt, wenn auch natürlich der osmanische Sultan im Zentrum des Interesses

[21] Zu diesen beiden vgl. *Michael Winter*, A Polemical Treatise by 'Abd al-Ghanî al-Nâbulusî against a Turkish Scholar on the Religious Status of the Dhimmîs, in: Arabica 35, 1988, 92–103; zur arabischen Kritik an der osmanischen Herrschaft vgl. *Rafeq*, Social Groups (wie Anm. 8), 80–90.
[22] Dazu *Ali Ihsan Yurd*, Kutbuddin Mustafa Kemalüddin El'Bekrî-Siddikî. Hayati ve eserleri. Istanbul 1967; allgemein zu al-Bakrî *Ralf Elger*, Die Netzwerke des Literaten und Sufis Mustafâ al-Bakrî (1099/1688–1162/1749) im Vorderen Orient, in: Roman Loimeier (Hrsg.), Die islamische Welt als Netzwerk. Möglichkeiten und Grenzen des Netzwerkansatzes im islamischen Kontext. Würzburg 2000, 165–179.
[23] *'Mustafâ al-Bakrî*, Al-firq al-mu'dhin bi-t-tarab fî l-farq baina l-'ajam wa-l-'arab, Ms. Dâr al-kutub, Kairo, Târîkh 4766, S. (sic) 131.
[24] *Al-Qudsî*, Isfâr al-asfâr (wie Anm. 9), 76°–76b.

von al-Qudsî steht. Vielmehr äußert der Reisende grundsätzliche Vorbehalte gegen alle Mächtigen, die seiner Darstellung nach – er zeigt das auch am Beispiel früherer arabischer Kalifen – immer in Gefahr sind, Eigennutz über ihre Verpflichtung gegen die islamische Gemeinschaft zu stellen.

Die Postensuche und der heilige Krieg gegen die Ungläubigen bilden die Themen, um die herum al-Qudsî seine Reiseerzählung konstruiert. Sein Text besitzt einen traktathaften Charakter und setzt damit die Tradition der „Istanbul-Reiseberichte", wie ich sie bereits beschrieben habe, fort. Neuartig ist hingegen die breite Ausmahlung von Abenteuergeschichten, vor allem der Seeabenteuer in Stürmen und militärischen Auseinandersetzungen. Al-Qudsî verät insofern nicht allein didaktische oder kulturkritische Absichten, sein Bericht sollte zweifellos auch der Unterhaltung des Publikums dienen. Er spricht Rezipienten an, die Anteil an den persönlichen Schicksalen des Helden nehmen, welche in seinem Fall auch durchaus bewegt waren und ihn oft in Gefahren führten. Spätere Reisende berichten neben Abenteuern dann auch ganz alltäglich Erlebnisse und leiten so eine neue Phase in der Geschichte arabischer „Ego-Dokumente"[25] ein.

Oft wird in der Forschung die zweite Hälfte des 17. Jahrhunderts als Anbruch einer besonders problematischen Zeit für das Osmanische Reich bewertet.[26] Die habsburgische „Reconquista"[27] des Balkans, die mit der osmanischen Niederlage bei St. Gotthart im Jahre 1664 begann, konnte zwar durch mehrere erfolgreiche Gegenschläge verlangsamt werden, aber letztlich stellte der Friede von Karlowitz (1699) das Ende der osmanischen Expansion dar. Interessant ist für meine Überlegungen, daß Osmanisten auch einen „Kulturwandel" in der Zeit erkennen und zum Beleg auf die Produktion von autobiographischen Texten verweisen. Einer davon ist das vor einigen Jahren entdeckte Tagebuch des Istanbuler Derwischs Seyyid Hasan über die Jahre 1661–1665.[28] Es erinnert an eine Stadtchronik, unterscheidet sich aber deutlich von dem gängigen historischen Schrifttum. Galt die Aufmerksamkeit der Historiker, insbesondere der höfischen Chronisten und anderer dem politischen Geschehen, so stellt für Hasan sein Alltagsleben einen bedeutenden Gegenstand dar. Ausführlich beschreibt er die Folgen einer Epidemie in Istanbul,

---

25 Der in der Arabistik noch nicht eingeführte Begriff scheint mir in seiner Neutralität gut geeignet für die Erfassung arabischer Reiseberichte und anderer Texte, in denen ein Erzähler über sich spricht. Er klingt jedenfalls besser als „Berichte in der Ich-Form". Zur Erforschung europäischer Ego-Dokumente siehe *Winfried Schulze* (Hrsg.), Ego-Dokumente. Annäherung an den Menschen in der Geschichte. Berlin 1996.
26 *Cemal Kafadar*, Self and Others. The Diary of a Dervish in Seventeenth-Century Istanbul and First-Person Narratives in Ottoman Literature, in: Studia Islamica 69, 1989, 121–150, 126.
27 *Klaus Kreiser*, Der osmanische Staat 1300–1922. (Oldenbourg Grundriß der Geschichte, Bd. 30.) München 2001, 30.
28 *Kafadar*, Self and Others (wie Anm. 26), 135.

darunter den Tod seiner Ehefrau; aber auch die angenehmen Seiten des Lebens, geselliges Beisammensein oder Erholungsausflüge, an denen er teilnahm, kommen zur Sprache.

Seyyid Hasan war kein bedeutender Akteur in der osmanischen Gesellschaft seiner Zeit. Zwar besaß er eine gewisse literarische Bildung und war auch in die Lehren der islamischen Mystik eingeführt worden, dennoch gehörte er zu dem Kreis von Personen, die sich kaum schriftlich zu äußern pflegten. Allerdings seien, so Kafadar, in der allgemeinen Krise des Osmanischen Reiches und seiner Gesellschaft, angesichts der schwerer werdenden Lebensumstände, viele Menschen dazu motiviert worden, sich mit ihrem eigenen Leben intensiver als vorher zu beschäftigen, was unter anderem auch zu literarischen Auseinandersetzungen mit ihrem Alltagsdasein geführt habe.

Für Suraiya Faroqhi weisen Hasans Tagebuch und noch einige andere osmanische autobiographische Texte „darauf hin, daß von etwa der zweiten Hälfte des 17. Jahrhunderts an sich eine Kulturveränderung anbahnte, die im 18. Jahrhundert auch in einem Teil des poetischen Schaffens zutage treten sollte. Eine zunehmende Betonung des Alltagslebens und ein Interesse an Erlebnissen ‚gewöhnlicher‘ Menschen begannen sich abzuzeichnen, wenn auch diese Strömung vorerst nicht dominant wurde." Faroqhi macht weiter die Beobachtung, daß sich ein zunehmendes „Interesse an der Intimität" zeigte. Gerade in Derwischkreisen sei literarische Bildung gepflegt worden, deren Kenntnis „einer gewissen Zahl von Menschen die Mittel an die Hand [gab], sich in einer gesellschaftlich akzeptierten Weise schriftlich auszudrücken." Mystik habe somit die Basis einer „stärkeren Ausprägung des Ich-Bewußtseins"[29] gebildet.

Sollte ein Kulturwandel, wie ihn Faroqhi beschreibt, in der zweiten Hälfte des 17. Jahrhunderts in osmanischen Derwisch-Kreisen stattgefunden haben, dann vielleicht auch in Bilâd ash-Shâm? In der Tat entstand auch hier ein anscheinend neuartiger autobiographischer Text, die noch wenig bekannte Lebensbeschreibung des einfachen Derwischs Mustafâ al-Latîfî (1602–1711 sic!). Der Titel „Reisebericht" („Siyâha")[30] rechtfertigt sich zum Teil dadurch, daß al-Latîfîs darin beschriebenes Leben eine Vielzahl von Reisen enthielt. Zunächst führten sie ihn seit seinem 18. Lebensjahr in die nähere Umgebung seiner Heimatstadt Hama nördlich von Damaskus, dann begab er sich auf der Suche nach einem mystischen Meister, einem Sufischeich, dem er seine spirituelle Ausbildung anvertrauen wollte, bis nach dem Hadramaut im Jemen. Der Scheich schickte ihn auf eine Reihe von Reisen, auf denen er Sufis und Heiligengräber aufsuchen sollte. Die Reisen führten Mustafâ an verschie-

---

[29] _Suraiya Faroqhi_, Kultur und Alltag im Osmanischen Reich. Vom Mittelalter bis zum Anfang des 20. Jahrhunderts. München 1995, 226.
[30] _Mustafâ al-Latîfî_, Siyâha. Ich verwende die Handschrift aus der Staatsbibliothek Berlin, Katalog _Ahlwardt_ (wie Anm. 9), Nr. 6138.

dene Orte des Vorderen Orients, bis er schließlich nach Mekka kam und weitere Lehrer fand. Nach jahrelangem Aufenthalt wandte er sich zum Iran, weiter nach Indien, später auch nach Nordafrika und dem Balkan. Das dargestellte Leben al-Latîfîs war zwar voller Reisen, dennoch handelt es sich bei dem Werk nicht um einen Reisebericht im engeren Sinne, sondern um eine Erzählung über den mystischen Weg al-Latîfîs bis zu seinem Aufstieg zum Meister. Die Verwendung von „Reise" als Metapher für diesen Weg ist im sufischen Schrifttum oft anzutreffen.

Mustafâ al-Latîfî stammte aus einfachen Verhältnissen und tat sich auch später nicht als bedeutender Intellektueller hervor. Auf seinen Fahrten war er zwar gelegentlich als spiritueller Führer anderer Menschen tätig, arbeitete aber auch im verachteten Metier des Totengräbers. Das Arabisch des Textes ist recht einfach, von Ausdrücken oder ganzen Sätzen im Dialekt durchsetzt. Die längere Passage, in der al-Latîfî sein Leben bei seinem Mekkaner Scheich beschreibt, läßt nicht nur an Faroqhis Diktum vom „Interesse an Intimität" denken, sondern verdeutlicht auch das „Ich-Bewußtsein" des Erzählers. Selbst gegenüber seinem spirituellen Führer zeigt er sich als durchaus eigenständig handelnde Person:

„Bei Sonnenuntergang beteten wir, wozu der Scheich wie üblich zur Großen Moschee gehen wollte. Er sagte: ‚Siehe, ich gehe zur Moschee. Bring mich dahin, aber nicht auf einem Weg, wo Frauen sind.' Ich erwiderte: ‚Mein Herr, am Tor Shabîka sind Frauen. Am Tor Sûk al-Lail ebenfalls, auch am Mudda‘î sind Frauen. Was soll ich machen? Aber ich sage dir, immer, wenn wir Frauen auf dem Weg treffen: ‚Schließe die Augen!', damit du sie nicht siehst, während ich dich an der Hand führe.' Er sagte: ‚Du hast die Absicht, mich blind zu machen, wo meine Augen doch gut sind. Ich soll einen Handel mit Gott abschließen. Aber ich werde es dir zeigen und dich zu Hause für diese Worte zurechtweisen.'"[31]

Allerdings läßt sich der Adept dadurch nicht davon abhalten, auch weiterhin seine Klugheit in schwierigen Situationen unter Beweis zu stellen.[32] Immer wieder scheint ein Interesse für Alltagsdinge in der Erzählung durch. Einmal wird al-Latîfî beauftragt, der Tochter seines Lehrers, Umm al-Hasan, ein Maß Getreide zu bringen. Denn der Scheich hatte die Angewohnheit, verschiedene bedürftige Personen auf diese Weise mit Nahrung zu versorgen. Umm al-Hasan beschwert sich, mit Fremden, d. h. Personen außerhalb der Familie, gleichgestellt zu werden, und verlangt zwei Maß. Der Scheich jedoch weist sie für ihre Gier zurecht. Mit dieser moralischen Wendung hätte al-Latîfî die Episode in seinem Bericht beenden können, er fügt aber anscheinend ohne Notwendigkeit den Satz an: „Bei Umm al-Hasan war eine fremde

---

[31] Ebd. Nr. 6138, f. 32b.
[32] Eine ausführliche Beschreibung des Textes findet sich in *Ralf Elger*, Narrheiten und Heldentaten. Die merkwürdigen Reisen des Mustafâ al-Latîfî (1602–1711), in: Xenia von Ertzdorff (Hrsg.), Erkundung und Beschreibung der Welt. Zur Poetik der Reise- und Länderberichte (im Druck).

Frau aus Ägypten angestellt, welche das Maß Getreide siebte und mahlte. Ein Drittel nahm sie als Lohn für sich, den Rest buk sie zu Brot. Das war ihre Arbeit alle zwei oder drei Tage"[33] – eine belanglose Bemerkung, die aber zeigt, welches Interesse der Erzähler für alltägliche Dinge und persönliche Details seiner Figuren aufbringt.

Darin liegt ein Unterschied zu den früheren und zeitgenössischen autobiographischen Texten. Sie stammen vielfach aus der Feder bedeutender Gelehrter, die Privates und Alltagsdinge kaum behandeln. Eine Vielzahl von Texten sind der Gattung des *curriculum vitae* zuzuordnen, welches muslimischen Gelehrten als Ausweis ihrer Bildung und Kompetenz diente und sich weitgehend auf die Aufzählung von Lehrern und der bei ihnen studierten Bücher beschränkt. Auch große Mystiker haben über sich geschrieben, dabei aber ihre spirituellen Erlebnisse im Blick gehabt.[34] Ausführlicher auf ihre äußeren Lebensumstände gehen die Autobiographien der Ägypter as-Suyûtî und ash-Sha'rânî († 1565) ein, aber auch sie bleiben entsprechend der Stellung ihrer Verfasser auf hohem intellektuellen Niveau.[35]

Man kann wohl annehmen, daß Erzählungen einfacher Menschen über ihren Alltag im Vorderen Orient bis zum 17. Jahrhundert nicht als literaturwürdig galten, aber sicherlich einen Gegenstand mündlicher Kommunikation bildeten. Das besondere an dem Erzähler al-Latîfî bestand nun darin, daß er diese Dinge auch der Verschriftlichung für wert hielt. An der „Siyâha" läßt sich der Übergang vom mündlichen zum schriftlichen Erzählen recht gut ablesen. In den einleitenden Bemerkungen heißt es, daß nicht al-Latîfî selber, der wahrscheinlich Analphabet war, sondern sein Sohn Muhammad mit Erlaubnis des Vaters die Erzählungen aufschrieb. Die Bedingung bestand darin, daß der Schreiber nichts an dem Wortlaut des Berichtes ändern sollte. Der Text erinnert denn auch an die arabischen Epen, die Geschichte des Mamlukensultans Baibars oder die Abenteuer des altarabischen Helden 'Antar, welche von öffentlichen Erzählern vorgetragen wurden und sich großer Beliebtheit erfreuten.

Darauf daß die „Siyâha" eigentlich für den mündlichen Vortrag konzipiert und ihre Verschriftlichung nicht selbstverständlich war, deutet der Umstand hin, daß sie in den Kreisen der kulturellen Elite von Damaskus als Kuriosität angesehen wurde. Der Gelehrte, Jurist und Historiker Muhammad Khalîl al-Murâdî († 1791) erwähnt in seiner umfangreichen Biographiensammlung auch al-Latîfî und den Text, welchen er mit gewisser Verwunderung zur Kenntnis nahm. Zwar scheint al-Murâdî nicht überrascht über die Art der geschilderten Ereignisse gewesen zu sein, wohl aber darüber, daß sie zu Papier

---

[33] *Al-Latîfî*, Siyâha (wie Anm. 30), f. 28a.
[34] At-Tirmidhî († 898); al-Ghazâlî († 1111).
[35] *Saleh Mued al-Ghamdi*, Autobiography in Classical Arabic Literature. An Ignored Literary Genre. Diss. Indiana University 1989.

gebracht wurden. Es mag als Ausdruck seiner Neugier auf ein ungewöhnliches Schriftdokument gewertet werden, wenn er eigens erklärt, daß er den Text „gänzlich durchgelesen" hat.[36] Al-Murâdîs Bemerkungen über die „Siyâha" zeigen, daß der Text durchaus ein gebildetes Lesepublikum fand. Dafür spricht auch, daß heute noch mehrere Handschriften davon existieren, während viele andere autobiographische Dokumente sich allein in einer erhalten haben. Die „Siyâha" konnte sich in der literarischen Szene von Bilâd ash-Shâm also etablieren; al-Latîfî fand sogar einen Nachfolger, der einen ganz ähnlichen Text produzierte. Es handelt sich um den aus der Region Kirkuk in Kurdistan stammenden Tâhâ al-Kurdî († 1800), der sich nach längeren Reisen in Damaskus niederließ.[37] Al-Kurdî wußte von al-Latîfî aus Erzählungen von Damaszener Freunden. Ob er auch den Text der „Siyâha" kannte, sagt er zwar nicht, es ist aber nicht unwahrscheinlich. Auch seine Lebensdarstellung trägt den Titel „Reisebericht", in diesem Fall „Rihla", ist aber im Grunde eine Autobiographie, die mit der Geburt des Erzählers einsetzt und lange Jahre später endet. Al-Kurdî berichtet ausführlich über seine Familie und die Gesellschaft in seinem Heimatdorf. An seiner Erziehung und frühen Ausbildung bis zum zehnten Lebensjahr haben zunächst seine Mutter, Großmutter und Tante den größten Anteil, bis er dann Studien bei seinem Onkel Molla 'Îsâ aufnimmt. Im Jahre 1739, im Alter von sechzehn, trifft Tâhâ den Derwisch Mustafâ aus dem Orden der Qâdiriyya und beginnt den mystischen Weg unter seiner Leitung. Nach großer Mühe kann er die hohen Anforderungen seines Scheichs erfüllen, wird in den Orden aufgenommen und begibt sich auf lange Wanderungen in verschiedenen Ländern, Syrien und Ägypten vor allem. Dort begegnet er weiteren Scheichs und versucht auch, sich als Dichter zu profilieren.

Trotz seiner literarischen Ambitionen kann Tâhâs „Rihla" als Selbstdarstellung eines niedrigrangigen Derwischs gewertet werden. Eine höhere Bildung absolvierte er nicht, und neben Beschreibungen von einigen Treffen mit bedeutenden Gelehrten finden sich in seinem Text immer wieder Anekdoten aus dem Leben eines einfachen Reisenden: Probleme mit Matrosen auf Seefahrten werden geschildert, die Gier von Zollbeamten, welche ihn beim Eintritt in die Städte belästigen, und etliches mehr. Wie bei al-Latîfî ist auch in Tâhâs Text das Interesse für Alltagsdinge ausgeprägt. Einzelne der Anekdoten, die Tâhâ in seinen Bericht einflicht, sind geradezu vulgär:

„Wir befanden uns zu dritt in Suez und gingen zur Mittagszeit durch eine der Straßen des Ortes. Da sahen wir einen Mann auf einer Frau. Es war kein anderer da. Als wir die beiden

---

[36] *Muhammad al-Khalîl al-Murâdî*, Silk ad-durar. Kairo 1874–1883, Bd. 4, 184.
[37] *Tâhâ al-Kurdî*, Rihla. Ms. Dâr al-kutub, Kairo: Jughrâfiyâ 373. Vgl. dazu: *Karl Barbir*, The Formation of an Eighteenth Century Sufi: Taha al-Kurdi (1723–1800), in: Abdeljelil Temimi (Ed.), La vie intellectuelle dans les provinces arabes à l'époque ottomane. Zaghouan 1990, Vol. 3, 41–47.

gewahr wurden, haben wir uns beeilt und blickten zu Seite, bis wir an ihnen vorbeikamen. Wir waren erstaunt darüber. Ich glaube, so etwas hat noch keiner gesehen. Ich glaube nicht, daß es oft in Ramadân passiert, mittags auf dem Weg so etwas Verbotenes zu sehen. [...] Sie rief uns mit lauter Stimme an: ‚Kommt her, ihr Scheiche.‘ Als wir das hörten, sind wir fortgerannt."[38]

Nun sind obszöne Geschichten in der arabischen Literatur nicht ganz ungewöhnlich, allerdings tauchen sie doch selten im Rahmen autobiographischer Texte auf.

Tâhâs Text und al-Latîfîs „Siyâha" stellen eine Art volkstümlicher Lebensdarstellungen dar, die sicherlich am Rand der schriftlichen Kultur ihrer Zeit standen, aber sich doch in Form einer kleinen literarischen Tradition etablieren konnten. Zwar äußerten sich auch schon früher einfache Menschen literarisch, z. B. in einigen Chroniken der Mamlukenzeit[39], dabei handelt es sich aber nicht, obwohl gelegentlich Selbstdarstellung einfließt, um autobiographische Texte, in denen der Erzähler im Zentrum der Geschehnisse steht. Das Neue an al-Latîfî ist, daß er ganz ausführlich über sich und sein Leben berichtet. Sein Text stellt somit, läßt sich zusammenfassend sagen, in der Geschichte des arabischen autobiographischen Schrifttums eine Öffnung des Genres für eine neue Kategorie von Erzählern dar.

Die von mir vorgeführten Texte, verschiedene Möglichkeiten der Selbstdarstellung aus Bilâd ash-Shâm des 16. und 17. Jahrhunderts, dürften jeweils für eine Innovation in der arabischen Literaturgeschichte stehen. Dies ist zumindest meine Vermutung, die allerdings durch weitere Quellenanalysen, insbesondere von Texten aus dem 15. Jahrhundert, bestätigt werden müßte. Weiterhin wären die Beziehungen und Wechselwirkungen zwischen Literaturgeschichte sowie allgemeiner Kultur- und Sozialgeschichte der Zeit genauer zu beleuchten, als mir das möglich war. Sicher reicht eine einfache Parallelsetzung von politischer Krise und literarischem Wandel, wie sie in meinem Aufsatz manchmal anklingt, nicht aus. Vielmehr muß noch intensiver das „Krisenbewußtsein" der Autoren sowie ihre Sicht auf Vorgänge des „Kulturwandels" in den Blick genommen werden. Ihre eigenen Zeitvorstellungen und Periodisierungen, über die bisher noch recht wenig bekannt ist, sind zu analysieren.

Jetzt schon kann man mit einiger Sicherheit von einer Häufung autobiographischer Texte aus Bilâd ash-Shâm ab dem Beginn des 16. Jahrhunderts sprechen. Insgesamt dürften dort im 16. und 17. Jahrhundert etwa zwanzig solcher Werke entstanden sein, während für das 15. Jahrhundert noch so gut wie nichts dergleichen belegt ist. Dies führt mich zu einer abschließenden Hypo-

---

[38] *Al-Kurdî*, Rihla (wie Anm. 37), 7bf.
[39] *Ulrich Haarmann*, Auflösung und Bewahrung der klassischen Formen arabischer Geschichtsschreibung in der Zeit der Mamluken, in: Zeitschrift der Deutschen Morgenländischen Gesellschaft 121, 1971, 46–60.

these: Das 16. und 17. Jahrhundert war eine Zeit, in der in Bilâd ash-Shâm eine Besinnung auf das Ich hervortrat, wie sie vorher nicht bestanden hatte. Möglicherweise liegt auch hier ein Kulturwandel vor, von dem Faroqhi für den osmanischen Bereich spricht; weitere Forschungen sollten dieser Frage genauer nachgehen.

Die Konstruktion der Neuzeit in China

Selbstvergewisserung und die Suche nach Anschluß an die moderne Staatengemeinschaft[*]

Von

Achim Mittag

Die Einführung des europäischen Epochenschemas Altertum – Mittelalter – Neuzeit in China und seine Anwendung auf die chinesische Geschichte hat einen eindeutig identifizierbaren Ort und ein festes Datum: den Traktat „Einführende Erörterung der Geschichte Chinas" (*Zhongguoshi xulun*) von Liang Qichao (1873–1929) aus dem Jahr 1901.[1] Er ging Liangs berühmter, im folgenden Jahr publizierten Schrift „Die Neue Historiographie" (*Xin shixue*) unmittelbar voraus. Letztere gilt gemeinhin als entscheidende Wegmarke der Modernisierung des chinesischen Geschichtsdenkens und der Transformation der traditionellen Geschichtsschreibung Chinas zur modernen Geschichtswissenschaft nach westlichem Vorbild – ein Prozeß, der mit der Errichtung des renommierten Instituts für Geschichte und Philologie der Academia Sinica im Jahr 1928 zu einem gewissen Abschluß kam.[2]

[*] Die folgenden Ausführungen basieren auf einem Abstract, an dem Frau Prof. Monika Übelhör und Herr Jens Hürter, M.A., beide Universität Marburg, maßgeblich mitgearbeitet haben. Frau Prof. Übelhör danke ich, mir das Thema überlassen und mich bei seiner Bearbeitung mit wertvollen Ratschlägen unterstützt zu haben.

[1] *Liang Qichao*, Zhongguoshi xulun (Absatz VIII: Shidai zhi qufen), in: ders., Yinbingshi wenji. 16 Bde. Ndr. 3. Aufl. Taipei, Zhonghua 1983, Bd. 3, 6/11–12. – Für Liang Qichaos Biographie und sein historisches Denken sei auf die einschlägige Studie von *Tang Xiaobing*, Global Space and the Nationalist Discourse of Modernity: The Historical Thinking of Liang Qichao. Stanford 1996, verwiesen.

[2] Überblicke über die Modernisierung des chinesischen Geschichtsdenkens vermitteln *Jack Gray*, Historical Writing in Twentieth-Century China: Notes on its Background and Development, in: W. G. Beasley/E. G. Pulleyblank (Eds.), Historians of China and Japan. London 1961, 186–212; *Yü Ying-shih*, Changing Conceptions of National History in Twentieth Century China, in: Erik Lönnroth (Ed.), Conceptions of National History. Proceedings of Nobel Symposium 78. Berlin 1994, 155–174; *Achim Mittag*, Chinas Modernisierung und die Transformation des chinesischen Geschichtsdenkens unter westlichem Kultureinfluß – Drei Thesen, in: Wolfgang Küttler/Jörn Rüsen/Ernst Schulin (Hrsg.), Geschichtsdiskurs. Bd. 4: Krisenbewußtsein und Innovationen 1880–1945. Frankfurt am Main 1997, 349–374. Ausführlichere Darstellungen in *Ma Jinke/Hong Jingling* (Hrsg.), Zhongguo jindai shixue fazhan xulun (1840–1949). Peking, Zhongguo renmin daxue 1994, sowie *Zhang Qizhi* (Hrsg.), Zhongguo jindai shixue xueshushi. Peking, Zhongguo shehuikexue 1996. Ferner sei auf zwei neuere Arbeiten zur chinesischen Historiographie in den zwanziger Jahren verwiesen: *Axel Schneider*, Wahrheit und Geschichte: Zwei chinesische Historiker auf der Suche nach einer modernen Identität für China. Wiesbaden 1997, und *Edward Q.*

Im Zuge dieses Prozesses gab es eine Reihe von Ansätzen, die ‚Neuzeit' im Sinne einer ‚frühen Neuzeit', d. h. einer der vom Westen bestimmten Moderne vorangegangenen Epoche, in der historischen Vergangenheit Chinas zu verorten. Diese Neuzeit-Konstruktionen wurden zunächst als Äquivalenz-Figuren entworfen, die dazu dienten, die chinesische an die europäische Geschichte anzugleichen und mit ihr kompatibel zu machen, um sich dadurch der Anschlußfähigkeit Chinas an die moderne Staatengemeinschaft zu vergewissern. Dies hatte aber immer einen Verlust an kulturellem Eigensinn zum Preis.

In diesem Spannungsverhältnis von Anverwandlung der westlichen Moderne samt ihren ‚Meistererzählungen' und Preisgabe der eigenen Geschichte standen die frühen China-bezogenen Neuzeit-Konstruktionen aus den ersten drei Jahrzehnten des 20. Jahrhunderts. Sie wurden in den drei großen Historiker-Debatten zu Anfang der dreißiger, Mitte der fünfziger und in den achtziger Jahren des 20. Jahrhunderts wiederholt aufgegriffen, reflektiert und umgeformt und wirkten dadurch als Kristallisationskerne der anhaltenden Auseinandersetzung der chinesischen Intelligentsia über das „Eigene" und das „Andere". Die zwei folgenreichsten dieser frühen Neuzeit-Konstruktionen, die in den Abschnitten II und III im Kontext ihrer Entstehung skizziert werden, sind mit den Namen des eingangs erwähnten Liang Qichao, eines der bedeutendsten Meinungsbildner im China des frühen 20. Jahrhunderts, und des japanischen Gelehrten Naitô Torajirô (Literatenname Konan, 1866–1934) verbunden.[3]

Im Blickpunkt der folgenden Ausführungen steht die zwischen den späten fünfziger und der Mitte der achtziger Jahre des 19. Jahrhunderts geborene Generation von Intellektuellen, die alle noch eine traditionelle Bildung erfahren hatten. Diese Generation prägte die gewaltige Umbruchszeit von der Hundert-Tage-Reform 1898 über die Revolution von 1911 bis zur sogenannten 4.-Mai-Bewegung (1919–1923) – und durchlebte selbst eine fundamentale Orientierungs- und Identitätskrise.[4] Die Akzentuierung dieser Krise in der neueren Forschung hat einen anderen wichtigen Aspekt in den Hintergrund treten lassen: die bemerkenswerte, mit Fortschrittsoptimismus und einem Hang zu uto-

---

Wang, Inventing China Through History: The May Fourth Approach to Historiography. Albany, N.Y. 2000.

[3] Diese zwei unterschiedlichen Neuzeit-Konstruktionen werden auch bei *Harriet T. Zurndorfer*, China and ‚Modernity': The Uses of the Study of Chinese History in the Past and the Present, in: Journal of Economic and Social History of the Orient 40, 1997, 461–485, diskutiert. Ich hatte die Gelegenheit, einem Symposium, auf dem Frau Zurndorfer ihren Artikel zur Diskussion stellte, beizuwohnen, und habe sowohl von ihrem Vortrag als auch von der anschließenden Diskussion wichtige Anregungen erhalten.

[4] Siehe dazu *Chang Hao*, Chinese Intellectuals in Crisis. Search for Order and Meaning, 1890–1911. Berkeley/Los Angeles/London 1987; sowie *Chang-tze Hu*, Modernität der Historie in China und historische Identitätskrise, in: Wolfgang Küttler/Jörn Rüsen/Ernst Schulin (Hrsg.), Geschichtsdiskurs. Bd. 1: Grundlagen und Methode der Historiographiegeschichte. Frankfurt am Main 1993, 85–93.

pischen Zukunftsentwürfen gepaarte Offenheit dieser Generation, zumindest der Bildungselite, gegenüber den massiven Fremdkultureinflüssen aus dem westlichen Ausland und all den Errungenschaften der modernen, mit dem Prädikat „zivilisiert" (*wenming*) versehenen Welt.[5] Die Empfänglichkeit für die moderne Kultur des Westens hat exemplarisch in einem 1925 formulierten Wort Qian Xuantongs (1887–1939), eines Hauptakteurs der 4.-Mai-Bewegung, Niederschlag gefunden, in dem Wort, sein Patriotismus gelte einem China, das eine unerreichbare Utopie bleiben werde: einem „europäisierten China" (*Ouzhouhua de Zhongguo*).[6]

Freilich gab es auch schon in den zwanziger Jahren Vorbehalte gegen die materialistische, der spirituellen Kultur des Ostens entgegengesetzte westlichen Kultur, Kritik an dem durch „Mr. Democracy" und „Mr. Science" (*deshi – keshi*) repräsentierten Projekt der Moderne und Stimmen, die vor einer weiteren Verwestlichung Chinas warnten. Aber erst in der Folgezeit, sprich in den dreißiger Jahren, entwickelte sich aus dem Gemenge von Vorbehalten, enttäuschten Hoffnungen und dem Gefühl dauernder Demütigung, das noch durch ein staatlich verordnetes Gedenken der „nationalen Schande" (*guochi*) kultiviert wurde[7], eine schroffe anti-westliche Strömung, die im maoistischen China der sechziger und siebziger Jahre gipfelte.

Die Zäsur in der veröffentlichten Meinung Chinas über den Westen zu Anfang der dreißiger Jahre spiegelt sich auch in einem Wandel der Neuzeit-Konstruktionen und China-bezogenen Periodisierungen wider. Die naheliegenden Gründe für diesen Wandel liegen in der Einführung des marxistischen Geschichtsdenkens sowie in der seit der japanischen Besetzung der Mandschurei 1931 akut gewordenen nationalen Bedrohungslage. Die nächste Zäsur erfolgte 1951 mit der Etablierung der marxistischen Geschichtswissenschaft in der Volksrepublik China; eine weitere mit dem Ende der maoistischen Ära Ende der siebziger Jahre. Auf diese späteren Entwicklungen der Neuzeit-Konstruktionen in China kann hier jedoch nur kursorisch im IV. und abschließenden Abschnitt mit dem Fokus auf der Rezeption und Umdeutung von Liang Qichaos Neuzeit-Konstruktion eingegangen werden. Zunächst aber werden im I. Abschnitt die indigenen, in der Tradition des chinesischen Ge-

---

[5] Dieser Aspekt zeigt sich vor allem beim Blick in die zeitgenössische Zeitschriftenliteratur. Für die Analyse einer populären Literaturzeitschrift s. *Denise Gimpel*, Lost Voices of Modernity. A Chinese Popular Fiction Magazine in Context. Honolulu 2001.
[6] Brief an Liu Bannong (alias Liu Fu, 1891–1934); zit. in: *Cai Dacheng*, Chongjue chuantong daiji wenhua de ‚kuangren‘, in: Liu Qingfeng (Hrsg.), Lishi de fanxiang. Hongkong 1990, 294–315, hier 308.
[7] Siehe dazu *Paul A. Cohen*, Commemorating a Shameful Past: National Humiliation Days in Twentieth-Century China, in: Jörn Rüsen/Achim Mittag/Helwig Schmidt-Glintzer (Eds.), Chinese Historiography and Historical Culture in a Comparative Perspective. Vol. 1: Collective Identity, Experiences of Crisis and Traumas. Leiden u. a. [in Vorbereitung Arbeit; erscheint voraussichtlich 2003].

schichtsdenkens angelegten Voraussetzungen für die Einführung des Neuzeit-
Begriffs umrissen.

I.

Das traditionell-chinesische Periodisierungsschema war das der Periodisierung nach Dynastien. Es ist bis heute, bis in die disziplinäre Differenzierung
der chinesischen Geschichtswissenschaft hinein, wirksam geblieben. Die mit
dem Namen der Herrscherhäuser bezeichneten Zeitepochen waren nicht frei
von zugemessenen Bedeutungen und Wertungen; in verschiedener Hinsicht
werden sie sogar als Stilbegriffe, etwa für Genres der Dichtung oder der Er-
zählliteratur, verwendet – mit der Folge, daß Werke eines bestimmten Genres,
die in einer anderen als der für dieses Genre für maßgeblich erachteten Stil-
epoche entstanden, nicht selten der Mißachtung oder Geringschätzung an-
heimfielen. Außerdem führte die bevorzugte Orientierung an den großen Dynastien – Xia, Shang und Zhou für die Zeit vor der Gründung des Kaiserreichs
221 v. u. Z. sowie Han, Tang, Song, Ming und Qing für die Kaiserzeit –
zwangsläufig dazu, daß die Zwischenperioden, wie zum Beispiel die Zeit der
Sechs Dynastien von 220–589, unverhältnismäßig weniger Beachtung fanden. Dies hat sich bis in die moderne Sinologie fortgesetzt.

Allerdings wirkte die Kleinteiligkeit der Periodisierung nach Dynastien
und die Variabilität geschichtlicher Epochen durch die Kombination zweier
Dynastien – so spricht man z. B. von der Han-Tang-Zeit (3. Jh. v.u.Z.–10. Jh.
n.u.Z.) oder von der Tang-Song-Zeit (7.–13. Jh.) – einer Ontologisierung von
Zeitaltern entgegen, wie dies bei den binären oder Drei-Stadien-Modellen, die
das westliche Geschichtsdenken so stark prägten, der Fall ist.

Interessanterweise kennt aber auch die chinesische Tradition ähnliche Mo-
delle; nur spielten sie eine vergleichsweise geringere Rolle, vielleicht deshalb,
weil sie nicht wie alle Zeitaltermodelle in der westlichen Tradition im Kern
theologisch, in der theologischen Unterscheidung zwischen heiliger und pro-
faner Geschichte begründet waren.[8] Die chinesischen Zeitaltermodelle beruhen dagegen eher auf einer ihrem Ursprung nach theokratischen Unterscheidung zwischen gewöhnlichen Zeitaltern unter der Herrschaft eines erbfolge-
mäßig auf den Thron gelangten Königs sowie ausgezeichneten Zeitaltern unter der erleuchteten Herrschaft der *shengren*, den „Heiligen" der mythischen
Vorzeit, die den Menschen verschiedene Kulturtechniken beigebracht und die
Grundlagen für eine staatliche Ordnung geschaffen hatten, sowie den Grün-

---

[8] Darauf wies *Jan Assmann* in seinem auf dem Eröffnungssymposion der Forschungs-
gruppe „Theorie des sozialen Wandels" am Zentrum für interdisziplinäre Forschung der
Universität Bielefeld, 15.–18. 10. 1997, gehaltenen Vortrag „Erinnerung und Identität – der
ägyptische Weg" hin.

dungsherrschern der Drei Dynastien Xia, Shang und Zhou. Eine Ausnahme-rolle wurde dabei Konfuzius als Hüter der Schrifttradition zugeschrieben: ohne selbst Herrscher zu sein, galt er dennoch als der vollkommenste aller *shengren* (*Mengzi* VB.1).

Mit Konfuzius wurde auch ein Modell „dreier Zeitalter" (*san shi*) in Ver-bindung gebracht, dessen Wiederaufgreifen am Ende des 19. Jahrhunderts den Weg für die Rezeption der Fortschrittskategorie und des Epochenschemas Altertum – Mittelalter – Neuzeit bereiten half. Es geht zurück auf ein Kapitel in dem kanonischen Buch „Aufzeichnungen der Riten" (*Li ji*).[9] Darin entwirft Konfuzius das Ideal der einem herrschaftsfreien Urdorf ähnlichen „Großen Gemeinschaft" (*datong*), in der die Menschen glücklich und zufrieden lebten. An anderer Stelle wird dieses Ideal in die „ferne Vergangenheit" (*shanggu*) verlegt.[10] Dieser Idealzustand sei dann durch das Zeitalter der „kleinen Wohl-geordnetheit" (*xiaokang*) in der „mittleren Vergangenheit" (*zhonggu*) unter den vorbildlichen heiligen Herrschern und dieses wiederum durch das gegen-wärtige, vom Verfall der Riten und Sitten gekennzeichnete Zeitalter abgelöst worden.

Dieses vom philosophischen Hintergrund her daoistische, dreistufige Mo-dell einer sich zur Gegenwart hin tendenziell verschlechternden Welt wurde dann in einer der frühen Text- und Auslegungstraditionen der Konfuzius zu-geschriebenen „Frühlings- und Herbstannalen" (*Chunqiu*), in der sogenannten *Gongyang*-Schule der Han-Zeit (202 v.u.Z.–220 n.u.Z.), umgekehrt und als ein stufenweiser Aufstieg vom „Chaos" (*shuailuan*) über den „anhebenden Frieden" (*shengping*) zum „höchsten Frieden" (*taiping*) gedeutet. Dieses die „Frühlings- und Herbstannalen" und die darin berichtete Geschichte von 722–481 v.u.Z. strukturierende, eschatologische Modell machte Konfuzius gleich-sam zum Künder des Han-Reichs und schuf damit eine starke Legitimation des Han-Herrscherhauses.[11] Freilich verlor es mit dem Untergang der Han-Dynastie im frühen 3. Jahrhundert seine tiefere Bedeutung.

Es läßt sich aber zeigen, daß die Vorstellung dreier Zeitalter mitnichten ver-lorenging, sondern in der Folgezeit in unterschiedlicher Weise und in der Re-gel, ohne die Bezugnahme auf frühere Vorbilder zu reflektieren, immer wieder aufgegriffen wurde.[12] So zuerst unter buddhistischen Vorzeichen in den

---

[9] In *Li ji*, IX („Li yun"); übersetzt bei *Richard Wilhelm*, Li Gi. Das Buch der Sitte des älte-ren und jüngeren Dai. Aufzeichnungen über Kultur und Religion des alten China. Jena 1930, 30f.
[10] In *Zhou Yi*, „Xici" B. 7; übersetzt bei *Z. D. Sung*, The Text of Yi King (and its Appendi-xes). Shanghai 1930, 326.
[11] Siehe *Anne Cheng*, La „Maison des Han": avénement et fin de l'histoire, in: Extrême-Orient/Extrême-Occident, Vol. 9: La référence à l'histoire, 1986, 29–43.
[12] Bemerkenswerterweise auch in der chinesischen Historiographie: So spricht *Chen Bangzhan* (*jinshi* 1598) im Vorwort zu seinem 1605 gedruckten Werk *Song shi jishi benmo*

eschatologischen Strömungen im 6./7. Jahrhundert[13]; dann in Form der auf Han Yu (768–824) zurückgehenden Konzeption der „korrekten Abfolge des rechten Wegs" (*daotong*), die zum ideologischen Kernstück der neokonfuzianischen Staatsorthodoxie der späten Kaiserzeit (14.–20. Jh.) wurde[14]; und schließlich in der gewissermaßen kanonisierten Darstellung der chinesischen Klassikergelehrsamkeit im Katalog der kaiserlichen Bibliothek aus der zweiten Hälfte des 18. Jahrhunderts[15].

Diese zuletzt genannte Variante erwies sich von weitreichender Bedeutung für die Neuzeit-Konstruktion im frühen 20. Jahrhundert. Dies bedarf der kurzen Erläuterung: Mit der über ein Jahrzehnt (1772–1782) dauernden Erstellung des erwähnten Bibliothekskatalogs erfolgte eine in Umfang und Gründlichkeit bislang unübertroffene Bestandsaufnahme der konfuzianischen Schrifttradition, ein Meisterwerk der sogenannten Han-Gelehrsamkeit (*Hanxue*).[16] Diese orientierte sich an der frühen Kanonsexegese der Han-Zeit (daher ihr Name), verfolgte einen textkritischen Ansatz (*kaozheng*) und setzte sich gegenüber der Song-Gelehrsamkeit (*Songxue*) ab, die einer textfernen, spekulativen Auslegungsart bezichtigt wurde.[17] Entsprechend wird im kaiserlichen Bibliothekskatalog an angegebener Stelle die zweitausendjährige Geschichte des konfuzianischen Kanons und seiner Auslegung als bestimmt durch den Wechsel von der Han- zur Song-Gelehrsamkeit im 12. Jahrhundert und wiederum von der Song- zur Han-Gelehrsamkeit mit Beginn der gegenwärtigen Mandschu-Dynastie dargestellt und die 500jährige Dominanz der Song-Gelehrsamkeit (12.–17. Jh.) als ein fataler Irrweg charakterisiert, der in den Untergang der Ming-Dynastie geführt habe, doch mit der Wiederherstellung der Han-Gelehrsamkeit unter der erleuchteten Mandschu-Herrschaft beendet worden sei. Eine kraftvolle indigene Renaissance-Figur, die die Faszination, die die europäische Renaissance auf die chinesischen Intellektuellen des frühen 20. Jahrhunderts ausübte, zu erklären hilft.

Die Analogie zur Renaissance wurde noch dadurch verstärkt, daß in den textkritischen Arbeiten der *Hanxue*-Gelehrten des 17. und 18. Jahrhunderts

---

von „drei Umbrüchen" (*san bian*), nach denen er die chinesische Geschichte von den mythischen Anfängen bis zur Gegenwart in drei Perioden unterteilt.

[13] Siehe dazu *Antonino Forte*, Mingtang and Buddhist Utopias in the History of the Astronomical Clock. The Tower, Statue and Armillary Sphere Constructed by Empress Wu. Rom/Paris 1988.

[14] Siehe *Wm. Theodore de Bary*, The Message of the Mind in Neo-Confucianism. New York 1989, 28–32.

[15] Siehe *Siku quanshu zongmu tiyao*, Ndr. in 2 Bden. 2. Aufl. Peking, Zhonghua 1981, 1/1a („Jingbu zongxu").

[16] Siehe *R. Kent Guy*, The Emperor's Four Treasuries. Scholars and the State in the Late Ch'ien-lung Era. Cambridge, Mass./London 1987.

[17] Siehe dazu die mittlerweile „klassisch" gewordene Darstellung der Entstehung der Han-Gelehrsamkeit: *Benjamin A. Elman*, From Philosophy to Philology. Intellectual and Social Aspects of Change in Late Imperial China. Cambridge, Mass. 1984.

eigene Ansätze von Wissenschaftlichkeit gesehen wurden – eine Ansicht, die dann wiederum auch in der westlichen Sinologie Eingang fand. So bezeichnete etwa der berühmte schwedische Sinologe Bernhard Karlgren die *Hanxue*-Gelehrten als „a brilliant pleiad of great scholars, who [...] took up a serious, painstaking and *entirely scientific research*".[18]

Die Leitmaxime der Han-Gelehrsamkeit der frühen und hohen Qing-Zeit, zur hanzeitlichen Überlieferung der kanonischen Schriften und der hanzeitlichen Exegese zurückzukehren und die damit unzertrennlich verbundene Frage, ob die frühhanzeitliche Neutextschule (*jingjinwen xue*) oder die späthanzeitliche Alttextschule (*jingguwen xue*) über die wahren Textüberlieferungen verfügten, erzeugten eine Dynamik, die die Geistes- und Ideengeschichte im China des 19. Jahrhunderts bestimmte. Zunächst dominierte jene Richtung, die an der Wiederbelebung der Neutextschule, insbesondere an der oben erwähnten *Gongyang*-Schule, orientiert war.[19]

Neutext-Gelehrte des 19. Jahrhunderts griffen dann auch das *Gongyang*-Schema dreier Zeitalter erneut auf.[20] So auch Kang Youwei (1858–1927) in einem 1884/85 verfaßten Kommentar zu dem Kapitel der „Aufzeichnungen der Riten", das die Quelle für die Drei-Zeitalter-Lehre ist (siehe oben). Kang betrat nach Chinas verlorenem Krieg gegen Japan 1895 die politische Bühne, und sein Name ist aufs engste mit der Hundert-Tage-Reform 1898, dem ersten energischen, jedoch bald zum Abbruch verurteilten Reformversuch, verbunden.[21] In seinen zuvor vorgelegten, großes Aufsehen erregenden Werken entwickelte Kang wesentliche Gedanken der erneuerten Neutextschule konsequent weiter. So interpretierte er in dem besagten Kommentar die Drei-Zeitalter-Lehre im Sinne einer unumkehrbaren Abfolge eines singulären, linear verlaufenden Geschichtsprozesses – eine Interpretation, die das Herzstück von seiner kühnen Umdeutung der konfuzianischen Tradition zu einer politischen Heilslehre bildete und die von seinem begabtesten Schüler, dem eingangs erwähnten Liang Qichao, als eine autochthone Entdeckung des Evolutionsprinzips gepriesen wurde.[22] Rückblickend steht jedoch außer Frage, daß

---

[18] *Bernhard Karlgren*, Glosses on the Kuo Feng Odes, in: Bulletin of the Museum of Far Eastern Antiquities 14, 1942, 71–247, hier 73 [meine Hervorhebung].

[19] Siehe dazu *Benjamin A. Elman*, Classicism, Politics, and Kinship. The Ch'ang-chou School of New Text Confucianism in Late Imperial China. Berkeley/Los Angeles/Oxford 1990.

[20] Siehe dazu *On-cho Ng*, Mid-Ch'ing New Text (*chin-wen*) Classical Learning and its Han Provenance: The Dynamics of a Tradition of Ideas, in: East Asian History 8, 1994, 1–32.

[21] Zur Beurteilung von Kangs Rolle in der Hundert-Tage-Reform s. *Young-tsu Wong*, Revisionism Reconsidered: Kang Youwei and the Reform Movement of 1898, in: Journal of Asian Studies 51, 1992, 513–544.

[22] *Liang Qichao*, Lun Zhongguo xueshu sixiang bianqian zhi dashi: Jinshi zhi xueshu, in: ders., Yinbingshi wenji (wie Anm. 1), Bd. 3, 7/99.

Kang dabei von westlichen Fortschrittsvorstellungen beeinflußt war.[23] Wie dem auch sei – Kang hatte nicht unerheblichen Anteil an der Favorisierung von Drei-Phasen-Modellen im politischen Denken des zeitgenössischen China und damit indirekt auch an der Aufnahme und Verbreitung des westlichen Epochenschemas Altertum – Mittelalter – Neuzeit.

II.

Der heute im Chinesischen gängige Begriff ‚Geschichte' (*lishi*) ist wie die meisten Grundbegriffe der westlichen Moderne ein über Japan adaptierter Terminus, der seine Wurzeln in einem traditionell-chinesischen Begriff hat, nämlich im Kompositum ‚abfolgende Historien' (*li shi*, jap. *rekishi*). Über die im Japan des 19. Jahrhunderts erfolgte Durchsetzung dieses Begriffs ‚Geschichte' sind wir gut informiert, zumindest über den lexikalischen Befund.[24] Es fehlt jedoch noch immer eine genauere Untersuchung zur Frage, wann und unter welchen Umständen die moderne, bekanntlich in der „Sattelzeit" der Spätaufklärung entstandene Vorstellung von *der* Geschichte als einer fundamentalen Dimension des menschlichen Welt- und Selbstverständnisses im Modus der historischen Erinnerung im japanischen Geschichtsdenken Einzug hielt.

Diese Frage ist ebensowenig zur Genüge geklärt, was China betrifft. Eine deutliche Aussage über *die* Geschichte als einer Geschichte der Entwicklung und des Fortschritts – oft wurde dafür ein- und derselbe Ausdruck, *jinhua*, verwendet – findet sich in der erwähnten Schrift Liang Qichaos über die „Neue Historiographie" von 1902, namentlich im zweiten, über den „Bereich der Geschichte" (*shixue zhi jie*) handelnden Abschnitt. Dieser führt nach einer kurzen Einleitung auf den Satz: „Die Geschichte bringt die Dinge, die der Entwicklung unterliegen, zur Darstellung", an den sich eine eingehende Erörterung der grundlegenden Unterscheidung zwischen periodisch wiederkehrenden Veränderungen und unumkehrbaren Entwicklungsprozessen, zwischen Natur- und Geschichtswissenschaften anschließt.[25]

Diese Erörterung gilt zu Recht als Kernstück von Liangs fulminanter Kritik an der traditionellen chinesischen Historiographie, die im wesentlichen nur Hofberichterstattung über zumeist völlig belanglose Ereignisse gewesen sei und den Begriff der ‚Nation' nicht kenne. Deshalb sei eine „Revolution im

---

[23] Umstritten ist nur, wie ihn diese Vorstellungen erreichten; s. *Chang Hao*, Chinese Intellectuals (wie Anm. 4), 52, insbes. Anm. 139.

[24] Siehe *Masayuki Sato*, Die Einführung der „Geschichte" im Japan des späten 19. Jahrhunderts, in: Jörn Rüsen/Michael Gottlob/Achim Mittag (Hrsg.), Die Vielfalt der Kulturen. Erinnerung, Geschichte, Identität 4. Frankfurt am Main 1998, 441–458.

[25] *Liang Qichao*, Xin shixue, in: ders., Yinbingshi wenji (wie Anm. 1), Bd. 4, 9/7–11.

Bereich der Geschichte" (*shijie geming*) vonnöten; denn die Geschichte sei eine hervorragende Quelle des Nationalgefühls und habe die Staaten in Europa entscheidend vorangebracht. Als Hauptquelle für Liang Qichaos Traktat, vor allem für deren Zuschnitt auf die Fortschrittskategorie, ist stets die 1896/ 98 von Yan Fu (1854–1921) publizierte Schrift „Über die Evolution" (*Tianyan lun*) genannt worden.[26] Es handelt sich hierbei um eine sehr freie, ungemein wirkungsvolle Übersetzung von Thomas H. Huxleys (1825–1895) Werk „Evolution and Ethics" (1893), die den Sozialdarwinismus in China populär machte.[27] Nach neueren Forschungen gibt es aber eine noch weitaus unmittelbarere Quelle für Liang Qichaos „Neue Historiographie", insbesondere für den zentralen zweiten Abschnitt, nämlich das Werk „Umfassende Abhandlung der Geschichtswissenschaft" (*Shigaku tsûron*) des japanischen Gelehrten Ukita Kazutami (1859–1945), das zunächst als Vorlesungsmanuskript kursierte und von dem nach seiner Publikation 1902 sofort sechs verschiedene chinesische Übersetzungen angefertigt wurden.[28]

Mit Sicherheit stand auch für Liang Qichaos Plädoyer, die herkömmliche Gliederung der chinesischen Geschichte nach Dynastien zugunsten einer an der westlichen Dreiteilung Altertum – Mittelalter – Neuzeit orientierten Periodisierung aufzugeben, eines der frühen japanischen Werke zur Geschichte Chinas Vorbild. Hier ist in erster Linie an die vierbändige, von 1888–1890 erschienene Geschichte Chinas (*Shina tsûshi*) von Naka Michiyo (1851–1908) und an die zweibändige, als Schullehrbuch konzipierte „Geschichte Ostasiens für die Oberschule" (*Chûtô tôyôshi*, 1898) von Kuwabara Jitsuzô (1871–1931) zu denken.[29]

In dem erstgenannten Werk werden Altertum, Mittelalter und Neuzeit jeweils drei große Dynastien zugeordnet, so daß das Altertum die Zeit der klassischen Drei Dynastien Xia, Shang und Zhou (trad. 2205–256 v.u.Z.), das Mittelalter die Zeit von der Reichseinigung 221 v.u.Z. bis zum Ende der Song-Dynastie 1279 und die Neuzeit (*kinsei*) die Zeit von der 1260 ausgerufenen Yuan-Dynastie bis zur Gegenwart umfassen. Allerdings bricht die Darstellung

[26] Siehe *Chen Qitai*, Jinhualun chuanbo yu jindai shixue de chanwu, in: ders., Shixue yu Zhongguo wenhua chuantong. Erw. Neuaufl. Peking, Xueyuan 1998, 479–505.
[27] Siehe dazu ausführlich *James Reeve Pusey*, China and Charles Darwin. Cambridge, Mass./London 1983.
[28] Siehe *Jiang Jun*, Liang Qichao zaoqi shixue sixiang yu Futian Hemin [Ukita Kazutami] de *Shixue tonglun* [*Shigaku tsûron*], in: Wen shi zhe 1993/5, 28–32.
[29] Naka Michiyos Werk wurde bereits 1899 von Luo Zhenyu (1866–1940) ins Chinesische übersetzt, während Kuwabara Jitsuzôs Werk 1908 bei Commercial Press in Shanghai in einer Übersetzung von *Jin Wei* unter dem chinesischen Titel *Dongyang shiyao* erschien und 1914 schon die 7. Aufl. erfuhr; s. *Hans O. H. Stange*, Japanische Auffasungen von der Periodisierung der chinesischen Geschichte, in: Ingelore L. Kluge (Hrsg.), Ostasiatische Studien. Berlin 1959, 208–215, hier 208 f. Für weitere gegen Ende des 19. Jh.s entstandene japanische Werke zur chinesischen Geschichte s. *Joshua A. Fogel*, Politics and Sinology. The Case of Naitô Konan (1866–1934). Cambridge, Mass./London 1984, 7 f.

in *Shina tsûshi* mit dem Untergang der Song-Dynastie, der in diesem Periodisierungsschema das Ende des Mittelalters markiert, ab.

Davon abweichend legte Kuwabara Jitsuzô eine Vierteilung zugrunde, die er im Hinblick auf die die chinesische Welt jeweils dominierenden Völker zu begründen bemüht war. Wie Naka Michiyo definierte Kuwabara dabei das Altertum als die Periode von den mythischen Anfängen bis zur Reichseinigung, bestimmt von dem sich ausbreitenden Volk der Han-Chinesen. Deren Dominanz sei im Mittelalter, das heißt von der Gründung des Kaiserreichs bis zum Untergang der Tang-Dynastie (221 v.u.Z.–907 n.u.Z.), weiter ausgebaut worden. Dagegen sei die darauffolgende Periode der „jüngeren Vergangenheit" (jap. *kinkoki*; chin. *jingu*)[30] von den Fünf Dynastien bis zum Ende der Ming (907–1644) durch die „mongolische Rasse" bestimmt gewesen, worunter offenbar auch die Shatuo-Türken, Tungusen, Khitan und Jurchen gerechnet werden. Die Neuzeit schließlich, die mit der Qing-Dynastie beginne und bis in die Gegenwart andauere, stehe dagegen unter dem Vorzeichen des Vordringens der europäischen Mächte.[31]

In seiner „Einführenden Erörterung der Geschichte Chinas" übernimmt Liang Qichao diese Völker-Perspektive, bleibt aber bei der Dreiteilung. So setzt er wie Michiyo und Kuwabara das Altertum für die Zeit vom mythischen Gelben Kaiser bis zur Reichseinigung unter der Qin-Dynastie an. Dies sei das durch die inneren Konflikte und Auseinandersetzungen des chinesischen Volkes bestimmte Zeitalter des chinesischen China (*Zhongguo zhi Zhongguo*). Das Mittelalter erstreckt sich nach Liang über zweitausend Jahre, von der Gründung des Kaiserreichs bis zum Ende der Qianlong-Ära (1736–1795). Dies sei das Zeitalter des asiatischen China (*Yazhou zhi Zhongguo*), geprägt durch die Begegnung, den Austausch und die kriegerischen Auseinandersetzungen des chinesischen Volkes mit den asiatischen Völkerschaften. Mit der Neuzeit (*jinshi*) seit Ende der Qianlong-Ära – Liang Qichao sah offenbar die Macartney-Mission an den Mandschu-Hof 1793 als epochale Zäsur an – habe das Zeitalter des China in der Welt (*shijie zhi Zhongguo*) begonnen. In diesem Zeitalter stehe das chinesische Volk, verbündet mit den anderen asiatischen Völkern, dem Westen gegenüber (wie Anm. 1).

Nur ein Jahr nach Liangs „Einführender Erörterung" nahm Xia Zengyou (1863–1924), ein guter Freund Liang Qichaos, der ebenfalls in engem Kontakt mit Yan Fu stand[32], die Arbeit an dem ersten modernen chinesischen Ge-

---

[30] Dieser Ausdruck ist bereits hanzeitlich belegt; s. z.B. *Han shu*, Ed. Zhonghua shuju, 31/1826.

[31] *Stange*, Japanische Auffassungen (wie Anm. 29), 209, hat darauf hingewiesen, daß in dieser Perspektive freilich auch die große Völkerwanderung vom 4.–6. Jh. und die Gründung zahlreicher nicht-chinesischer Reiche im Norden in dieser Zeit hätten Berücksichtigung finden müssen.

[32] Liang Qichaos Nachruf auf Xia Zengyou enthält das ausführlichste biographische Portrait des Freundes; eine mit ausführlichen Anmerkungen versehene Übersetzung des Nach-

schichtsschulbuch auf. Als Vorlage diente ihm dabei das Werk Naka Michiyos. Das auf drei Teile (*pian*) und sieben Sektionen (*zhang*) geplante Lehrbuch blieb jedoch unvollendet; zwischen 1904–1906 erschienen in drei Auslieferungen nur die ersten vier, die Zeit von den mythischen Anfängen bis zum Untergang der Sui-Dynastie im Jahr 618 umfassenden Sektionen.[33]

Eingangs erläutert Xia Zengyou seine Periodisierung der chinesischen Geschichte in drei Groß- und sieben Unterepochen. Bei der Einteilung der Großepochen orientierte er sich dabei nicht an Liang Qichaos, sondern eher an Kuwabaras Epochenschema; allerdings verzichtete er gänzlich auf den Neuzeit-Begriff, so daß bei ihm die Qing-Dynastie noch der Großepoche der ‚jüngeren Vergangenheit' (*jingu*) zugerechnet wird. Xia merkte dazu an, daß die erste Hälfte der Qing-Dynastie noch einmal eine großartige Zusammenschau der geistigen und politischen Kultur des Kaiserreiches gesehen, diese sich damit aber erschöpft habe, so daß nun in der zweiten Hälfte der Qing-Dynastie – vermutlich hatte Xia dabei ebenso das Ende des 18. Jahrhunderts als epochale Grenzlinie im Auge – eine neue Zeit angebrochen sei. Deshalb, so Xia, könne man von der Qing-Zeit als von einer „Epoche der Transformation" (*genghua zhi qi*) sprechen.[34]

Diese Bemerkung zeugt von Xia Zengyous feinem Verständnis für die neuere Geschichte Chinas.[35] Es war aber Liang Qichao, Xias *partner in crime*, der in einer etwa zeitgleich verfaßten, zuerst 1904 in Form von vier Zeitschriftenbeiträgen veröffentlichten Schrift Xias Charakterisierung der Qing-Zeit als einer „Epoche der Transformation" ausfüllte und damit zugleich eine suggestive und höchst einflußreiche Neuzeit-Konstruktion vorlegte.

Bei dieser Schrift handelt es sich um den achten und letzten Teil einer sukzessiv publizierten, enthusiastisch aufgenommenen Ideengeschichte Chinas, der ersten ihrer Art[36]; ihr Gegenstand ist die „Gelehrsamkeit in der Neuzeit (vom Ende der Ming-Dynastie bis heute)".[37] Liang Qichao beschreibt darin

---

rufs ins Japanische findet sich in *Shimada Kenji*, Chûgoku kakumei no senkushatachi. Tokyo, Chikuma shobô 1970, 5–30. – Der enge Kontakt zwischen Xia und Yan Fu bezeugen u. a. drei zwischen 1902 und 1906 an Xia gerichtete Briefe Yans; abgedruckt in: *Song Bin* (Bearb.), Zhang Binglin, Yan Fu zhi Xia Zengyou hanzha, in: Zhongguo zhexue 6, 1981, 331–342, hier 339–342. In dem letzten Brief geht Yan Fu auch auf das gerade erschienene Geschichtswerk Xias, von dem er ein Exemplar erbeten hatte, ein.
[33] *Xia Zengyou*, (Zuixin zhongxue) Zhongguo lishi jiaokeshu. Shanghai, Commercial Press 1904–1906; Ndr. (unter dem Titel *Zhongguo gudaishi*) Shanghai 1933 sowie Taipei 1994.
[34] Ebd. 5 f.
[35] Darauf hat *Zhu Weizheng*, Shenzhou changye shei zhi jiu?, in: ders., Yindiao weiding de chuantong. Shenyang, Liaoning jiaoyu 1995, 251–261, hier 260, hingewiesen.
[36] Kein Geringerer als Hu Shi (1891–1962) bekundete ihre enorme Wirkung; s. *Hu Shi*, Sishi zishu. Shanghai 1935, 108.
[37] *Liang Qichao*, Lun Zhongguo xueshu sixiang bianqian zhi dashi: Jinshi zhi xueshu (qi Ming wang yi qi jinri), in: ders., Yinbingshi wenji (wie Anm. 1), Bd. 3, 7/77–104. Mit dieser Schrift nahm Liang Qichao seinen höchst einflußreichen „Abriß der Gelehrsamkeit der

die Entwicklung der Qing-Gelehrsamkeit als einen dynamischen Prozeß in vier Phasen, in denen stufenweise auf eine je frühere Epoche in der Geschichte der konfuzianischen Kanonsexegese zurückgegangen worden sei. Diesen Prozeß der Suche nach der „wahren" konfuzianischen Lehre parallelisiert Liang mit der europäischen frühen Neuzeit von der Renaissance bis zur Reformation. Ebenso wie die großen Geister Europas seien die Gelehrten der Ming-/Qing-Übergangsepoche im 17. Jahrhundert vom „wissenschaftlichen Geist" durchdrungen gewesen und hätten sich gegen die scholastische Exegese der songkonfuzianischen Orthodoxie aufgelehnt. Die durch sie eingeleitete „Renaissance" (*wenxue fuxing* bzw. *guxue fuxing*) werde nun durch Liangs Lehrer Kang Youwei, den „Martin Luther des Konfuzianismus"[38], vollendet.

Eine schwungvolle, überzeugende Darstellung – wenn man auf der Seite des durch Kang Youwei und Liang Qichao repräsentierten „neuen Denkens" (*xin sixiang*) stand, sich politisch dem Lager der Befürworter einer Reform nach dem Vorbild der Meiji-Reform in Japan zugehörig fühlte und die Etablierung des Konfuzianismus als Staatsreligion bejahte. Der, für den dies am wenigsten zutraf, war Zhang Binglin (1869–1936), einer der Wortführer des revolutionären Lagers, letzter großer Vertreter der Alttextschule und Gegenspieler Kang Youweis.[39] Auch Zhang hatte sich der Geschichte der Qing-Gelehrsamkeit gewidmet, und zwar in einem Essay, der ebenfalls im Jahr 1904, aber noch vor der referierten Schrift Liang Qichaos erschien. Letztere ist also durchaus als Reaktion auf Zhangs Darstellung, insbesondere auf dessen scharfzüngige Charakterisierung der Neutextschule des 19. Jahrhunderts als Verfallserscheinung, zu verstehen.

Auf Zhang Binglin ist hier besonders einzugehen, weil er in historiographiegeschichtlicher Hinsicht oft hinter Liang Qichao als zweite Leitfigur für die Modernisierung des historischen Denkens in China genannt wird. Dieser Ruf begründet sich in erster Linie auf einen Entwurf Zhangs zu einer Gesamtgeschichte Chinas, der jedoch unverwirklicht blieb. Allerdings enthält seine Essaysammlung *Qiu shu* („Buch der Bedrängnis", 2., überarb. u. erg. Aufl. 1904) eine Reihe von Abhandlungen, die als Bausteine dafür angesehen werden können und Einblicke in Zhangs historisches Denken gewähren. Hier

---

Qing-Zeit" (*Qingdai xueshu gailun*; übers. v. *Immanuel C. Y. Hsü*, Intellectual Trends in the Ch'ing Period. Cambridge, Mass. 1959) von 1920 vorweg.
[38] So Liang Qichao in seiner 1900 verfaßten Biographie Kangs; s. *Liang Qichao*, Nanhai Kang xiansheng zhuan, in: ders., Yinbinshi wenji (wie Anm. 1), Bd. 3, 6/57–89.
[39] Zur umfangreichen Sekundärliteratur zu Leben und Werk Zhang Binglins s. meinen Aufsatz: *Achim Mittag*, Zhang Taiyan (1869–1936) and the Beginnings of Modern Historiography of Qing Scholarship, in: ders., Pacing the Past. Studies in Chinese Historiography and Historical Thought [in Vorbereitung; erscheint 2003].

findet sich auch das Inhaltsverzeichnis für die geplante, in 62 Kapitel gegliederte Gesamtgeschichte, samt einiger einführender Bemerkungen.[40] Charakteristisch ist, daß sich Zhang Binglin in seinem Entwurf weitgehend an der traditionellen, in den offiziellen Dynastiegeschichten üblichen gattungsmäßigen Gliederung nach „Aufzeichnungen", „Tabellen", „Sachabhandlungen" und „Biographien" orientierte und damit einen Gegenentwurf zu den japanischen, nach westlichem Vorbild verfaßten Gesamtdarstellungen der chinesischen Geschichte vorlegte. Hinter der bewußten Entscheidung für die traditionelle Form steht die verschiedentlich von Zhang geäußerte Befürchtung des Verlustes der eigenen Geschichte und damit der Resistenzfähigkeit des chinesischen Volkes gegenüber den imperialistischen Mächten des Westens. „Ohne Geschichte", so Zhang, „geht das Wesen eines Staates unter, verliert ein Volk seine Lebensgrundlagen, sinkt dahin und wird barbarisch."[41] Und nur weil China im Unterschied zu Indien über umfassende geschichtliche Aufzeichnungen vom Altertum – Zhang meint hier die Zeit vor der Reichseinigung – verfüge, stünden die Chancen nicht schlecht, die nationale Unabhängigkeit (*duli*) zu bewahren.[42]

Das Periodisieren verstand Zhang Binglin als ein Strukturmerkmal des westlichen Geschichtsdenkens. In China dagegen – so führt er in einer der einleitenden Bemerkungen zum Plan seiner Gesamtgeschichte aus – genießen die „Sachabhandlungen" (*shu* bzw. *zhi*) über die staatlich-institutionellen Grundlagen wie Riten, Musik, Kalenderwesen, Himmelskunde etc. höchste Wertschätzung. Beide Formen – periodisierte und thematische Darstellungen – ergänzten sich gegenseitig: Wolle man einem ungebildeten Publikum anhand der Eckdaten die großen Linien der Geschichte aufzeigen, dann eigneten sich dafür die periodisierten Darstellungen in den Schulbüchern. Wenn man hingegen in die Details gehen und einen bestimmten Gegenstand in seinem

---

[40] *Zhang Binglin*, Fu: Zhongguo tongshi lueli, in: ders., Qiu shu chongding ben (Zhang Taiyan quanji [bisher 6 Bde. Shanghai, Shanghai renmin 1982–1986], Bd. 3, 328–333, sowie *Xu Fu* [Komm.], Qiu shu xiangzhu. Shanghai, Shanghai guji 2000, 857–874). Zuvor hatte Zhang Binglin in Reaktion auf Liang Qichaos Aufruf zur „Revolution im Bereich der Geschichte" diesem in einem Brief seinen Entwurf zur geplanten Gesamtgeschichte Chinas unterbreitet; der Brief ist abgedruckt in Xinmin congbao v. 1. 7. 1902.
[41] *Zhang Binglin*, Chunqiu guyan, in: ders., Jian lun (Zhang Taiyan quanji [wie Anm. 40], Bd. 3, 407–412, hier 412).
[42] Zitiert in Zhang Taiyan nianpu changbian. 2 Bde. Hrsg. v. *Tang Zhijun*. Peking, Zhonghua 1979, 249. In diesem Zusammenhang ist auch Zhang Binglins Essay „Klage über die Geschichtsschreibung unter der Qing-Dynastie" von 1904 zu erwähnen; Zhang schlägt darin schrille anti-mandschurische Töne an und beschuldigt die Mandschu-Dynastie, durch die rigorose Unterdrückung von einer Vielzahl „privater" Aufzeichnungen zur Geschichte der Ming- bzw. der Südlichen Ming-Dynastie sowie durch die Verfolgung von Gelehrten, die sich mit dieser Geschichte befaßten, das hanchinesische Volk von seiner jüngeren Vergangenheit enteignet zu haben; s. *Zhang Binglin*, Ai Qing shi, in: ders., Qiu shu chongding ben (Zhang Taiyan quanji [wie Anm. 40], Bd. 3, 325–328; sowie *Xu Fu*, Qiu shu xiangzhu [wie Anm. 40], 837–856).

kulturellen Kontext und seiner historischen Entwicklung betrachten wolle, dann sei dafür die themenbezogene Darstellung der Sachabhandlungen die geeignetste.[43]

Diese Ausführungen lassen Zhang Binglins Unzufriedenheit mit der japanischen „Zivilisationshistoriographie"[44] erkennen, sind aber auch ein Indiz dafür, daß Zhang nicht ahnte, wie produktiv Periodisierungen und damit verbunden Fragestellungen nach Epochenschwellen und geschichtlichen Brüchen sein können. Exemplarisch zeigt sich der Gegensatz zu Liang Qichaos Geschichtsdenken in Zhangs historischem Abriß der Qing-Gelehrsamkeit, der die traditionelle Strukturierung nach „Schulen" (*xuepai*) bzw. Lehrer-Schüler-Filiationen überwindet, aber dennoch auf eine Periodisierung, wie sie Liang vornahm, verzichtet.[45]

Die Analogie, die Liang zwischen der Gelehrsamkeit der Ming-/Qing-Übergangsperiode und der europäischen Renaissance herstellte, blieb Zhang fremd, nicht jedoch die Renaissance-Figur als solche.[46] Diese wurde von Zhang und anderen kulturkonservativen Intellektuellen, die sich die Bewahrung des „nationalen Wesens" (*baocun guocui*) und die Pflege des „nationalen Erbes" (*guogu*) auf ihre Fahnen geschrieben hatten, bevorzugt verwendet, um ihre Forderung nach „nationalen Studien" (*guoxue*) – dem Studium der verschiedenen philosophischen Strömungen in der Vor-Qin-Zeit, des Ritenwesens der Zhou-Zeit und anderer Themen – zu begründen.[47] Erst später wurde die Renaissance-Figur von den jungen 4.-Mai-Intellektuellen als Signatur ihrer eigenen Bewegung vereinnahmt.[48]

Liang Qichaos Verwendung der Renaissance-Figur im historischen Kontext der Qing-Gelehrsamkeit haftete ein grundlegendes Problem an: die ‚frühe Neuzeit' Chinas blieb gleichsam nur ein Anhängsel des europäischen Leitparadigmas. In zugespitzter Form zeigte sich dieses Problem im Hinblick auf die Bewertung der Person Huang Zongxis (1610–1695), der zu einer Art Galionsfigur der Reformer im China des frühen 20. Jahrhunderts avancierte.

---

[43] *Zhang Binglin*, Fu: Zhongguo tongshi lueli (wie Anm. 40; Zhang Taiyan quanji [wie Anm. 40], Bd. 3, 329; sowie *Xu Fu* [Komm.], Qiu shu xiangzhu [wie Anm. 40], 860).

[44] Zur „Zivilisationshistoriographie" in Meiji-Japan s. den informativen Überblick bei *Hiroshi Watanabe*, Historiography as a Magic Mirror: The Image of „Nation" in Japan, 1600–1990, in: Lönnroth (Ed.), Conceptions of National History (wie Anm. 2), 175–187, hier 180–184.

[45] Für eine Analyse von Zhang Binglins „Abriß der Qing-Gelehrsamkeit" (*Qing ru*) im Vergleich zu Liang Qichaos Darstellung s. meinen Aufsatz: *Mittag*, Zhang Taiyan (wie Anm. 39).

[46] Siehe *Zhu Weizheng*, Shiluole de „Wenyi fuxing", in: ders., Yindiao weiding de chuantong (wie Anm. 35), 132–140.

[47] Siehe dazu *Zheng Shiqu*, Guocui, guoxue, guohun – wan-Qing guocuipai wenhua sixiang yanjiu. Taipei, Wenjin 1992, 140–148.

[48] Siehe *Chow Tse-tsung*, The May Fourth Movement. Intellectual Revolution in Modern China. Cambridge, Mass. 1960, 338–342.

Insbesondere Huang Zongxis staatsethische Schrift mit dem Titel „Aufzeichnungen in Erwartung des Besuchs [eines erleuchteten Fürsten] in Zeiten der Verfinsterung" (*Mingyi daifang lu*), in der er das politische System der Ming-Zeit mit seinen autokratischen Tendenzen kritisch durchleuchtete[49], wurde wiederholt mit Rousseaus ‚Gesellschaftsvertrag' gleichgesetzt; in visionärer Kraft sei sie sogar mit der Erklärung der Menschen- und Bürgerrechte in der Französischen Revolution und in der öffentlichen Wirkung mit Martin Luthers Bibelübersetzung vergleichbar[50]. Jede dieser Etikettierungen riß Huang Zongxi ein Stück weiter aus dem historischen Kontext seiner Zeit heraus.[51] Der einzige, der sich an diesem Reigen schmückender Benennungen nicht beteiligte, war Zhang Binglin; sein anfänglich zustimmendes Urteil über den „Rousseau Chinas" schlug bald in harsche Kritik um.[52]

III.

Derjenige, der über Liang Qichao und Zhang Binglin hinausgehend zu einer völlig neuen Konzeption der Neuzeit in China gelangte, war der japanische, ausgesprochen sinophil denkende Gelehrte Naitô Konan, der Begründer der sogenannten Kyôto-Schule der japanischen Sinologie.[53]

Sproß einer Familie mit einem über mehrere Generationen zurückreichenden Bildungshintergrund erhielt Naitô Konan eine traditionelle Erziehung in Kambun, der chinesischen Schriftsprache, sowie dem konfuzianischen Kanon, den großen chinesischen Werken der Historiographie und der Dichtung. Schon früh machte Naitô auf seine meisterhafte Beherrschung der gehobenen Schriftsprache aufmerksam und zog nach Absolvierung der Präfektursschule von Akita (im Norden der Hauptinsel Honshu) bestens gerüstet nach Tôkyô, um hier für zwei Jahrzehnte (1887–1907) an vorderster Front, in der Eigenschaft als Journalist und ‚China-Watcher' für diverse Zeitschriften, publizistisch am öffentlichen Diskurs teilzunehmen. Politisch stand Naitô dabei je-

[49] Übersetzt in *Wm. Theodore de Bary*, Waiting for the Dawn. A Plan for the Prince. Huang Tsung-hsi's Ming-i tai-fang lu. New York 1993.
[50] Der Vergleich des *Mingyi daifang lu*, insbesondere der ersten beiden über den Herrscher und die Beamtenschaft handelnden Traktate (*Yuan jun, Yuan chen*) mit Rousseaus Gesellschaftsvertrag geht offenbar zurück auf Liang Qichao; s. *ders.*, Lun Zhongguo xueshu sixiang bianqian zhi dashi: Jinshi zhi xueshu, in: *ders.*, Yinbingshi wenji (wie Anm. 1), Bd. 3, 7/82. Die anderen Etikettierungen finden sich in *Hou Wailu*, Jindai Zhongguo sixiang xueshuo shi. 2 Bde. Shanghai, Shenghuo shudian 1947, Bd. 1, 115.
[51] Siehe dazu *Lynn A. Struve*, Huang Zongxi in Context: A Reappraisal of His Major Writings, in: Journal of Asian Studies 47, 1988, 474–502.
[52] Siehe *Shimada Kenji*, Pioneer of the Chinese Revolution. Zhang Binglin and Confucianism. Transl. by Joshua A. Fogel. Stanford 1990, 50, 52–53, 75 und 158 Anm. 104.
[53] Im folgenden stütze ich mich weitgehend auf die profunde Studie von *Fogel*, Politics and Sinology (wie Anm. 29).

nen Kreisen nahe, die den Gedanken des „nationalen Körpers" (*kokutai*), der Bewahrung des kulturellen Eigensinns in einer sich rapide modernisierenden Welt[54], propagierten.

Die zentrale Frage, die seit den frühen neunziger Jahren des 19. Jahrhunderts die japanische Intelligentsia beschäftigte und für Naitô in seinem publizistischen wie später auch in seinem akademischen Leben zur Leitfrage wurde, lautete: Wie kann sich China modernisieren, und welche Rolle sollte dabei Japan spielen? Die aktuellen, von ihm aufmerksam verfolgten und kommentierten Ereignisse des chinesisch-japanischen Krieges 1894/95 und der Hundert-Tage-Reform 1898 sowie seine persönlichen Erfahrungen, die er als Zeitungskorrespondent in Taiwan 1897/98 und auf einer ausgedehnten China-Reise 1899/1900 sammeln konnte, führten Naitô die verschiedenen und von ihm stets historisch reflektierten Szenarien einer Antwort auf diese zentrale Frage vor Augen. 1907 an die neu etablierte Geschichtsfakultät der Kyôto-Universität berufen, widmete er sich in Forschung und Lehre zunächst der Geschichte der Qing-Dynastie, die zu der Zeit noch keine Anzeichen ihres kurz bevorstehenden Falls zeigte.

Sein berühmtes, auf einer Serie von fünf Vorträgen beruhendes Buch *Shinaron* („Über China"), in dem seine später als „Naitô-These" bekannte Neuzeit-Konzeption umrissen wird, schrieb Naitô im Jahr 1914, und zwar in Reaktion auf die Revolution von 1911, genauer gesagt, in Reaktion auf die zunehmenden Zweifel an einer Konsolidierung der jungen Republik China – Zweifel, die in Japan jene politischen Kräfte stärkten, die ein massives Eingreifen Japans in die chinesischen Verhältnisse forderten. In *Shinaron* versuchte Naitô zu zeigen, daß die „Neuzeit" (*kinsei*) Chinas, die durch die Herausbildung einer monarchischen Autokratie, begleitet von starken Tendenzen ihrer Überwindung, gekennzeichnet sei, durch die Revolution von 1911 gleichsam vollendet wurde; deshalb werde sich die Republik, weil die einzige für China angemessene Staatsform, auf lange Sicht hin durchsetzen.

Ab wann ist nun die „Neuzeit" in China anzusetzen? Naitô identifiziert in *Shinaron* als Beginn der Neuzeit – und dies ist der Kern der „Naitô-These" – die Zeit von der späten Tang- bis zur späten Nördlichen Song-Dynastie, also von ca. 800–1100. In dieser Zeit verschwand – so Naitô – die Aristokratie, jene Gruppe mächtiger, landbesitzender Familien, die die politischen Geschicke des Reiches während des Mittelalters (nach Naitô die Zeit vom 4.–9. Jahrhundert) lenkten. Die aristokratische Herrschaftsform wurde abgelöst von einer imperialen Despotie, gegen deren Auswüchse sich die Kritik Huang Zongxis und anderer Denker des 17. Jahrhunderts richtete. In der Tat ging Naitô für seine typisierende Beschreibung von Staat und Gesellschaft

---

[54] Siehe dazu *Klaus Antoni*, Kokutai – Das ‚Nationalwesen' als japanische Utopie, in: Saeculum 38, 1987, 266–282.

Chinas, wie sie sich songzeitlich durchsetzten, von der oben genannten Schrift Huang Zongxis, dem *Mingyi daifang lu*, aus.[55] Als entscheidend für die Durchsetzung der imperialen Despotie erwies sich die Festigung der Machtstellung des Kaisers: So ist der Kaiser seit der Song-Zeit nicht mehr nur *primus inter pares*, der von den aristokratischen Familien getragen, in seinem Handeln aber auch von diesen eingeschränkt werde, sondern er regiert autokratisch, mit Hilfe einer zivilen, über das Prüfungssystem rekrutierten Beamtenschaft, die seine unangefochtene Stellung prinzipiell anerkennt. Daher wird der Kaiser auch viel seltener noch Opfer von Hofintrigen und Ränkespielen der Kaiserinnenfamilien und der Eunuchenschaft. Ferner wird die Dreiteilung der Hof- und Staatskanzlei in die sogenannten Drei Ressorts (*sansheng*) mit je unterschiedlichen Zuständigkeiten praktisch aufgehoben, und das Amt des Kanzlers verliert an Gewicht und wird unter der Ming-Dynastie sogar gänzlich abgeschafft.

Die Stärkung des Kaisertums als Folge des Verschwindens der mittelalterlichen Aristokratie war aber nur die eine Seite der Medaille; die andere Seite war eine Entwicklung, die Naitô als *heimin shugi* – am besten mit „Demokratisierung" wiederzugeben[56] – bezeichnet: Loslösung der unteren Schichten des Volkes aus den starren Abhängigkeitsverhältnissen gegenüber der grundbesitzenden Aristokratie, ihre Unterstellung unter die staatliche Fiskalgewalt und Ausbau der Selbstverwaltung auf lokaler Ebene. Letzteres geschieht vor allem durch die sogenannten „Gemeinden" (*kyôdan*, chin. *xiangtuan*), die in zunehmendem Maße mit den staatlichen Stellen auf Kreisebene, der untersten Ebene staatlicher Herrschaft, kooperieren. Zum Gutteil beruht Naitôs Optimismus für Chinas republikanische Zukunft auf seiner Analyse der *kyôdan* als fortschrittliche, „demokratische" Organisationsformen der lokalen Selbstverwaltung; des weiteren auf der bedeutenden Rolle, die seit der Song-Zeit die „öffentliche Meinung" (*yoron*, chin. *yulun*) bei der Politikformulierung gespielt habe.

Der Ausführung und Vertiefung dieser in *Shinaron* entwickelten Neuzeit-Konzeption widmete sich Naitô schwerpunktmäßig in seinen drei posthum erschienenen Darstellungen der Geschichte Chinas im Altertum, im Mittelalter und in der Neuzeit (*Shina jôkoshi*, 1944; *Shina chûko no bunka*, 1947; *Shina kinseishi*, 1947). In dem an erster Stelle genannten, auf einem Vorlesungsmanuskript von 1921/22 basierenden Werk zur chinesischen Geschichte im Altertum explizierte Naitô, wie sich diese Neuzeit-Konstruktion in einem Periodisierungsschema der chinesischen Gesamtgeschichte ausnimmt[57]:

---

[55] Darauf weist *Fogel*, Politics and Sinology (wie Anm. 29), 170, 174 und 180 hin.
[56] *Fogel* übersetzt *heimin shugi* m. E. etwas unglücklich mit „populism" (ebd. 174 ff.), ein Begriff, der zumindest erklärungsbedürftig ist.
[57] Ebd. 200.

I. *Altertum*: von den Anfängen bis Ende Han (3. Jt. – ca. 100 n.u.Z.)
Übergangsperiode: Ende Han – Westliche Jin (100–316)
II. *Mittelalter*: Östliche Jin – Mitte Tang (317 – ca. 800)
Übergangsperiode: spätere Tang – Ende Fünf Dynastien (ca. 800–960)
III. *Neuzeit*, 1. Phase: Song – Yuan (960–1368)
Neuzeit, 2. Phase: Ming – Qing (1368–1911)
Darüber hinaus versuchte Naitô in zahlreichen Arbeiten, die These einer tiefen Zäsur zwischen der Tang- und Song-Dynastie in diversen Hinsichten, mit Blick auf Wirtschaft, Kanonsgelehrsamkeit, Dichtung und Kunst, zu erhärten.

Naitôs Neuzeit-Konstruktion, die China eine von Europa erst sehr viel später erreichte Modernität zugestand, stand quer zu der von der Tôkyô-Schule der japanischen Sinologie unter ihrem Mentor Shiratori Kurakichi (1865–1942) vertretenen Konzeption eines vom Konfuzianismus geprägten Kulturkreises „Ostasien" (*tôyo*). Mit *tôyo* war in erster Linie China, und zwar das stagnierende, zur Reform unfähige China, in dem der Konfuzianismus zu einem Hemmschuh der gesellschaftlichen Entwicklung geworden war, gemeint; kurz, *tôyo* wurde als Gegenideal, von dem sich Japan wirkungsvoll absetzen konnte, entworfen.[58] Kritik an der „Naitô-These" formierte sich allerdings erst nach dem Zweiten Weltkrieg, vor allem von seiten marxistischer Historiker in Japan, die eine andere, an den Produktionsverhältnissen orientierte Periodisierung der chinesischen Geschichte vornahmen.[59]

Im Westen wurde die „Naitô-These" insbesondere von Hisayuki Miyakawa bekannt gemacht[60] und ist durch zahlreiche Studien zur Song-Zeit zu einem Gemeinplatz der Forschung geworden. Dies hat auch zur Unklarheit und Widersprüchlichkeit im Gebrauch des Begriffs der ‚frühen Neuzeit' in bezug auf die chinesische Geschichte geführt; denn einmal wird darunter die Song-Zeit, ein anderes Mal jedoch die Ming-Qing-Übergangsepoche verstanden.[61] An dem Begriff der ‚frühen Neuzeit' als solchem übte James Liu Kritik; denn er impliziere den Fehlschluß, daß in China die Entwicklung zur Neuzeit im Sinne einer westlichen Moderne angelegt war. Als Alternative zur Bezeich-

[58] Siehe dazu *Stefan Tanaka*, Japan's Orient. Rendering Pasts into History. Berkeley/Los Angeles/London 1993, insbes. 115–117.
[59] Siehe *Tanigawa Michio*, Problems Concerning the Japanese Periodization of Chinese History (translated by Joshua A. Fogel), in: Journal of Asian History 21/2, 1987, 150–168.
[60] *Hisayuki Miyakawa*, An Outline of the Naitô Hypothesis and its Effects on Japanese Studies of China, in: Far Eastern Quarterly 14, 1954/55, 533–552. Ferner wurde die Naitô-These in dem von *James T. C. Liu* und *Peter J. Golas* hrsg. Band „Change in Sung China. Innovation or Renovation? Boston 1969" zur Diskussion gestellt. Darin ist auch Hisayuki Miyakawas Aufsatz in Auszügen abgedruckt (S. 4–8).
[61] Darauf weist *Harriet T. Zurndorfer*, China and ‚Modernity' (wie Anm. 3), 462f., hin.

nung des China der späten Kaiserzeit ab der Song-Zeit schlug Liu deshalb den Begriff der „neo-traditionalen Periode" vor.[62]

IV.

In China selbst fand die „Naitô-These" überraschend wenig Ressonanz. Dafür mögen verschiedene Gründe ausschlaggebend gewesen sein: der inner-japanische Kontext, in dem Naitô seine Neuzeit-Konzeption entwickelt hatte; die anti-japanischen Ressentiments seit 1919 in Folge des Bestrebens Japans, das ehemalige deutsche Pachtgebiet in Qingdao und alle damit verbundenen Rechte zu übernehmen; schließlich, seit den frühen dreißiger Jahren, der latente und später offene Kriegszustand, in dem sich China und Japan befanden. Hinzu kommt aber auch, daß China seine eigenen Debatten der Neuzeit-Problematik hatte und es dabei schwerpunktmäßig um die Ming-/Qing-Übergangszeit, d. h. im engeren Sinne um das 17. Jahrhundert, im weiteren Sinne um die Zeit von ca. 1550–1720, im weitesten Sinne sogar bis 1840, ging. Wirtschaft und Gesellschaft wurden dabei zu den Hauptkriterien für die Bestimmung der Neuzeit Chinas.

Daneben gab es allerdings wiederholt auch an Liang Qichao und Xia Zengyou anknüpfende Versuche, die chinesische Geschichte nach dem Leitkriterium des Kontakts Chinas mit der Außenwelt zu periodisieren. Ein nennenswertes Periodisierungsschema dieser Art stammt von Liu Yizheng (1880–1956), der maßgeblich zu der sich um die Zeitschrift *Xueheng* („Critical Review") scharenden Gruppe kulturkonservativer Gelehrter gehörte, die sich dezidiert von den jungen Intellektuellen der 4.-Mai-Bewegung und ihrer Kampfansage an die konfuzianische Tradition abgrenzten.[63] Überzeugt, daß auf längere Sicht die moderne Kultur des Westens ebenso von der chinesischen, in ihrer Substanz konfuzianischen Tradition absorbiert werde wie einst der Buddhismus, schrieb Liu zwischen 1925 und 1928 sein Hauptwerk, eine vielbeachtete Kulturgeschichte Chinas (*Zhongguo wenhuashi*) in drei, der Gliederung nach Altertum – Mittelalter – Neuzeit entsprechenden, Teilen.[64] Das Mittelalter beginnt für Liu mit dem Ende der Han-Dynastie und dem verstärkten Eindringen des Buddhismus; die Neuzeit dagegen mit der Yuan- und

---

[62] *James T. C. Liu*, The Neo-Traditional Period (ca. 800–1900) in Chinese History, in: Journal of Asian Studies 24, 1964/65, 105–107.
[63] Zur *Xueheng*-Gruppe s. Yue Daiyun, Chonggu „Xueheng" – jian lun xiandai baoshou zhuyi, in: Liu Qingfeng (Hrsg.), Lishi de fanxiang. Hongkong 1990, 265–275.
[64] *Liu Yizheng*, Zhongguo wenhuashi. 3 Bde. Ndr. Taipei, Zhengzhong shuju 1948. – Für eine profunde Einführung in Lius historisches Denken s. *Brian Moloughney*, Culture and Identity in the Historical Writing of Liu Yizheng (1880–1956), in: Jörn Rüsen/Achim Mittag (Hrsg.), Geschichtsdenken im Umbruch: China und die Moderne. Wien/Köln/Weimar [in Vorbereitung].

Ming-Zeit, in die die Begegnung mit der durch Kaufleute und dann der Jesui-
tenmissionare vermittelten westlichen Kultur fällt.

Strukturell ähnlich ist das Periodisierungsschema, das Lei Haizong (1902–
1962), ein später renommierter Weltgeschichtshistoriker in der Volksrepublik,
in der bis dato (1936) ausführlichsten Erörterung der ganzen Periodisierungs-
problematik vorschlug.[65] Er unterscheidet darin in Spenglerscher Manier
zwei Kulturzyklen: den des „klassischen", rein vom hanchinesischen Volk geprägten China (von den Anfängen bis 383 n.u.Z.) und den des „synthetischen"
China, das aus der Vermischung der chinesischen Kultur mit den verschiedenen Zivilisationen der „barbarischen" Invasions- und Eroberervölker, die stets
von Norden her eindrangen, hervorgegangen sei (von 383 bis zur Gegenwart).
Diesen zweiten Kulturzyklus sieht Lei mit dem Vordringen der Japaner in der
Gegenwart zu Ende gehen; die Neuzeit beginnt für ihn also erst in der nahen
Zukunft. Tendenziell wird der Neuzeit-Begriff in zyklisch angelegten Periodi-
sierungsschemata, wie sie Liu Yizheng und Lei Haizong vorschlugen, letztlich seiner Prägnanz beraubt.

Vorangegangen war Leis Grundsatz-Aufsatz die erste große Periodisie-
rungsdebatte, die sogenannte Gesellschaftsgeschichtsdebatte von 1929–1933,
in der das Problem, ein an der europäischen Geschichte gewonnenes und universale Gültigkeit beanspruchendes Theoriemodell – nämlich das marxistische Fünf-Stadien-Modell – auf den Sonderfall der chinesischen Geschichte
anzuwenden, in einer grundsätzlichen Weise diskutiert und die wichtigsten
Argumentationsmuster im Umgang mit diesem Problem kreiert wurden.[66] Allerdings konzentrierte sich die Debatte auf die Problematik des Feudalismus-
Begriffs und die Frage nach Beginn und Ende der feudalistischen Periode in
China.[67] Festzuhalten ist hier, daß mit der Durchsetzung der stalinistischen
Position die Neuzeit (*jindai*) auf 1840, den Beginn des Opiumkriegs, der
China in eine „halbfeudale, halbkoloniale Gesellschaft" (*banzhimin banfeng-
jian shehui*) verwandelt habe, festgelegt wurde. Mao Zedongs Aufsatz „Die
chinesische Revolution und die Kommunistische Partei Chinas" (*Lun Zhong-*

---

[65] *Lei Haizong*, Duandai wenti yu Zhongguo lishi de fenqi, in: Qinghua daxue shehuikexue
2/1, 1936, 1–33; später ein Kapitel in Leis Werk „Die chinesische Kultur und das Militär in
China" (*Zhongguo wenhua yu Zhongguo de bing*).
[66] Diese Debatte stand auf dem Hintergrund der zwischen Stalins und Trotzkis Parteigän-
gern ausgefochtenen Auseinandersetzung über die zu verfolgende Strategie, nachdem es
1927 zum Bruch zwischen der von Chiang Kai-shek geführten Guomindang und der Kommunistischen Partei Chinas gekommen war; s. *An-chai Wu*, Revolution and History: On the
Causes of the Controversy over the Social History of China, 1931–1933, in: Yu-ming Shaw
(Ed.), Reform and Revolution in Twentieth Century China. Taipei 1987, 114–130. Zur Debatte selbst s. *Arif Dirlik*, Revolution and History: The Origins of Marxist Historiography
in China, 1919–1937. Berkely 1978.
[67] Siehe *Arif Dirlik*, Social Formations in Representations of the Past: The Case of ‚Feu-
dalism' in Twentieth-Century Chinese Historiography, in: Review 19/3, 1996, 227–267.

guo geming he Zhongguo gongchandang) aus dem Jahr 1939 machte diese Auffassung für die Kommunistische Partei Chinas offiziell. Historiographisch wurde sie wirkungsvoll in dem zweibändigen Werk „Kurzer Abriß der Gesamtgeschichte Chinas (*Zhongguo tongshi jianbian*, Yan'an 1941) von Fan Wenlan (1893–1969), einem der profiliertesten marxistischen Historiker der 4.-Mai-Generation, umgesetzt.[68]

Interessanterweise enthielt die Neuausgabe von Maos Aufsatz von 1951 einen Zusatz, in dem festgestellt wurde, daß es in der chinesischen Geschichte „Keime des Kapitalismus" (*zibenzhuyi mengya*) gegeben habe, so daß sich China auch aus sich heraus zu einer kapitalistischen Gesellschaft entwickelt hätte. Dieser Zusatz wirkte als Katalysator für eine zweite große Geschichtsdebatte Mitte der fünfziger Jahre (1954–1956), in der es um den Nachweis des „keimenden" Kapitalismus in der späten Ming- und frühen Qing-Zeit (16./ 17. Jh.) ging und die eine Fülle empirischer Studien zum Aufschwung des Handels, zur Entwicklung der Waren- und Geldwirtschaft, zur Urbanisierung und anhaltenden Prosperität in dieser Zeit produzierte.[69] Letzten Endes blieb es jedoch aus ideologischen Gründen dabei, das Jahr 1840 als Trennlinie für Chinas Entwicklung zum Kapitalismus beizubehalten; so maßgeblich auch in der revidierten Neuausgabe von Fan Wenlans „Kurzem Abriß der Gesamtgeschichte Chinas".[70]

Ein Kernproblem der Theorie des „keimenden Kapitalismus", das auch in der Debatte zur Sprache kam, war die Frage, warum in China der Kapitalismus über 250 Jahre lang lediglich „keimte", ohne wie im Westen jene große Dynamik zu entfalten und zum Durchbruch zu gelangen. Eine befriedigende Antwort wurde auf diese Frage nicht gefunden; sie stellt nach wie vor für die

---

[68] Die Darstellung in dem zweibändigen Werk umfaßte den Zeitraum von den mythischen Anfängen bis zum Opiumkrieg; sie wurde ergänzt durch den den Zeitraum von 1840–1911 umfassenden 3. Band, der auch unter dem Titel „Geschichte Chinas der Neuzeit" (*Zhongguo jindai shi*) als selbständiges Werk erschien. Siehe auch *Johannes Kurz*, Geschichtsverwaltung in der VR China, in: Stephan Conermann (Hrsg.), Mythen, Geschichte(n), Identitäten: Der Kampf um die Vergangenheit. Hamburg 1999, 175–189, hier 178–181.

[69] Für einen Überblick über die Debatte mit einer Aufstellung der Beiträge s. *Du Zhen*, Die Diskussion über das Problem der Keime des Kapitalismus in China, in: Neue chinesische Geschichtswissenschaft. (Zeitschrift für Geschichtswissenschaft 7, Sonderheft.) Berlin 1959, 130–139 [ursprüngl. chin. in Lishi yanjiu, 1956/7]; s. auch *Arif Dirlik*, Chinese Historians and the Marxist Concept of Capitalism, in: Modern China 8/1, 1982, 105–132.

[70] Dieser Neuausgabe in drei Bänden ging eine Revision der Unterteilungen der 3000jährigen Feudalismus-Periode (von 1122 v.u.Z. – 1839 n.u.Z.) in zuvor drei, dann vier Entwicklungsphasen voraus; im Kern betraf diese die Heraushebung der Ming-/Qing-Zeit (1368–1839) als einer eigenen Entwicklungsphase, was offenbar der aufgekommenen Theorie der „Keime des Kapitalismus" geschuldet ist. So fallen Fan Wenlans Bemerkungen zu den „Keimen" im Rahmen seiner Erläuterungen des revidierten Periodisierungsschemas recht ausführlich aus; s. *Fan Wen-lan*, Über einige Probleme der chinesischen Geschichte, in: Neue chinesische Geschichtswissenschaft (wie Anm. 69), 59–118 [ursprüngl. chin., 1954], hier 70 ff.

marxistische Geschichtswissenschaft als auch für Modernisierungstheorien nicht-marxistischer Provenienz eine Herausforderung dar.[71] So rückte die „Keime"-Theorie das China des 16./17. Jahrhunderts eng an die frühneuzeitliche Entwicklung in Europa heran; paradoxerweise aber entfernte sie zugleich China von der Moderne, da sie zur Annahme eines chinesischen Sonderwegs, zur Annahme, daß China auf der Stufe der frühkapitalistischen Produktionsweise verharrt sei, zwang.

Die „Keime"-Theorie hatte noch ein Korrelat, das auf den ersten Blick weniger problematisch erschien: die Konzeption einer die Zeit vom frühen 17. Jahrhundert bis zur Mitte des 19. Jahrhunderts umfassenden „frühen Aufklärungsperiode" (*zaoqi qimeng*). Urheber dieser Konzeption war Hou Wailu (1903–1987), dessen sechsbändige „Gesamtgeschichte des chinesischen Denkens" (*Zhongguo sixiang tongshi*, 1956/57–1963) in der Volksrepublik immer noch als verläßliches Standardwerk gilt. In dem letzten, zunächst 1956 als selbständiges Werk erschienenen Band[72] der ‚Gesamtgeschichte' faßte Hou Wailu die chinesische Ideengeschichte im Zeitraum von ca. 1600–1840 unter den Begriff der „frühen Aufklärungsperiode"[73], den er in einer ausführlichen Einleitung als komplementär zur „Keime"-Theorie einführte und in Analogie zu Lenins Charakterisierung der Aufklärung in Rußland entwickelte.

Bei näherem Hinsehen zeigt sich, daß die nachfolgende Darstellung über weite Strecken auf Hou Wailus früherem, aus der Zeit vor der kommunistischen Machtübernahme veröffentlichten Werk zur Ideengeschichte der Neu-

---

[71] Siehe dazu in grundsätzlicher Hinsicht *Philip C. C. Huang*, The Paradigmatic Crisis in Chinese Studies. Paradoxes in Social and Economic History, in: Modern China 17/3, 1991, 299–341. – Das gleiche Problem einer erstaunlichen Frühentwicklung, die China zum Topkandidaten für die Entstehung der kapitalistischen Produktionsweise machte, ohne daß es zu diesem Durchbruch kam, beschäftigte schon *Max Weber*, vor allem im zusammenfassenden Kapitel seiner Konfuzianismus-Studie. Es haftet gleichfalls der Naitô-These mit der impliziten Annahme einer über tausend Jahre währenden ‚Neuzeit' bzw. ‚frühen Neuzeit' Chinas an. Eine vieldiskutierte Antwort auf dieses Problem versuchte Mark Elvin mit der These einer „Gleichgewichts-Falle auf hohem Niveau" (*high-level equilibrium trap*) zu geben, mit der These, daß der frühe technische Fortschritt in Landwirtschaft und Wassertransportwesen sowie die einfache Verfügbarkeit von Arbeitskräften in China zu einem Stillstand der Innovation und der Anstrengungen, die Produktivität in der Landwirtschaft – sei es die Produktivität pro Arbeiter oder der Pro-Hektar-Ertrag – zu steigern, geführt habe; s. *Mark Elvin*, The High-Level Equilibrium Trap: The Causes of the Decline of Invention in the Traditional Chinese Textile Industries, in: ders., Another History. Essays on China from a European Perspective. Canberra 1996, 20–63 [ursprünglich in: W. E. Willmott (Ed.), Economic Organization in Chinese Society. Stanford 1975].

[72] Der 1956 unter dem Titel *Zhongguo zaoqi qimeng sixiangshi. Shiqi shiji zhi shijiu shiji sishi niandai* publizierte Band wurde – bis auf den Titel – unverändert erst 1963 der ‚Gesamtgeschichte' beigefügt.

[73] „*Frühe* Aufklärungsperiode", weil die neuere Ideengeschichte ab 1840 als „moderne Aufklärungsperiode" verstanden wurde. Das diese Begrifflichkeit festlegende Werk war die 1937 erschienene „Geschichte der Aufklärungsbewegung im modernen China" (*Zhongguo qimeng yundong shi*) des marxistischen Historikers He Ganzhi (1906–1969).

zeit (ca. 1600–1911) fußt[74] und dieses wiederum stark auf Liang Qichaos Arbeiten zur Qing-Gelehrsamkeit basiert.[75] Kurz, bei Hou Wailus Konzeption der „frühen Aufklärungsperiode" handelte es sich um den Versuch, die attraktive Frühe-Neuzeit-Konstruktion seines Lehrers Liang Qichao in marxistische Termini zu übersetzen; es blieb dabei jedoch das grundsätzliche Problem der Zeitversetzung gegenüber dem Schrittmacher Europa bestehen. Denn die Referenzperiode zur „frühen Aufklärung" in China ist nicht – so der Kulturhistoriker Feng Tianyu in einer kritischen Bestandsaufnahme der Konzeption der „frühen Aufklärungsperiode" – die europäischen Aufklärung des 17. Jahrhunderts, sondern die Renaissance des 14. und 15. Jahrhunderts.[76]

Die Theorie der „Keime des Kapitalismus" und damit auch die der „frühen Aufklärungsperiode" waren in der Kulturrevolution (1966–1976) tabu. Erst in den achtziger Jahren wurden diese frühen Theoriekonzepte wieder aufgegriffen; das letztere vor allem durch eine an der Universität Wuhan beheimatete, von dem erwähnten Feng Tianyu als Spiritus rector geleitete Studiengruppe zur Kulturgeschichte der Ming-Qing-Zeit.[77] Ihre Hauptargumentation ging dahin, „Aufklärung" als eine universale Epoche der Loslösung von überkommenen Traditionsbeständen im Übergang zur kapitalistischen Produktionsweise zu fassen und Trajektorien mit unterschiedlichen Modernisierungstempi zu unterscheiden; China rangierte danach noch hinter den der Spitzengruppe Italien, Frankreich, Spanien, Holland und England hinterhertrottenden Nachzüglern Deutschland und Rußland, trotzdem war seine Modernisierungserfahrung gewissermaßen in einem universalen Geschichtsprozeß aufgehoben.[78]

Heftige Kritik an dieser Deutung, die dem politischen Klima der Deng-Xiaoping-Ära mit ihrer Betonung der „chinesischen Färbung des Sozialismus" (*juyou Zhongguo tese de shehui zhuyi*) entsprach, übte Bao Zunxin, ein

---

[74] *Hou Wailu*, Jindai Zhongguo sixiang xueshuo shi. 2 Bde. Chungking 1944/46, korrig. Aufl. Shanghai 1947. Abgesehen von den einleitenden Erläuterungen zur Wirtschafts- und Gesellschaftsgeschichte zu Beginn der drei Teile, in die die Darstellung von 1956 (s. Anm. 72) untergliedert ist, sind die vorgenommenen Änderungen eher geringfügig und bleiben zumeist auf der semantischen Ebene.

[75] Insbesondere bediente sich Hou Wailu Liangs Interpretationsmuster einer auf die Gegenwart hin zulaufenden Geschichte der Abtragung der sich ringförmig um den wahren Kern der konfuzianischen Lehre angelagerten Schichten der Kanonauslegung.

[76] *Feng Tianyu*, Wenhua, wenhuashi, Ming-Qing wenhuashi, in: ders., Ming-Qing wenhuashi sanlun. Wuchang, Huazhong gongxueyuan, 1984, 5–32; noch akzentuierter in *Feng Tianyu/Zhou Jiming*, Shilun Zhongguo he ouzhou zaoqi qimeng wenhua de yitong, in: Feng Tianyu (Hrsg.), Zhongguo wenhua zouxian jindai de licheng. Chengdu, Ba-Shu 1988, 72–104.

[77] Neben dem in Anm. 76 zitierten, von *Feng Tianyu* hrsg. Konferenzband liegt vor allem eine umfangreiche Darstellung der chinesischen Ideengeschichte von ca. 1530–1830 vor, die im Umfeld der Wuhan-Studiengruppe entstanden ist: *Xiao Jiefu/Xu Sumin*, Ming-Qing qimeng xueshu liubian. Shenyang, Liaoning jiaoyu 1995.

[78] *Xiao Jiefu*, Zhongguo zhexue qimeng de kanke daolu, in: Feng Tianyu (Hrsg.), Zhongguo wenhua (wie Anm. 76), 13–40.

Philosophiehistoriker, der nach dem Massaker auf dem Platz des Himm-
lischen Friedens 1989 unter Hausarrest gestellt und mundtot gemacht wurde.
Nach Bao hat insbesondere die Ming-/Qing-Übergangszeit im engeren Sinne,
also das 17. Jahrhundert, den Charakter einer Schwellenepoche, da es die
Transformation des Song-Konfuzianismus zur Han-Gelehrsamkeit zeitigte.
Aber diese Transformation, so Bao, war keine „Revolution der Denkungsart"
gewesen, noch mache es Sinn, diese Epoche als „Renaissance" oder gar als
„Aufklärung" zu etikettieren.[79]

Den Schwellencharakter des 17. Jahrhunderts betont auch der bis zu seiner
Emeritierung in Princeton lehrende Yü Ying-shih (geb. 1930)[80], der in kriti-
scher Auseinandersetzung mit Max Webers Arbeiten zur protestantischen
Wirtschaftsethik und zum Konfuzianismus und Taoismus eine vielbeachtete
Studie zur mingzeitlichen Herausformung einer neuen, von der Kaufmanns-
schicht wie von der konfuzianischen Bildungselite getragenen Wirtschaftsge-
sinnung vorlegte.[81] Aber auch Yü würde der Neuzeit-Konzeption der Kulturhistoriker aus Wuhan in zwei Punkten entschieden widersprechen: erstens, in
der Überbewertung der im 17./18. Jahrhundert am Song-Konfuzianismus ge-
übten Kritik, in der die Kulturhistoriker aus Wuhan ein Wesensmerkmal der
„frühen Aufklärungsperiode" zu sehen meinen; zweitens, in der ihrer Neuzeit-Konzeption immanenten Teleologie, darin, daß ihre „frühe Aufklärungsperiode" in die Ära marxistischen Denkens mündet und die im 17. Jahrhundert anhebende geistige Bewegung gleichsam in den Maozedongideen ihre
Erfüllung erfahren.

Um seine Studie zur frühneuzeitlichen konfuzianischen Wirtschaftsethik
rankt sich ein Kranz von Arbeiten Yü Ying-shihs zu großen Persönlichkeiten
der chinesischen Ideengeschichte der letzten vier Jahrhunderte, von Fang
Yizhi († 1671?), einem mingloyalistischen Gelehrten, der als einer der ersten
den Vorteil des Alphabets für die Transkription des Chinesischen erkannte, bis
zu Qian Mu (1895–1990), Historiker und einer der Hauptvertreter des sogenannten „Neuen Konfuzianismus", und zwar immer unter dem Blickwinkel
der Dynamik, die aus dem „inneren Zusammenhang" (*neizai lilu*) der intellek-

[79] *Bao Zunxin*, Wanxia yu shuguang – lun Ming-Qing zhi ji de shehui sixang, in: ders.,
Pipan yu qimeng. Taipei, Lianjing 1989, 171–229.

[80] *Yü Ying-shih*, Toward an Interpretation of the Intellectual Transition in Seventeenth-
Century China, in: Journal of the American Oriental Society 100, 1980, 115–125; *Yu
Yingshi* [*Yü Ying-shih*], Ming-Qing bianqian shiqi shehui yu wenhua de zhuanbian, in: ders.
et al., Zhongguo lishi zhuanxing shiqi de zhishifenzi. Taipei, Linking 1992, 35–42. – Für
eine exzellente Einführung in Yü Ying-shihs Werk und Denken s. *Michael Quirin*, Yu
Yingshi, das Politische und die Politik, in: minima sinica 1994/1, 27–69.

[81] *Yu Yingshi* [*Yü Ying-shih*], Zhongguo zhishi jieceng shi lun. Gudai pian. Taipei, Linking
1984; Zhongguo jinshi zongjiao lunli yu shangren jingshen. 5. Aufl. Taipei, Linking 1996.
Siehe dazu auch *Philip Clart*, The Protestant Ethic Analogy in the Study of Chinese History: On Yü Ying-shih's *Zhongguo jinshi zongjiao lunli yu shangren jingshen*, in: British
Columbia Asian Review 6, 1992, 6–31.

tuellen Traditionen Chinas resultierte. Ebenso in ideen- und ideologiege-
schichtlicher Perspektive, aber mit einem stärkeren Fokus auf die Außenkon-
takte und den Kulturaustausch Chinas mit dem Westen hat der an der Fudan-
Universität in Shanghai lehrende Historiker Zhu Weizheng (geb. 1936) die
Zeit vom späten 16. bis zum frühen 20. Jahrhundert als die Periode des „Coming Out of the Middle Ages" – so der Titel einer ins Englischen übersetzten
Essaysammlung von ihm – in den Blick genommen.[82] Mit ihren Arbeiten
haben Yü Ying-shih und Zhu Weizheng einen Impuls aufgenommen, der von
einem bereits 1949 erschienenen und 1970 wiederaufgelegten Buch ausging,
nämlich dem Erstlingswerk des japanischen Sinologen der Kyôto-Schule Shimada Kenji (1917–2000) mit dem Titel „Das Scheitern neuzeitlichen Denkens in China" (*Chûgoku ni okeru kindai shii no zasetsu*). Anknüpfend an chinesische Arbeiten aus den dreißiger Jahren, zeigte Shimada darin auf, wie in
der zweiten Hälfte der Ming-Zeit von Denkern wie Wang Yangming (1472–
1528) und dem von den tonangebenden *Hanxue*-Gelehrten des 18. Jahrhunderts verfemten Li Zhi (1527–1602) kreativ der Song-Konfuzianismus wei-
terentwickelt und ein Aufbruch zu neuen Ufern gewagt wurde.[83]

Alle drei, Shimada Kenji, Yü Ying-shih und Zhu Weizheng, obwohl von
ihren intellektuellen Werdegängen her sehr verschieden, stehen für einen
neuen Ansatz der Erforschung der ‚frühen Neuzeit' in China. „Coming Out
of the Middle Ages" intendiert für Shimada, Yü und Zhu keine ‚Meistererzählung' der sich in China entfaltenden Moderne, sondern bezeichnet nur
ein lockeres Band, das ihre breit gefächerten, kenntnisreichen und zu interkulturellen Vergleichen einladenden Einzelstudien zur Politik- und Ideengeschichte Chinas der letzten fünf Jahrhunderte zusammmenhält. Ihr Ansatz
ergänzt sich hervorragend mit jenen neueren westlichen Forschungen, die
Chinas Rolle im transkontinentalen Silberfluß und bei der Herausbildung des
globalen Handelssystems in den Blickpunkt gerückt und damit die Bedeutung
dieser ‚frühen Neuzeit' Chinas für die Entstehung der modernen Welt akzen-
tuiert haben.[84]

[82] Die drei wichtigsten Veröffentlichungen Zhu Weizhengs, jeweils Essaysammlungen,
sind: Zouchu zhongshiji. Shanghai, Renmin 1987 (engl. Übers.: Coming Out of the Middle
Ages. Comparative Reflections on China and the West. Transl. and ed. by *Ruth Hayhoe*.
Armonk, N.Y./London 1990); Yindiao weiding de chuantong (wie Anm. 35); Qiusuo zhen
wenming. Shanghai, Shanghai guji 1996.
[83] Siehe dazu *Joshua Fogels* „Introduction" zu *Shimada Kenji*, Pioneer of the Chinese Revolution (wie Anm. 52), IX–XV. – Unter den von Shimada benutzten Vorarbeiten ist besonders auf *Ji Wenfu*, Zuopai Wang xue (Der linke Flügel der Schule Wang Yangmings).
Shanghai 1934, hinzuweisen.
[84] Einen vorzüglichen Überblick über die neuere Forschung auf diesem Feld bietet *Peter
C. Perdue*, China in the Early Modern World. Short Cuts, Myths and Realities, in: Education About Asia 4/1, 1999, 21–26. Darüber hinaus legte *Kenneth Pomeranz* eine wichtige
Studie vor: The Great Divergence: China, Europe, and the Making of the Modern World
Economy. Princeton 2000. Für eine kritische Diskussion im Anschluß an dieses Buch

Zeittafel

Drei Dynastien		*trad. 2205–256 v.u.Z.*
Xia	trad. 2205–1766 v.u.Z.	
Shang	ca. 16.–11. Jh. v.u.Z.;	*trad. 1766–1122 v.u.Z.*
Zhou	1045? v.u.Z. (trad. 1122 v.u.Z.) – 256 v.u.Z.	
Frühling- und Herbst-Periode		*722–481 v.u.Z.*
Qin	221–207 v.u.Z.	
Han	206 bzw. 202 v.u.Z. – 220 u.Z.	
Frühere Han	206 bzw. 202 v.u.Z. – 8 u.Z.	
Spätere Han	25–220	
Sechs Dynastien		*220–581*
(Westliche) Jin	265–316	
Östliche Jin	317–420	
Sui	581–618	
Tang	618–907	
Fünf Dynastien		*907–960*
Song	960–1279	
Yuan (Mongolen)	1260–1368	
Ming	1368–1644	
Qing (Mandschu)	1644–1911	
Republik China	1912–	
(seit 1949 auf Taiwan)		
Volksrepublik China	1949–	

s. *Philip C. C. Huang*, Development or Involution in Eighteenth-Century Britain and China? A Review of Kenneth Pomeranz's *The Great Divergence: China, Europe, and the Making of the Modern World Economy*, in: Journal of Asian Studies 61, 2002, 501–538, sowie *Kenneth Pomeranz*, Beyond the East-West Binary: Resituating Development Paths in the Eighteenth-Century World, in: ebd. 539–590.

Über die Autorinnen und Autoren

Marlen Bidwell-Steiner ist Wissenschaftliche Mitarbeiterin am Projektzentrum für Genderforschung der Universität Wien und Projektkoordinatorin des Gender-Kollegs der Universität Wien. Sie studierte Romanistik und arbeitete von 1999 bis 2001 mit Friederike Hassauer am Forschungsprojekt „Die Querelle des Femmes in der Iberoromania". Momentan arbeitet sie an ihrer Dissertation zum Thema „Metaphern der Geschlechterdifferenz im frühneuzeitlichen anthropologischen Diskurs der Iberoromania".

Renate Dürr ist Assistentin am Lehrstuhl für Frühe Neuzeit des Historischen Seminars der Johann Wolfgang Goethe-Universität Frankfurt am Main. Habilitationsprojekt: Kirchenräume. Handlungsmuster von Pfarrern, Obrigkeiten und Gemeinden in Stadt und Kleinem Stift Hildesheim, 16.–18. Jahrhundert. Veröffentlichungen u. a.: Mägde in der Stadt. Das Beispiel Schwäbisch Hall in der Frühen Neuzeit. Frankfurt am Main 1995; Frauenarbeit in Haus, Handel und Gewerbe – ihr Beitrag zur Hamburger Stadtwirtschaft im 14. Jahrhundert. Hamburg 2002; als Herausgeberin: Nonne, Magd oder Ratsfrau. Frauenleben in Leonberg aus vier Jahrhunderten. Leonberg 1998; Heide Wunder: Der andere Blick auf die Frühe Neuzeit. FS zu ihrem 60. Geburtstag. Hrsg. zus. mit Ulrike Gleixner, Barbara Hoffmann und Helga Zöttlein. Königstein/Ts. 1999; zahlreiche Beiträge zur Frauen- und Geschlechtergeschichte sowie zur Religions- und Kulturgeschichte.

Ralf Elger studierte Islamwissenschaft, Soziologie und Germanistik in Köln, Bonn und Damaskus. Nach der Magisterarbeit über den islamistischen Theoretiker Sa'îd Hawwâ aus Syrien war er tätig am Sonderforschungsbereich „Identität in Afrika", Universität Bayreuth. Promotion über: Zentralismus und Autonomie. Gelehrte und Staat in Marokko, 1900–1931. Danach u. a. Stipendiat des Graduiertenkollegs für gegenwartsbezogene Orientforschung der Universitäten Bamberg und Erlangen; Sommer 2001 Habilitation an der Universität Bamberg mit einer Arbeit über den Mystiker, Literaten, Gelehrten und Reiseberichtsautor Mustafâ al-Bakrî († 1749) aus Damaskus. Eine neue Veröffentlichung als Herausgeber: Kleines Islam-Lexikon. München 2001.

Gisela Engel ist Wissenschaftliche Mitarbeiterin am Zentrum zur Erforschung der Frühen Neuzeit und am Institut für England- und Amerikastudien der Johann Wolfgang Goethe-Universität Frankfurt am Main. Sie ist Mitherausgeberin u. a. von: Utopische Perspektiven, zus. mit Birgit Marx. Dettelbach 1998; Geschlechterperspektiven. Forschungen zur Frühen Neuzeit, zus. mit Heide Wunder. Frankfurt am Main 1998; Bilder der Nation. Kulturelle

Konstruktionen des Nationalen am Beginn der europäischen Moderne, zus. mit Uli Bielefeld. Hamburg 1998; Globalisierung und Universalität, zus. mit Birgit Marx. Dettelbach 2000; Sinneslust und Sinneswandel, zus. mit Gisela Notz. Berlin 2001; Das Geheimnis am Beginn der europäischen Moderne. Hrsg. zus. mit Klaus Reichert, Brita Rang und Heide Wunder. Frankfurt am Main 2002.

Suraiya Faroqhi ist Professorin an der Ludwig Maximilians-Universität München am Institut für Geschichte und Kultur des Vorderen Orients sowie für Turkologie (Nahost-Institut). Zur Zeit ist sie Fellow am Wissenschaftskolleg zu Berlin. Veröffentlichungen u. a.: Towns and Townsmen of Ottoman Anatolia. Trade, Crafts and Food Production in an Urban Setting. Cambridge 1984; Men of Modest Substance. House Owners and House Property in Seventeenth-Century Ankara and Kayseri. Cambridge 1987; Pilgrims and Sultans. The Haj under the Ottomans. London 1994; Kultur und Alltag im Osmanischen Reich. München 1995; Approaching Ottoman History. An Introduction to the Sources. Cambridge 1999; Crisis and Change 1590–1699, in: Halil Inalcik/Donald Quataert (Eds.), An Economic and Social History of the Ottoman Empire. Cambridge 1994, 411–636.

Friederike Hassauer ist Professorin für Romanische Literaturwissenschaft an der Universität Wien, Wissenschaftliches Mitglied des Instituts für die Wissenschaften vom Menschen (Wien), Mitglied der Kommission für Literaturwissenschaft der Österreichischen Akademie der Wissenschaften und Kuratorin der Volkswagen Stiftung. Gastprofessuren in Berkeley, Mainz und Innsbruck. Wissenschaftspublizistik (u. a. Theater Heute, Spiegel). Zwei Filme über den Pilgerweg nach Santiago de Compostela und den Frauenmaler Félicien Rops (mit Peter Roos). Sie arbeitet gegenwärtig an einer vergleichenden Geschichte der *Querelle des femmes* in der Iberoromania. Veröffentlichungen u. a.: Die Philosophie der Fabeltiere. München 1986; Arthur Schopenhauer: Über die Weiber. Zürich 1986; Textverluste. München 1992; Santiago – Schrift. Körper. Raum. Reise. München 1993; Homo Academica. Wien 1994; Félicien Rops, Der weibliche Körper, der männliche Blick, zus. mit Peter Roos. Zürich 1984; Die Frauen mit Flügeln, die Männer mit Blei? Siegen 1986; Jean Giraudoux/Chas Laborde. Berlin 1930. Nördlingen 1987.

Matthias Middell ist seit 1994 Wissenschaftlicher Geschäftsführer des Zentrums für Höhere Studien und stellvertretender Direktor des Frankreich-Zentrums der Universität Leipzig sowie seit Januar 1999 Stellvertretender Sprecher des Sonderforschungsbereiches „Regionenbezogene Identifikationsprozesse. Das Beispiel Sachsen". Er ist seit 1991 Herausgeber der Zeitschrift Comparativ. Leipziger Beiträge zur Universalgeschichte und vergleichenden

Gesellschaftsforschung und seit 1996 Redaktionsmitglied der Annales Historiques de la Révolution Française (Paris). Wichtige Publikationen der letzten fünf Jahre sind: Historikertage im Vergleich. Leipzig 1996; 1968 – ein europäisches Jahr. Leipzig 1997; Die DDR-Geschichtswissenschaft als Forschungsproblem. Hrsg. zus. mit G. G. Iggers, K. Jarausch, M. Sabrow. (HZ, Sonderh. 27). München 1998; Historische Zeitschriften im internationalen Vergleich. Leipzig 1999; Einführung in die französische Geschichte 1500– 1945. 2. Aufl. Leipzig 1999; Archiv und Gedächtnis. Studien zur interkulturellen Überlieferung. Leipzig 2000; Manfred Kossok, Ausgewählte Schriften. 3 Bde. Leipzig 2000; Vergleich und Kulturtransfer. Leipzig 2000; Zugänge zu historischen Meistererzählungen. Leipzig 2000; Historische Institute im internationalen Vergleich. Leipzig 2001.

Achim Mittag arbeitet als Sinologe an dem von der Volkswagen-Stiftung geförderten, am Kulturwissenschaftlichen Institut im Wissenschaftszentrum Nordrhein-Westfalen, Essen, angesiedelten Projekt „Einheit der Menschheit – Differenz der Kulturen – Chancen der Kommunikation. Kategoriale Voraussetzungen der Globalisierung und ihre Anerkennungspotentiale im historischen Denken Europas und Chinas". Er veröffentlichte u. a.: Die Vielfalt der Kulturen. Erinnerung, Geschichte, Identität 4 (zus. mit Jörn Rüsen u. Michael Gottlob). Frankfurt am Main 1998.

Ulrich Muhlack ist Professor für Allgemeine Historische Methodenlehre und Geschichte der Geschichtsschreibung an der Johann Wolfgang Goethe-Universität Frankfurt am Main. Arbeiten zur französischen Geschichte des 16. bis 18. Jahrhunderts, zum Renaissance-Humanismus, zur neuzeitlichen Historiographiegeschichte und zur Geschichtstheorie. Zuletzt u. a.: (Hrsg.), Leopold von Ranke: Die großen Mächte. Politisches Gespräch. Frankfurt am Main/ Leipzig 1995; Verstehen, in: Hans-Jürgen Goertz (Hrsg.), Geschichte. Ein Grundkurs. Reinbek 1998; Der Tacitismus – ein späthumanistisches Problem, in: Notker Hammerstein/Gerrit Walther (Hrsg.), Späthumanismus. Studien über das Ende einer kulturhistorischen Epoche. Göttingen 2000; Der „politische Professor" im Deutschland des 19. Jahrhunderts, in: Roland Durkholz/ Christel Gärtner/ Ferdinand Zehentreiter (Hrsg.), Materialität des Geistes. Zur Sache Kultur – im Diskurs mit Ulrich Oevermann. Göttingen 2001; (Mithrsg.), Diffusion des Humanismus. Studien zur nationalen Geschichtsschreibung europäischer Humanisten. Göttingen 2002.

Margarete Schlüter ist Professorin für Judaistik und geschäftsführende Direktorin des Seminars für Judaistik an der Johann Wolfgang Goethe-Universität Frankfurt am Main. Sie ist Vorsitzende der Gesellschaft zur Förderung judaistischer Studien in Frankfurt am Main, Mitglied der Kommission zur Erforschung der Geschichte der Frankfurter Juden sowie Vorstandsmitglied des Verbandes der Judaisten in der Bundesrepublik sowie der European Association for Jewish Studies (EAJS). Schwerpunkte in Forschung und Lehre: Rabbinisches und frühmittelalterliches Judentum; Jüdische Traditions- und Geschichtsschreibung; Wissenschaft des Judentums. Herausgeberin der Zeitschrift Frankfurter Judaistische Beiträge sowie der Buchreihe Frankfurter Judaistische Studien. Veröffentlichungen u. a.: Jüdische Geschichtskonstruktionen der Neuzeit – Die Entwürfe von Nachman Krochmal und Heinrich Graetz, in: Frankfurter Judaistische Beiträge 18, 1990, 175–205; Das Jahr 1492 in der jüdischen Überlieferung, in: 1492 aus der Sicht von 1992. Von Spanien nach Amerika. Alte Synagoge Essen, 1992, 15–29; Die sogenannte Frankfurter Judenschlacht. Der Pogrom von 1241 in der jüdischen Überlieferung, in: Fritz Backhaus (Hrsg.), „Und groß war bei der Tochter Jehudas Jammer und Klage …". Die Ermordung der Frankfurter Juden im Jahre 1241. Sigmaringen/Frankfurt am Main 1995, 93–108; Heinrich Graetzens ‚Konstruktion der Jüdischen Geschichte‘ – Ein Gegenentwurf zum ‚Begriff einer Wissenschaft des Judentums?, in: Frankfurter Judaistische Beiträge 24, 1997, 107–127. Vom Objekt zum Subjekt der Geschichte? (Wie) verändert ‚Frauenforschung‘ den Blick auf die jüdische Geschichte?, in: Aharon Oppenheimer (Hrsg.), Jüdische Geschichte in hellenistisch-römischer Zeit. Wege der Forschung. Vom alten zum neuen Schürer. München 1999.

Johannes Süßmann ist Assistent am Lehrstuhl für Frühneuzeitliche Geschichte am Historischen Seminar der Johann Wolfgang Goethe-Universität Frankfurt am Main. Nach einer Dissertation über die Erzähllogik von Geschichtsschreibung und Geschichtsroman arbeitete er 1997/98 an Themenstellung, Antrag und Einrichtung des SFB/FK 435: Wissenskultur und gesellschaftlicher Wandel. Seit 1999 forscht er über das Herrschaftswissen des Adels im Alten Reich. Veröffentlichungen u. a.: Geschichtsschreibung oder Roman? Zur Konstitutionslogik von Geschichtserzählungen zwischen Schiller und Ranke (1780–1824). Stuttgart 2000; als Hrsg. zus. mit Johannes Fried: Revolutionen des Wissens. Von der Steinzeit bis zur Moderne. München 2001; Was ist und wozu benötigten Adlige ästhetische Kompetenz? Versuch über die Architekturveduten Salomon Kleiners zu Schloß Pommersfelden, in: Germanisch Romanische Monatsschrift 52, 2002, 49–67; Vom Arcanum zur Hieroglyphe. Das Geheimnis der frühneuzeitlichen Staaten im Geschichtsdenken Leopold Rankes, in: Das Geheimnis am Beginn der europäischen Moderne. Hrsg. v. Gisela Engel, Brita Rang, Klaus Reichert und Heide Wunder in Zusammenarbeit mit Jonathan Elukin. Frankfurt am Main 2002, 496–509; Andreas Riem und die Französische Revolution, in: Karl H. L. Welker (Hrsg.), Andreas Riem. Ein Europäer aus der Pfalz. Stuttgart 1999, 107–118.

Personenregister